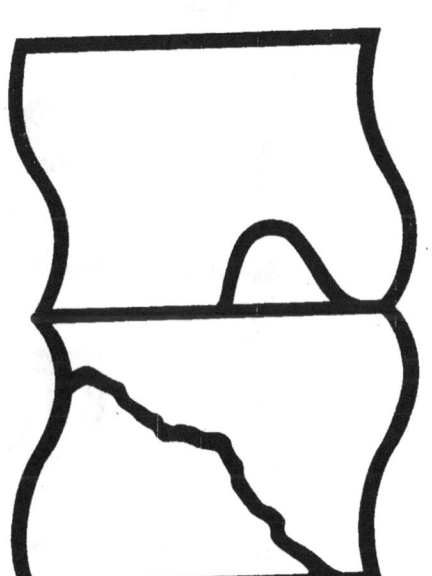

Texte détérioré — reliure défectueuse

NF Z 43-120-11

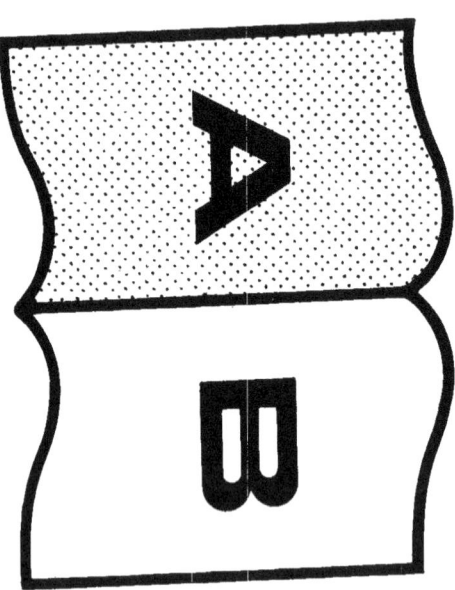

Contraste insuffisant
NF Z 43-120-14

PEAUX ROUGES

ET

VISAGES PALES

PAR

Le Capitaine MAYNE-REID

Traduit de l'anglais par E. DELAUNEY

ROUEN
MÉGARD ET Cⁱᵉ, LIBRAIRES-ÉDITEURS

BIBLIOTHÈQUE MORALE

DE

LA JEUNESSE

2º SÉRIE IN-4º

Viens, oh! viens, Francesca; quitte ce pays pour toujours.

(*Peaux Rouges.* — *Titre.*)

PEAUX ROUGES

ET

VISAGES PALES

PAR

Le capitaine MAYNE-REID

Traduit de l'anglais par E. DELAUNEY

ROUEN
MÉGARD ET Cie, LIBRAIRES-ÉDITEURS
1884

Propriété des Éditeurs,

Mégarelais

PEAUX ROUGES

ET

VISAGES PALES.

I.

LE GRAND-CHACO.

Prenons une carte de l'Amérique du Sud, et reportons-nous par la pensée au confluent de deux de ses rivières principales, le Salado et le Parana.

En les remontant toutes les deux, l'une jusqu'à la ville de Salta, dans l'antique province de Tucuman, l'autre jusqu'au fort brésilien de Coïmbra, sur son affluent le Paraguay, et en traçant entre ces deux points une ligne légèrement convexe, nous aurons délimité une des contrées les moins connues de l'Amérique et pourtant une des plus intéressantes.

Nous y trouverons une région romantique et charmante, dont le passé est aussi mystérieux que le présent et qui est restée aussi fermée à la civilisation qu'à l'époque où les bateaux de Mendoza essayèrent de l'atteindre du côté du sud, et où les chercheurs d'or, désappointés à Cuzco, tentèrent de l'explorer du côté de l'ouest.

C'est la région du Grand-Chaco.

Nous avons tous été élevés dans la croyance que les peuples de sang espagnol, au jour de leur gloire et de leur grandeur, soumirent tout le continent d'Amérique, ou du moins la portion qu'ils prétendaient en coloniser, et qui, jusqu'à un certain point, du reste, est encore sous leur domination.

C'est une de ces erreurs historiques comme il en a existé tant d'autres.

Les *conquistadores* parcoururent, il est vrai, une grande portion du territoire; mais il y eut d'immenses étendues où ils ne pénétrèrent jamais et qu'ils colonisèrent encore moins. Tel fut entre autres l'immense pays de plaines qui s'étend entre les Cordillères des Andes péruviennes et les eaux du Paraguay c'est-à-dire le Grand-Chaco.

Non seulement ce territoire n'a pas été colonisé, mais il est resté complètement inexploré. On y a bien tenté une demi-douzaine d'expéditions timides, mais promptement abandonnées, et qui ne méritent certes pas le nom d'explorations.

Les faibles efforts des jésuites ou des franciscains n'ont pas eu plus de succès. Les sauvages du Grand-Chaco ont refusé de se soumettre aussi bien à la croix qu'à l'épée.

Mais à quelle cause alors attribuer l'abandon de ce singulier territoire? Serait-ce un désert stérile comme le pays des Apaches et des Comanches, les grandes prairies de l'Amérique du Nord, ou comme les plaines des Patagons et les sierras de l'Araucanie, ou bien une forêt humide et impénétrable, périodiquement inondée comme le gapo de l'Amazone, ou les deltas de l'Orénoque ?

Rien de tout cela.

Le Grand-Chaco possède, au contraire, tout ce qu'il faut pour attirer la colonisation. Il est parsemé de clairières naturelles couvertes de gras pâturages et de forêts d'arbres tropicaux, où prédomine le palmier. Il est favorisé d'un climat d'une salubrité exceptionnelle, d'un sol capable de produire tout ce qui est nécessaire pour les besoins et les agréments de la vie. En un mot, on peut le comparer à un parc immense, ou à une succession de jardins pittoresques dont la culture aurait été laissée aux soins du Créateur.

Pourquoi n'a-t-il pas été soumis au travail de l'homme ? La réponse est facile : parce que l'homme qui l'habite est un chasseur, et non un agriculteur.

Ce pays est resté le domaine des Peaux Rouges, seigneurs primitifs de son sol, race belliqueuse d'Indiens qui, jusqu'à présent, a défié toutes les tentatives faites par le soldat, le mineur, le missionnaire ou le Mameluco, pour lui faire accepter l'esclavage.

Ivres de leur indépendance, ces sauvages, montés sur des chevaux infatigables qu'ils conduisent avec une habileté de centaures, parcourent les plaines du Chaco, rapides comme l'oiseau emporté par le vent. Dédaignant les résidences fixes, et voyageant au sein de ces plaines verdoyantes et à travers ces bois parfumés, comme l'abeille qui voltige de fleur en fleur, s'ils plantent leurs tentes quelque part, ce n'est que là où le charme de l'endroit les a séduits et momentanément retenus.

On les appelle des sauvages, ces hommes que l'amour de la liberté rend si forts contre toutes les agressions ; mais qui n'envierait parfois leur large et poétique existence, exempte de nos soucis cuisants?

Voulez-vous mieux connaître ces peuplades?

Suivez-moi alors et entrons ensemble dans le Grand-Chaco.

Une plaine d'un vert d'émeraude s'étend sous un ciel qui réunit les teintes du saphir à celles de la turquoise. Malgré ces nuances vives, en haut et en bas, l'aspect est monotone ; quelques légers nuages blancs courant dans l'azur et le globe d'or du soleil qui brille au zénith, tranchent seuls sur l'uniformité du ciel ; et, à travers la plaine, l'œil ne repose que sur des bouquets épars de palmiers, un groupe de rhéas, et un couple de grands oiseaux couleur crème que leur gorge orange et leur crête écarlate font reconnaître pour des *cathartes-papa*, les rois des vautours. Mais, planant dans les hauteurs de l'éther, ces derniers appartiennent également à la terre et au ciel.

Tel se présente à l'œil le Grand-Chaco que le pied de l'homme blanc n'a presque jamais foulé ; il est encore aussi frais et aussi virginal que le jour où il est sorti des mains de Dieu.

J'ai dit : Presque jamais foulé. En effet, tandis que nos regards ravis errent sur le paysage d'une sérénité si tranquille et si souriante, nous voyons deux formes vivantes se détacher à l'horizon lointain.

Jusqu'à présent ce ne sont que deux points indistincts. Peut-être un couple d'autruches, ou bien le mâle et la femelle du guazuti, grande espèce de daim particulière aux Pampas, dans la taille desquels existe une différence sensible.

Mais non, ce ne sont pas de simples animaux ; ce sont bien véritablement des êtres humains qui marchent vers le centre de la plaine ; ils s'approchent ; déjà nous distinguons en eux des cavaliers ; les voici plus près encore ; leur teint est blanc ; ce ne sont point des indigènes.

Le plus grand est vêtu d'un costume à la fois imposant et pittoresque. Le vêtement de laine qui couvre ses épaules, avec ses larges bandes alternées rouges, bleues et blanches, est le *poncho*, ce manteau porté par tous les habitants des plaines de la Plata. Par-dessus, il est vêtu d'une jaquette ressemblant au justaucorps d'autrefois, ornée de riches broderies et de pesetas ou pièces de vingt-cinq sous à l'effigie de la République Argentine. Enfin de larges culottes de coton, les *calzoncillos*, sont attachées à la façon des zouaves, mais laissent près du sommet de la botte le genou nu en partie.

De massifs éperons et un sombrero, ou chapeau à larges bords, avec un ruban de couleur éclatante, complètent le costume de ce cavalier. Il est maintenant facile de le reconnaître pour un gaucho, au seul harnachement de son cheval, à sa bride et à ses courroies plaquées d'argent, et à sa *carona* ou couverture de selle soigneusement cousue et brodée.

L'autre cavalier est également couvert d'un manteau, mais l'étoffe en est foncée et les plis en sont si amples, qu'aucun de ses autres vêtements ne saurait s'apercevoir. Ses pieds, qui reposent sur des étriers en bois, sont chaussés de bottes et recouverts de culottes de velours qui les dérobent à la vue presque jusqu'à leur extrémité.

Sur sa tête est un sombrero dans le genre de celui de son compagnon, mais qui semble avoir été récemment fort malmené, car il est tout bossué et déformé. Son cheval, caparaçonné avec une simplicité qui contraste avec le luxe un peu tapageur de celui du gaucho, marche d'un pas tranquille et mesuré.

Bien que les deux cavaliers chevauchent côte à côte comme feraient des amis, bien que leurs étriers se touchent fréquemment, pas un mot n'a été échangé entre eux depuis le moment où ils sont entrés dans notre champ de vision, là-bas, au milieu de la plaine.

Un seul d'ailleurs, le gaucho, semblerait être en disposition de parler.

Son compagnon, quoique solidement installé sur sa selle, porte la tête d'une étrange façon. On dirait qu'elle tombe plus bas que ses épaules et qu'elle incline trop fortement à droite. Malgré l'ombre projetée par son immense coiffure, ne voyez-vous pas déjà que ses yeux sont hermétiquement clos? Si invraisemblable que cela paraisse, nous ne pouvons que supposer une chose : c'est que ce cavalier s'est endormi en selle.

Cette supposition serait bien moins étrange, si elle s'appliquait au gaucho. Qui ne sait que ces demi-centaures se donnent rarement la peine de quitter leurs étriers, lorsqu'ils éprouvent le besoin de faire leur sieste?

Il est vrai que, sans être un gaucho, l'autre cavalier pourrait fort bien être un habile écuyer. On monte si merveilleusement à cheval dans toutes ces diverses régions de l'Amérique du Sud!

Cependant ce cavalier a réellement dans son aspect général quelque chose par trop insolite. Outre son attitude singulière, la nuance de sa peau est remarquable; son teint de blond, déjà fort rare sous ces climats méridionaux, est d'une blancheur extraordinaire. Ses lèvres elles-mêmes sont pâles et décolorées. Eveillé, endormi ou aveugle, ce cavalier n'est certainement pas dans un état normal de santé.

Il nous faut toutefois, jusqu'à nouvel ordre, admettre que, succombant à la fatigue, à la chaleur ou à quelque malaise physique, il s'est profondément assoupi; car son cheval s'avance sans qu'il le guide. Ses mains, cachées par son manteau, pendent inertes le long de son corps, et les rênes flottent abandonnées sur la crinière de la bonne bête qui le porte, sans que celle-ci ait l'air de s'en émouvoir beaucoup.

C'est qu'elle n'a besoin de sentir ni l'éperon ni le mors; elle règle son pas sur celui de l'étalon monté par le gaucho, et de cette manière tous avancent lentement. Bêtes et gens semblent plongés dans une sorte de léthargie, produite par la brûlante chaleur du soleil. Sans doute, ils ne sont pas attendus, et d'ici à la nuit, ils ont tout le temps nécessaire à l'achèvement de leur voyage.

En effet, rien n'indique qu'ils soient pressés, tout au contraire.

En arrivant au centre de la plaine, le gaucho a subitement arrêté sa monture, et a interrogé le zénith d'un regard attentif.

— Encore six heures devant nous, a-t-il murmuré à demi-voix, et même avec cette allure de tortue, avant trois heures nous aurons atteint l' « estancia ». A quoi bon y arriver avant le coucher du soleil? *Pobre senora!* Pour ce que j'ai à lui montrer, il vaut mieux qu'il fasse nuit.

Bien que ses yeux soient tournés vers son immobile compagnon, ces mots ne s'adressent pas à lui. En vain le cheval de celui-ci s'est-il arrêté en même temps que celui du gaucho, ce temps d'arrêt n'a pas arraché à sa torpeur le morne et blême cavalier. Les paroles du gaucho ne sont qu'un soliloque, prononcé d'un ton lugubre, qui forme un singulier contraste avec l'expression naturellement épanouie et joyeuse de celui qui les prononce. Tout bronzé qu'il est, son visage semble plutôt destiné à exprimer la bonne humeur qu'à refléter de sinistres pensées.

— Que faire? reprend-il en continuant son monologue. Il faut que je commence par me débarrasser de ce poncho qui me suffoque. On ne respire plus ; ce soleil est chaud comme une fournaise !

Il fit lestement passer son manteau par-dessus sa tête et le jeta en travers sur le pommeau de sa selle. Puis sa figure s'assombrit encore, et, regardant avec tristesse son compagnon toujours immobile, il ajouta :

— Il n'est, hélas ! pas nécessaire de lui ôter le sien. Ah ! *mi amo !* La chaleur ne le gênera plus jamais !

Ceci dit, il resta tout pensif sur sa selle, et, se dressant sur ses étriers, il observa la plaine comme s'il cherchait à y découvrir quelque chose. Son regard se fixa enfin sur un bouquet d'algarrobas qui croissaient à peu de distance. Leurs troncs étaient entrelacés par un réseau de lianes ou plantes parasites, et ils faisaient l'effet d'un îlot boisé sur la surface immobile d'une mer d'émeraude.

— C'est tout ce qu'il me faut, reprit-il. Je puis me permettre de me reposer sous leur ombre ; Dieu sait si j'ai besoin de reprendre des forces pour me donner le courage d'accomplir ma tâche. *Madre santissima !* Quelle terrible chose que d'avoir de pareilles nouvelles à annoncer ! *Pobre senora y los ninos* (1). Que vont-ils dire ? *Saugre de Cristo !* Comment pourrai-je désormais les regarder en face ?

Cependant l'autre voyageur persiste dans son inconcevable mutisme. Il reste indifférent aux lamentations du gaucho, dont la douleur est pourtant bien sincère. Il semble que décidément rien ne puisse l'éveiller, car sa monture, en tournant brusquement dans une direction parallèle à celle de l'étalon du gaucho, l'a fait vaciller sur sa selle, sans que sa paupière se soit seulement soulevée.

Le bouquet d'algarrobas une fois atteint, le gaucho prend le parti de mettre pied à terre. Il attache à un arbre son cheval, puis celui de son compagnon, mais il n'adresse pas la parole au cavalier en manteau, toujours taciturne et immobile sur sa selle.

Plus tard, enfin, quand il a allumé le feu et fait griller quelques tranches de charqui, il ne se détourne même pas pour l'engager à partager son repas solitaire. Il n'essaie pas de lier conversation avec lui ; il le laisse toujours plongé dans son calme et mystérieux sommeil.

---

(1) Pauvre dame et pauvres enfants !

II.

L'ESTANCIA SOLITAIRE.

Nous avons dit qu'il n'avait jamais été fait d'essai de colonisation sur le Pilcomayo, un des fleuves qui baignent le Grand-Chaco, excepté dans la portion tout à fait supérieure de son cours et en dehors des frontières de ce territoire si jalousement gardé par les Indiens. Jamais, à l'intérieur du Chaco, aucune ville n'a pris naissance sous l'impulsion de la race blanche, et jamais aucune église n'a projeté l'ombre de son clocher sur les vagues encore vierges du fleuve.

Et cependant, en l'an de grâce 18.., un voyageur remontant cette mystérieuse rivière, à une quinzaine de kilomètres au-dessus du point atteint par Azara, le naturaliste espagnol qui s'est avancé le plus loin, eût pu apercevoir, sur une de ses rives, une habitation qui ne pouvait avoir d'autre constructeur qu'un homme blanc, ou une personne initiée aux besoins et aux usages de la civilisation.

La maison était simplement en bois avec des murailles de bambou, une toiture en feuilles de palmier *cuberto*, ainsi nommé parce que ses rameaux servent à couvrir les bâtiments toujours un peu sommaires de ces régions.

Toutefois ses dimensions excédaient de beaucoup celles de la hutte d'un Indien Chaco ; sa vérandah était formée par la projection régulière et voulue du toit ; différents enclos étaient groupés à l'entour ; les uns renfermaient des bestiaux, tandis que les autres étaient occupés par des plantations de maïs, de mauves, de bananiers. On y trouvait réunies toutes les autres productions utiles du climat paraguayen. En un mot, tout dénotait le travail et les soins éclairés et assidus d'un homme de race caucasienne.

On se trouvait là en présence non pas d'une simple hutte ou *toldo*, mais d'une riche *estancia*.

L'estancia correspond à l'hacienda mexicaine. C'est à la fois le nom d'ensemble de la propriété et celui de la résidence du riche propriétaire créole ou spano-américain.

L'intérieur de la maison montrait d'une manière encore plus frappante que le propriétaire était de race blanche. Tous les meubles, bien qu'assez grossièrement fabriqués, affectaient cependant les formes usitées par la civilisation moderne. Des chaises et des tabourets en *cana-brava*, bambou du sud de l'Amérique, des lits avec de blanches courtes-pointes, le sol recouvert de nattes faites de fibres de palmier, quelques dessins exécutés d'après nature, un petit nombre de livres et de cartes, une guitare, indiquaient des habitudes et des besoins domestiques inconnus à l'Indien.

Dans quelques-unes des pièces, ainsi que sous la vérandah, on pouvait remarquer un curieux assemblage d'objets bien différents de ceux qu'aurait amassés un indigène. Il y avait là des peaux de bêtes sauvages et des oiseaux empaillés, des insectes piqués sur des morceaux d'écorce, des papillons et de brillants scarabées aussi beaux que lorsqu'ils folâtraient parmi les fleurs, des reptiles conservés dans tout leur hideux aspect, avec des échantillons de bois, de plantes et de minéraux provenant de la région environnante.

Personne, en franchissant le seuil de cette demeure, n'aurait pu se méprendre sur son caractère; c'était la résidence d'un naturaliste; et quel autre qu'un blanc eût pu, dans ces contrées, songer à se livrer à des études d'histoire naturelle et d'entomologie?

Dans une pareille situation, l'estancia en question était par elle-même un fait extraordinaire, une anomalie. A cinquante milles à la ronde il n'existait aucune autre habitation d'homme blanc plus proche que celle d'Asuncion.

Tout le territoire entre cette estancia et la ville, ainsi qu'à dix fois cette distance vers le nord, le sud et l'ouest, n'était traversé que par les maîtres primitifs du sol, les sauvages indiens chaco qui avaient juré une haine mortelle aux visages pâles, depuis le jour où la quille de leurs canots avait pour la première fois sillonné les eaux du Parana.

S'il restait encore quelque doute au sujet des habitants de cette demeure solitaire, il s'évanouirait à la vue des trois personnes qui en sortirent, par un beau soir d'été, et prirent place sous la vérandah.

L'une d'elles était une femme. Son aspect, sa tournure, tout en elle révélait une personne de distinction. A peine avait-elle dépassé la trentaine. Bien que son teint eût la nuance olivâtre de la race hispano-mauresque, son sang était évidemment celui de la pure race caucasienne. Elle avait dû être et était encore d'une très grande beauté. Son attitude, l'expression de ses grands yeux à demi baissés, prouvaient qu'elle avait connu les pensées graves, les soucis et l'inquiétude. C'était surtout ce dernier sentiment qui semblait prédominer chez elle; son front pur et lisse était chargé de nuages ; elle s'avança jusqu'à la balustrade de la vérandah et s'y tint immobile. Son regard interrogeait avec une poignante fixité la plaine qui s'étendait bien au delà des limites de l'habitation.

Les deux autres personnes qui l'accompagnaient étaient des adolescents, environ du même âge. L'un avait quinze ans et l'autre à peine un an de plus. Leur taille se rapprochait beaucoup, et cependant leur extérieur différait absolument.

Le plus jeune était mince, élancé, et son teint eût été d'une blancheur parfaite si le soleil ne l'avait hâlé ; ses cheveux châtain clair retombaient en boucles pressées sur son front et autour de ses joues, et ses traits délicats dénotaient, à ne s'y point méprendre, qu'il appartenait à une race du Nord.

L'autre était un peu plus grand de taille et semblait plus robuste ; tout en lui indiquait la force, l'activité, la vigueur. Son teint était presque aussi foncé que celui d'un Indien ; et lorsque ses épais cheveux noirs étaient frappés par les rayons du soleil, ils offraient un chatoiement semblable à celui de l'aile d'un corbeau. Cependant il était de sang *blanc.* Vous avez bien lu : de ce sang dont se prétendent issus tous les Américains Espagnols, fait plus que contestable en ce qui concerne la plupart des Paraguayens. Ce jeune homme était en effet Paraguayen ; sa tante, la belle et charmante femme que nous venons de voir s'appuyer sur la balustrade de la vérandah, était une Paraguayenne, et tout dans sa manière d'être montrait qu'elle était la maîtresse du logis.

L'adolescent aux cheveux châtain doré lui donnait le titre de mère, et cela eût pu sembler étrange à cause de son teint pur et délicat ; mais l'explication fût devenue facile, si on avait pu le voir à côté de son père, malheureusement absent au moment où commence notre récit. C'était cette absence de son mari et celle d'une autre personne également chère à son cœur qui avaient amené le nuage qui assombrissait le front de la jeune femme.

— *Ay de mi !* murmurait-elle, le regard toujours fixé sur la plaine, qu'est-ce qui peut les retarder ainsi ?

— Ne sois donc pas si tourmentée, chère mère ; mon père doit avoir eu quelque rencontre heureuse qui lui aura fait oublier le temps ; un oiseau rare, une plante curieuse, quelque gibier nouveau suffisent pour l'avoir retardé ou entraîné plus loin qu'il ne comptait.

C'était évidemment pour essayer de rassurer sa mère que l'excellent garçon alléguait de pareilles raisons.

— Non, mon Ludwig, répondit-elle, ce n'est rien de tout cela, car ton père n'est pas seul. Francesca l'accompagne. Tu sais bien que ta jeune sœur n'est pas habituée à de grandes excursions, et il ne se serait pas hasardé à aller fort loin avec elle. Je ne puis supposer aucune raison plausible à cette absence prolongée, et le moins que j'en puisse redouter, c'est qu'ils ne se soient égarés dans le Chaco.

— C'est possible, maman; mais maintenant que Gaspardo est parti à leur recherche, tu devrais être plus rassurée. Il connaît chaque accident de terrain dans un rayon de cinquante milles à la ronde. Dans toute l'Amérique du Sud, nul ne sait mieux que lui retrouver une piste; s'ils se sont égarés, il les aura bientôt rejoints et ramenés. Tu sais que tu peux avoir confiance dans notre brave gaucho, mère, n'est-il pas suffisamment éprouvé?...

— Ah! s'ils se sont égarés, *Madre de Dios!* c'en est fait d'eux, s'écria la pauvre mère en poursuivant le cours de ses sinistres pressentiments. C'est bien le pire de tout ce qui pourrait leur être arrivé.

— Comment, *tia?* demanda aussitôt le brun jeune homme, neveu de la charmante créole que nous venons de présenter à nos lecteurs.

Bien que n'ayant pas jusqu'à présent pris la parole, Cypriano était évidemment aussi inquiet que les deux autres interlocuteurs.

— Oui, comment cela, maman? s'écria son fils en même temps. Nous nous sommes égarés vingt fois avec mon père sans qu'il nous soit arrivé malheur.

— Vous oubliez, mes enfants, que nos protecteurs ne sont plus dans le voisinage, que Naraguana et sa tribu ont quitté leur dernière *tolderia* et se sont enfoncés dans l'intérieur des terres. Ton père lui-même ignore où ils sont allés, Ludwig.

— C'est vrai, dit Cypriano, le jeune homme aux cheveux noirs. J'ai entendu mon oncle interroger à ce sujet Gaspardo, qui n'a pu le renseigner. Toutefois le gaucho pensait qu'ils avaient dû s'établir un peu plus haut en remontant la rivière, dans une autre et plus ancienne tolderia.

— Mais ceci n'a pas grande importance, mère. Sous la protection de mon père et avec le secours du gaucho, que pourrait-il arriver de fâcheux à Francesca? reprit Ludwig.

Toutefois on sentait qu'en prononçant ces mots, le jeune homme lui-même y ajoutait une foi médiocre. Il n'ignorait pas que la tribu de Naraguana, qui, par exception, était l'amie des habitants de l'*estancia*, n'était pas seule à parcourir cette partie du Chaco.

Les autres tribus, les Mbayas, les Guaycurus et les Anguites y venaient, elles aussi, et celles-là étaient les ennemies mortelles de tous les hommes de race blanche. En dehors des Tobas et de leur toute-puissante protection, il savait combien était précaire la sécurité de leur demeure.

S'il ne parlait que dans l'espoir de rassurer sa mère, sa tentative fut vaine et ses paroles restèrent sans effet. Le soleil se coucha derrière l'immense plaine, sans ramener celui qui était parti au moment de son lever, accompagné de sa fille unique, une belle enfant de quatorze ans à peine.

On ne pouvait non plus s'expliquer que par un malheur que Gaspardo lui-même, le serviteur de confiance, l'homme dévoué par excellence, envoyé à la recherche des absents, ne fût pas déjà de retour.

— *Madre de Dios!* répétait sans cesse la pauvre jeune femme en comprimant ses sanglots, quelle peut être la cause d'un pareil retard?

Sitôt après le lever de la lune, elle rentra dans son appartement et passa toute la nuit agenouillée devant une image de la Vierge, lui adressant les plus ardentes prières, qui se terminaient toujours par ces mots : « Sainte mère de Dieu, rendez-moi ma fille, rendez-moi mon mari ! »

Tant que dura cette longue nuit, personne ne ferma l'œil dans la demeure du naturaliste, à l'exception peut-être de quelques *péons* indiens guaranis, qui ne prêtaient pas depuis longtemps leurs services aux maîtres de l'estancia et n'avaient pas eu le temps de s'y attacher.

Quant à la pauvre mère, est-il besoin de dire que le sommeil n'approcha pas de ses paupières, et que les deux jeunes gens, l'oreille au guet, le cœur palpitant au moindre bruit, restèrent sur pied, n'osant se communiquer leurs mutuelles angoisses? De loin en loin quelques mots, toujours les mêmes, tombaient de leurs lèvres.

— Mon père! ma sœur! appelait le fils.

— Mon oncle! ma cousine! soupirait Cypriano.

Le soleil du matin se leva rouge et brûlant sur la verdoyante pampa. Il montait lentement de l'est au-dessus des montagnes du Paraguay.

L'épouse inquiète y trouva peut-être un rapprochement. N'était-ce pas de ce côté qu'était venue la tempête qui les avait balayés, elle et son mari, dans le Chaco, et les avait obligés à chercher un asile sous la protection des sauvages? Mais ses yeux se reportèrent bientôt vers l'ouest : c'était la direction suivie au départ par ses bien-aimés, et c'était par là qu'elle devait les apercevoir à leur retour.

Lorsque les rayons d'or brillèrent de nouveau entre les branches du splendide ombu (1) dont le feuillage couvrait l'édifice, on voyait encore trois personnes sous la vérandah, les mêmes que la veille au soir, la mère, le fils et le neveu.

Tous se tenaient le visage tourné vers l'ouest et du regard interrogeaient anxieusement la plaine. Tous étaient sous l'empire d'un douloureux et même pressentiment ; Ludwig lui-même, jusqu'alors si confiant, du moins en apparence, ne trouvait plus une seule parole d'encouragement pour sa mère, qui cependant en aurait eu plus besoin que jamais. Qu'eût-il pu lui dire toutefois? De quel spécieux prétexte colorer un événement inexplicable, autrement que par l'explication qu'on ne pouvait, qu'on ne voulait pas admettre?

Chacun commentait en silence cette absence si prolongée, et par

---

(1) Grand arbre de la famille des mimosas, dont les branches largement écartées peuvent abriter une troupe nombreuse de voyageurs. Un seul de ces arbres suffit à ombrager la case d'un gaucho dans une plaine où ne se rencontre ni un buisson, ni un arbrisseau. C'est le même mimosa que les naturels du Vénézuela désignent sous le nom de *samau*.

suite si inquiétante, de ce père et de cette sœur qui eussent dû être revenus depuis la veille. Chacun se disait que depuis longtemps Gaspardo aurait dû au galop rapporter des nouvelles. Chacun repassait dans sa pensée les dangers qu'avait pu faire courir aux deux êtres chéris la rencontre des Indiens hostiles. Chacun enfin se représentait les mille autres périls particuliers au Chaco qui pouvaient être la cause du retard des voyageurs.

Une heure se passa encore.

Le soleil illuminait maintenant la plaine jusqu'aux limites les plus éloignées que l'œil pût atteindre. Personne ne paraissait. Parfois une autruche filait à travers les hautes herbes, les faisant onduler longuement sur son passage; parfois un daim effarouché bondissait hors de sa retraite, chassé peut-être par l'approche d'un jaguar ocellé; mais on ne distinguait aucune forme rappelant l'apparence d'un être humain, rien qui pût faire songer à la silhouette d'un cavalier.

Dans l'esprit des trois spectateurs n'existait déjà plus cette anxiété du doute auquel se mêle encore quelque secret espoir. Il n'y subsistait plus qu'une agonie d'appréhension presque impossible à supporter.

Cypriano n'y tenait plus; son imagination, plus vive, plus facilement surexcitée, lui montrait son oncle et sa cousine étendus, sans secours, couverts de blessures, mourants, morts peut-être.

— Je ne suis bon à rien ici, et ma présence serait plus nécessaire ailleurs. Je ne puis rester plus longtemps dans cette incertitude. Laisse-moi partir, ma bonne tante. Ludwig vaut bien un homme pour te défendre ; il veillera sur toi. Qui sait si je n'arriverai pas à temps pour être utile à ceux que nous attendons? Aie confiance en moi, et ne crains rien pour moi, je t'en supplie.

Ni le fils ni la mère n'élevèrent d'objections contre la généreuse proposition de Cypriano.

— Pars, mon enfant, lui dit, au contraire, sa tante, et que Dieu t'accompagne !

— Oui, pars, lui dit à l'oreille son frère d'adoption. Que ne donnerais-je pas pour partir avec toi ! Mais je n'ose abandonner ma mère dans cette solitude absolue, dans cette maison déserte où nul ne reste pour la protéger.

— Du reste, elle ne te laisserait pas partir, lui répondit le jeune Paraguayen en s'arrachant à son affectueuse étreinte.

III.

LE RETOUR DU MARI.

Cypriano connaissait à fond la contrée avoisinante, et il n'était pas impossible que là où Gaspardo avait échoué, un autre pût avoir plus de succès.

Le jeune homme ne s'attarda pas longtemps sur la vérandah.

Dix minutes après, on pouvait le voir, monté sur son vigoureux petit cheval, s'élancer dans la plaine et dévorer l'espace, comme si sa vie dépendait de son arrivée immédiate vers le but inconnu qu'il se proposait.

Déjà il avait disparu à son tour, que ceux qu'il laissait derrière lui dans une anxiété si poignante le suivaient encore silencieusement du cœur et du regard dans la direction qu'il avait prise.

Toute la journée, la mère et le fils demeurèrent sous la vérandah. A peine prirent-ils le temps de toucher au repas de midi. Ils ne mangèrent que pour la forme et dans le but de conserver un peu leur force, dont ils prévoyaient qu'ils pourraient avoir besoin sous peu.

Le soleil descendit encore à l'autre extrémité de l'horizon ; rien n'apparut dans la plaine déserte, aucune silhouette ne se détacha sur les nuages pourpres qui ensanglantaient le ciel vers l'ouest.

La lune sereine et brillante vint succéder à l'astre du jour, et la mère et le fils, plus accablés que jamais, attendaient encore !

Enfin, leur terrible suspens allait pourtant se terminer. Dans la zone argentée que traçait la blonde Phébé à la surface de la Pampa, on vit se détacher trois formes sombres ; on distingua trois chevaux dont chacun portait un cavalier ; deux étaient de haute stature, le troisième était plus petit.

Un cri de joie sortit des lèvres tremblantes de Ludwig.

— Les voilà ! s'écria-t-il avec ivresse,

Puis s'arrêtant soudain :

— C'est étrange, ajouta-t-il, ils ne sont que trois : mon père, Gaspardo et Francesca. Cypriano les aura sans doute manqués, pauvre ami ! et il les cherche encore.

Cette conjecture semblait raisonnable, et cependant elle ne répondait pas à l'inquiétude de la mère.

En dépit des apparences, si bien faites pour la rassurer, un douloureux pressentiment, une crainte persistante s'étaient emparés d'elle et avaient paralysé le cri joyeux qui était tout d'abord monté de son cœur et avait failli s'échapper de ses lèvres.

Sans trouver le courage de répondre, elle restait immobile

comme une statue, les yeux fixés sur les trois ombres qui s'approchaient.

Comme elles avançaient lentement !...

Enfin les trois voyageurs arrivèrent auprès de l'enclos. Avant qu'ils eussent eu le temps de demander la porte, la mère et le fils s'étaient d'un mouvement simultané jetés à leur rencontre.

La lumière de la lune permit à la première de reconnaître le manteau de son mari et le costume pittoresque du gaucho. Mais.... comment cela se faisait-il ?... Le troisième voyageur portait également des habits d'homme. C'était.... Cypriano !

La mère poussa un cri déchirant.

— Où est Francesca?

Personne ne répondit à cette interrogation suprême, ni le mari, ni Gaspardo, ni le jeune homme. Ils s'étaient tous trois arrêtés, muets et comme pétrifiés sur leurs montures.

— Où est ma fille? reprit-elle ; je veux le savoir, j'ai le droit d'en être instruite. Pourquoi mon mari garde-t-il ainsi le silence? Et toi, Cypriano, comment ne me réponds-tu pas?

— O mon Dieu ! fit Gaspardo en gémissant, c'est trop affreux ! senora !

— Senora, malheureux ! Est-ce tout ce que vous avez à me dire? L'entends-tu, mon Ludwig, mon cher mari? Qu'y a-t-il? Réponds-moi. Pourquoi courber ainsi le front? Est-ce bien le moment de dormir? Un père peut-il se laisser vaincre par le sommeil lorsqu'il revient auprès de sa femme sans lui ramener l'enfant qu'elle avait commise à sa garde?...

En disant ces mots, emportée par la violence de ses émotions, elle s'avança d'un mouvement brusque vers le cavalier revêtu des vêtements de son époux.

Elle posa sa main sur le bras qui pendait inerte près de l'arçon de la selle; en même temps le visage blême de Ludwig Halberger lui apparut tout à coup sous le rayonnement mystérieux de la lune !...

L'infortunée jeune femme n'eut besoin de personne pour lui expliquer la raison qui faisait que les yeux de son bien-aimé restaient fermés au retour. Son mari dormait du long sommeil sans rêve dont nul n'a jamais secoué la torpeur.

Elle poussa un cri qui aurait réveillé un mort, si un mort pouvait se réveiller, puis elle tomba inanimée sur le sol.

Il est sans doute peu de mes jeunes lecteurs qui n'aient entendu parler de Francia le dictateur. C'est un nom historique, celui d'un homme qui, pendant plus d'un quart de siècle, a régi avec une verge de fer le beau pays du Paraguay.

Ces noms de Paraguay et de Francia en rappellent un autre, qui résume en lui toutes les vertus et tous les mérites dont notre humanité est susceptible. J'ai nommé Amédée de Bonpland.

Je ne pense pas qu'aucun de mes lecteurs ait besoin qu'on lui dise ce qu'était Amédée de Bonpland, ou plutôt Aimé de Bonpland, nom qu'on lui donnait le plus souvent et qui convenait mieux à cet excellent homme.

Qui ne le connaît comme l'auteur des *Vues des Cordillères*, des *Monuments indigènes de l'Amérique*, de la *Description des plantes rares de la Malmaison*, sans parler du *Voyage en Amérique de Humboldt*, dont il rédigea la partie botanique?

Qui ne sait qu'il fut l'ami et le compagnon du savant allemand, l'auxiliaire de cet homme illustre, le patient investigateur à qui revient une si large part de cette moisson de recherches scientifiques si étendues et si exactes, l'homme dont la modestie sans égale a laissé souvent attribuer le mérite de ses propres découvertes à son compagnon, beaucoup plus amoureux de vaine gloire qu'il ne l'était lui-même? Certes, aucun nom ne résonne plus doucement à mes oreilles que celui d'Amédée de Bonpland.

Je n'ai pas l'intention d'écrire ici sa biographie. Chacun sait qu'il naquit à la Rochelle en 1775 et mourut en 1857. Ses ossements reposent aujourd'hui, dans une quasi obscurité, sur les rives du Parana, au milieu des scènes qu'il a tant aimées. Mais l'histoire impartiale l'associera toujours à la réputation et aux honneurs qui ont été prodigués à la mémoire de Humboldt.

Retiré du monde, avec lequel il ne voulait plus rien avoir à démêler, il avait fixé sa résidence sur les bords du Parana, non pas sur le territoire du Paraguay, mais sur celui de la République Argentine, sur l'autre rive du fleuve; et là, tout en poursuivant ses études d'histoire naturelle, il s'occupait plus particulièrement à cultiver l'herbe du Paraguay, la « yerba » (*ilex paraguensis*), qui sert à composer le breuvage si connu sous le nom de maté, et qui est au Paraguayen ce que le thé est au Chinois ou le café au Turc.

Son caractère bien connu ne tarda pas à grouper autour de lui toute une colonie pacifique d'Indiens Guaranis qui, volontairement soumis à sa paternelle autorité, l'aidèrent à la création d'une immense « yerbale » ou plantation de thé.

L'affaire avait pris une extension imprévue; elle s'annonçait comme devant devenir fort lucrative, et, dans sa modeste retraite, le savant se trouvait, sans l'avoir cherché, sur le grand chemin de la fortune.

Mais le récit de cette prospérité inattendue parvint aux oreilles de Gaspard Francia, dictateur du Paraguay. Cet homme, qui professait toutes les théories despotiques, avait conçu l'étrange prétention de transformer la culture de la yerba en un droit exclusif qu'il attribuait à son pays, ou plutôt à lui-même. De là naissance d'un délit.

A la faveur d'une nuit obscure, quatre cents des émissaires du tyran traversèrent le Parana, attaquèrent la plantation de Bonpland, massacrèrent une partie de ses péons — serviteurs indigènes à gages, qui ne sont pourtant guère plus considérés que des esclaves, — et emmenèrent le colon prisonnier au Paraguay.

Affaibli par ses dissensions intestines, le gouvernement argentin se soumit à l'outrage. Bonpland, Français et étranger, et comme tel ayant droit à tous les égards, resta pendant neuf longues années prisonnier du dictateur, en dépit des efforts tentés pour l'arracher à sa captivité.

Vainement un chargé d'affaires anglais et un commissaire envoyé par l'Institut de France intervinrent au nom de leurs gouvernements respectifs; ils ne purent réussir à lui faire rendre la liberté.

Il est vrai que, prisonnier sur parole, on le laissa d'abord vivre sans trop le molester, parce que Francia lui-même était enchanté du profit qu'il tirait de sa sagesse et de ses admirables connaissances.

Toutefois le respect universel dont les Paraguayens entouraient le modeste savant excita bientôt l'envie ou plutôt la jalousie du despote.

Une nuit, Amédée de Bonpland fut encore surpris à l'improviste, dépouillé de tout ce qui lui restait, sauf des vêtements qu'il avait pu attraper à la hâte, et jeté demi-nu hors de la frontière.

Ce qui avait été fait pour consommer sa ruine fut son salut.

Sans se décourager, il s'établit près de Corrientes, et, hors de l'atteinte du tyran, il y recommença ses travaux d'agriculture. Ce fut là qu'il vécut encore de longues années au sein d'une heureuse et nombreuse famille. Ce fut là aussi que, à plus de quatre-vingts ans, il s'endormit entre les bras de la compagne qu'il avait associée à sa vie, une charmante créole de l'Amérique du Sud, et termina cette longue et utile carrière dont on peut dire qu'elle fut sans tache.

Si j'ai retracé ici cette légère esquisse, c'est parce que la vie d'Amédée de Bonpland ressemble à quelques égards à celle de notre Ludwig Halberger, comme on s'en convaincra par la suite.

Ce nom d'Halberger semblerait indiquer une origine allemande. Il n'en était rien cependant. Ludwig Halberger était de race alsacienne et Pensylvanien de naissance, ayant reçu le jour à Philadelphie.

De même que Bonpland, il était amant passionné de la nature. Comme le savant français, c'était pour chercher à ses travaux un champ plus vaste, pour explorer un pays plus neuf, pour exercer plus librement son penchant inné pour les sciences naturelles, qu'il s'était dirigé vers les pampas de l'Amérique du Sud.

Il s'était donc fixé dans la capitale du Paraguay, dont il avait fait le centre de ses études et de son activité. Asuncion ne lui servait guère que de base d'opérations, car il passait sa vie dans la contrée environnante, surtout dans le Grand-Chaco, qui avait pour lui un attrait tout particulier.

Là, du moins, il était assuré de trouver des espèces curieuses, et non encore décrites, tant du règne végétal que du règne animal, parce que toute recherche était accompagnée d'un danger ; et ce danger lui-même était, je crois, une attraction de plus pour lui.

Sans se douter de l'héroïsme dont il faisait preuve, le simple naturaliste aux goûts pacifiques explorait en tous sens la solitude de cette plaine redoutable, à une distance où pas un seul des hardis et insolents bravaches de Francia n'eût oser aventurer sa vaillante épée.

Tandis que le noble fils de la Pensylvanie n'était ainsi occupé qu'à surprendre les secrets de la nature, le désir de se constituer une famille naquit un beau jour dans son cœur. Il épousa une jeune et belle Paraguayenne, dont les brillantes qualités d'esprit et de cœur devaient être pour lui autant de gages de bonheur futur.

En effet, pendant dix ans, le jeune couple vécut aussi heureux qu'on peut rêver de l'être ici-bas. Un charmant petit garçon et une fille d'une rare beauté — tout le portrait de sa mère — vinrent, au bout de quelques années, embellir de leurs jeux et de leur frais babillage la demeure du chasseur naturaliste.

Plus tard, la famille s'augmenta encore par l'adoption d'un jeune orphelin, Cypriano, qui appelait les enfants ses cousins, et eût pu les appeler frère et sœur, tant l'amour des parents se partageait également entre tous.

L'habitation d'Halberger, située à un kilomètre ou deux de la ville d'Asuncion, était fort belle. On y trouvait tout ce qui peut rendre la vie séduisante et douce, car le naturaliste était arrivé dans l'Amérique du Sud avec autre chose que sa carnassière et son fusil.

Il avait apporté des Etats-Unis des ressources suffisantes pour s'installer définitivement. En outre, il gagnait largement sa vie au moyen de son filet à insectes et de son habileté comme taxidermiste. Chaque année, il envoyait à Buénos-Ayres, pour être dirigé sur les Etats-Unis, un chargement complet de spécimens dont le produit ajoutait au bien-être de son intérieur. Plus d'un musée, plus d'une collection particulière, lui sont redevables d'une portion de leurs types les plus rares et les plus précieux.

Le jeune homme menait donc une vie en tous points conforme à ses goûts. Il était heureux de ses occupations au dehors et trouvait chez lui assez de bonheur pour n'avoir pas besoin d'ambitionner aucune autre joie.

Mais comme si un mauvais génie eût jalousé cette sereine existence, toute de travail, d'innocence et de paix, vers cette époque un nuage sombre se forma dans ce clair horizon et menaça de l'envahir tout entier.

La beauté remarquable de la senora Halberger était devenue célèbre. Elle était alors à son apogée et eut le malheur d'attirer les regards du dictateur.

La réputation de vertu dont la jeune femme jouissait à juste titre eût imposé le respect à tout autre ; mais Francia n'était pas de ceux qui s'arrêtent pour si peu. Le naturaliste et sa compagne comprirent bientôt que le repos de leur foyer domestique était en péril, et leur avenir compromis. Il ne leur restait qu'un parti à prendre : se soustraire par la fuite aux obsessions du dictateur, abandonner le Paraguay. Toutefois le parti qui s'imposait n'était pas seulement difficile, il semblait absolument impraticable.

Une des lois despotiques édictées par le tyran défendait à tout étranger marié à une Paraguayenne d'emmener sa femme hors du pays, sans une autorisation préalable, toujours difficile à obtenir. Or, Francia étant à lui seul tout le gouvernement, on ne s'étonnera pas que Ludwig Halberger désespérât d'obtenir cette permission ; aussi ne songea-t-il même pas à la demander.

En présence d'une pareille difficulté, il chercha longuement le moyen de la tourner. Longtemps elle lui parut insoluble. Un jour cependant, il s'avisa qu'il pourrait trouver dans le Chaco un asile inviolable, et ce fut là en effet qu'il chercha un refuge.

Une pareille tentative eût été folie pour tout autre que lui ; car c'eût été fuir Charybde pour se jeter dans les bras de Scylla. En effet, la vie de tout être de race blanche trouvé sur le territoire des sauvages du Chaco pouvait à bon droit être considérée comme sacrifiée.

Mais le naturaliste avait les meilleures raisons pour en juger autrement. Entre les sauvages et le peuple du Paraguay, il y avait eu des armistices, pendant lesquels les Indiens qui trafiquent des peaux et des autres produits de leur chasse ne craignaient pas de venir faire leurs échanges et se promener dans les rues d'Asuncion.

Dans une de ces occasions, après avoir absorbé du guarapé, boisson enivrante que l'on tire de la canne à sucre et dont il ignorait les effets abrutissants, le chef des belliqueux Tobas s'était très innocemment enivré. Il se trouva bientôt séparé de ses compatriotes et entouré par une bande de jeunes Paraguayens, qui s'amusaient fort à ses dépens.

Mais ce chef était cité pour ses vertus, et Halberger, saisi de pitié, ne put supporter de voir ainsi bafoué par des gamins ce vieillard réellement estimable. Il l'arracha du milieu de ses persécuteurs pour le recueillir dans sa propre demeure.

Si les sauvages savent haïr, ils savent aussi aimer. Revenu à lui et touché du service qui lui avait été rendu, le fier vieillard avait juré une éternelle reconnaissance à son protecteur d'un jour, et, en signe d'amitié, il lui avait donné « la liberté du Chaco. »

A l'heure pressante du péril, Halberger se rappela l'invitation.

Accompagné de sa femme et de ses enfants, emmenant avec lui ses péons et tout le bagage dont il pouvait sans imprudence se charger, il s'engagea sur le Parana par une nuit obscure, et pénétra dans le Pilcomayo, sur les bords duquel il espérait trouver la tolderia du chef toba.

Pour remonter le fleuve, il n'eut pas un seul coup d'aviron à donner. Ses vieux et fidèles serviteurs, les Indiens Guaranis, ramaient à l'envi avec toute l'ardeur du dévouement, tandis que, assis au gouvernail, Gaspardo, son factotum, son second lui-même, compagnon infatigable de presque toutes ses expéditions scientifiques, dirigeait la *periagua*.

Il n'y avait qu'un seul cas où Gaspardo eût pu se montrer plus habile. S'il avait pu transformer le canot en un quadrupède de race chevaline, le digne garçon eût été plus à son affaire, car c'était un gaucho dans toute la force du terme. Ce n'était cependant pas la première fois qu'il avait à lutter contre le courant rapide du Pilcomayo, et c'était pour cette raison qu'il n'avait pas hésité à accepter la mission de confiance de guider à bon port ceux qui lui étaient si chers.

Le voyage s'accomplit sans un seul incident fâcheux. Notre ami Halberger parvint à atteindre le village des Tobas, et installa sa nouvelle demeure dans leur voisinage. Il se construisit une charmante habitation sur la rive septentrionale du fleuve et fut bientôt propriétaire d'une riche estancia, où il pouvait se croire parfaitement à l'abri des poursuites des sicaires de Francia.

Et là, pendant cinq ans, il mena une vie d'un bonheur presque sans nuages. Comme autrefois Aimé de Bonpland, tout entier à ses études favorites, il vivait calme et heureux auprès de sa compagne chérie, au milieu de ses charmants enfants, qui, sous son influence, se développaient à vue d'œil, entouré des serviteurs fidèles qui avaient suivi sa fortune. Parmi ces derniers, est-il besoin de dire que Gaspardo occupait le premier rang, tant par son dévouement que par son intelligence, qui en faisait un auxiliaire précieux dans ses recherches scientifiques et un compagnon agréable dans toutes ses expéditions?

Vous l'avez deviné, ami lecteur, le cavalier qui revenait froid et immobile sur sa selle était Ludwig Halberger; c'était lui que le gaucho consterné ramenait à sa femme et à son fils; c'était de ces derniers qu'il redoutait si vivement le désespoir.

IV.

LA MAISON DE DEUIL.

Longtemps la malheureuse femme resta insensible aux efforts tentés pour la ramener à la vie.

Hélas ! quand elle revint à elle, un affreux spectacle l'attendait. Le corps de son mari était étendu sur un lit : sa belle et noble tête avait le calme et la sérénité de la mort ; mais le drap, pieusement ramené sur sa poitrine, était rougi par le sang provenant de la blessure qui lui avait arraché l'existence.

Aidé des serviteurs, non moins désolés que lui-même, Gaspardo avait défait les liens qui maintenaient sur la selle le pauvre corps raidi de son maître, et l'avait transporté dans l'intérieur de la maison.

Dès qu'elle fut en état de l'entendre, le gaucho fit à la senora le récit de sa mission, triste récit qui ne parut guère ajouter à ses angoisses. L'horrible spectacle dont elle ne pouvait détourner les yeux semblait avoir brisé en elle quelque ressort vital. Elle écoutait, mais comme une personne dont rien ne peut accroître la douleur.

Gaspardo n'avait pas eu de peine à retrouver la piste des absents. Il l'avait suivie jusqu'à un bouquet d'algarrobas qui croissait près de la berge du fleuve. A son ombre, il avait aperçu avec horreur le cadavre d'Halberger, traîtreusement assassiné. Son cheval, qui, par une raison quelconque, n'avait point tenté la cupidité des meurtriers, se tenait auprès de ce corps sans vie, le flairant comme s'il eût espéré, le pauvre animal! voir son maître se redresser soudain et remonter en selle.

Près du cadavre gisait également un bouquet de fleurs magnifiques. Gaspardo reconnut, sur un arbre voisin, la branche dépouillée d'où elles avaient été cueillies, et cet indice lui avait prouvé que le naturaliste était absorbé dans son occupation favorite au moment même où il avait reçu le coup mortel.

Du reste, aucun autre signe révélateur ne marquait l'endroit, sauf les traces du cheval d'Halberger et celles du petit poney monté par la jeune fille.

Cependant, en suivant ces dernières, Gaspardo n'avait pas tardé à rencontrer d'autres empreintes qui indiquaient qu'une troupe de cavaliers avait dû faire halte près de ce bois; cela l'avait mis à même de reconstituer la scène telle qu'elle avait dû se passer.

Cachés par les algarrobas, les assassins devaient avoir suivi à pied leur victime, inconsciente de leur approche. Une fois à portée, ils s'étaient précipités sur elle et l'avaient frappée par surprise, avant même qu'elle eût pu soupçonner leur présence.

Telle était du moins la version de l'affaire que le gaucho en présentait.

— Et mon enfant dont vous ne me parlez pas? s'écria la pauvre mère en interrompant ces tristes détails. Francesca est-elle donc morte aussi?

— Non, non, senora, répliqua vivement Gaspardo. Je crois pouvoir vous affirmer que ce cher ange est encore en vie. Les sauvages du Chaco eux-mêmes ne seraient point assez barbares pour toucher à un cheveu de sa tête. S'ils l'avaient tuée, il en serait assurément resté quelque trace, et je suis sûr de n'en avoir vu aucune. J'ai bien cherché, comme vous pouvez m'en croire, mais je n'ai relevé ni un lambeau de vêtement, ni aucun vestige de lutte. Par ce qui est arrivé pour le père, nous sommes assurés qu'ils n'auraient pas pris la peine d'emporter le cadavre de l'enfant. Non, senora, soyez sans crainte, votre fille est encore vivante.

— Eh bien! je crois que je l'aimerais mieux.... morte! s'écria soudain la mère, affolée par cet horrible coup du sort.

En prononçant ce mot cruel, le visage de la pauvre femme refléta l'expression des terreurs qui avaient envahi son esprit à l'idée de la captivité de sa fille.

— Oh! ne dis pas cela, ne dis pas cela! s'écria Ludwig en jetant ses bras autour du cou de sa mère. Existe-t-il au monde un être assez lâche pour faire du mal à une créature douce et charmante comme notre Francesca? Nous nous mettrons à sa recherche, nous remuerons ciel et terre, s'il le faut, mais nous la retrouverons, ma mère !

Cypriano s'approcha de sa tante, et, pliant le genou devant elle :

— C'est à moi seul que revient ce soin, lui dit-il. Je jure à tes pieds, ma tante bien-aimée, de ramener dans tes bras l'ange qui nous a été lâchement ravi. J'accomplirai cette tâche ou j'y mourrai à la peine.

Puis se tournant vers son cousin :

— Ami, lui dit-il, ton devoir à toi est de ne pas quitter ta mère.

— Mais, répliqua Ludwig, les yeux baignés de larmes, mon devoir n'est-il pas aussi d'aller au secours de ma sœur ? Que faire ? que faire ? mon Dieu !

— Avoir confiance en moi et en Gaspardo. Tu le connais, Gaspardo. Fie-toi à nous. Nous la délivrerons avec l'aide de Dieu, et nous la ramènerons, je te le jure à toi aussi.

Le ton ferme et vibrant de la voix du jeune Paraguayen s'accordait bien avec la gravité recueillie de son attitude, et montrait assez que rien ne lui coûterait pour tenir son serment.

Quand la première explosion de cette grande douleur eut fait place à un état plus calme, Gaspardo entraîna la malheureuse femme loin du corps de son mari. Elle s'en alla pleurer dans une chambre écartée, suivie seulement par une jeune Indienne qui lui était toute dévouée, et qui avait accompagné ses maîtres lorsqu'ils avaient fui le territoire du dictateur.

Pendant ce temps, le gaucho, toujours fidèle à la mémoire de son maître, disposa la dépouille mortelle d'une manière convenable pour l'ensevelir.

Ludwig, maintenant orphelin, et son cousin Cypriano, cherchèrent ensemble les meilleurs moyens à employer pour assurer le succès de l'entreprise qu'ils allaient tenter.

Malgré leur profonde douleur, ils ne pouvaient s'empêcher de penser à Francesca; l'horreur qui les avait saisis l'un et l'autre à la vue du corps inanimé d'Halberger, loin de les plonger dans le désespoir, avait eu pour effet de surexciter leur énergie.

Ils n'étaient naguère que des enfants qui avaient vécu heureux et insouciants à l'ombre de la tendresse dévouée de leurs parents; mais la pensée des devoirs qui leur incombaient tout à coup, des luttes qu'ils allaient avoir à affronter, des difficultés dont leur route serait semée, les avait en un instant transformés.

La douleur et la nécessité avaient subitement fait d'eux des hommes aussi capables de penser que d'agir; l'un et l'autre étaient prêts à marcher en avant, et au besoin à sacrifier leur vie pour l'accomplissement de la tâche sacrée qu'ils s'étaient imposée.

Gaspardo, ayant terminé son œuvre funèbre, vint les rejoindre; et, à eux trois, ils tinrent une sorte de conseil. Ils examinèrent une à une et discutèrent toutes les circonstances qui avaient entouré le meurtre d'Halberger.

C'était aux Indiens qu'ils imputaient le crime; le gaucho n'avait aucun doute à cet égard. Il avait pu lire la confirmation de ses soupçons sur le terrain couvert d'empreintes de chevaux appartenant pour sûr à une tribu indienne.

Cependant l'idée vint aux jeunes gens qu'il n'était pas impossible que les soldats du dictateur l'eussent exécuté. Bien qu'éloignés du despote, le naturaliste et sa famille ne s'étaient jamais sentis tout à fait hors de la portée des entreprises de ce redoutable ennemi, et, maintenant que la migration du chef toba les avait en quelque sorte laissés sans protection, Francia ne pouvait-il en avoir été instruit et avoir envoyé une troupe soudoyée pour assouvir sa lâche et persistante vengeance ?

Gaspardo ne niait certes pas que le dictateur fût bien capable de cette lâcheté; cependant il ne la lui attribuait pas. Si les traces laissées sur le sol eussent été faites par des soldats, leurs bêtes, ou au moins quelques-unes d'entre elles eussent été ferrées. Il avait suivi ces traces sur un parcours considérable, jusqu'au moment où il avait reconnu l'impossibilité de pousser plus loin; il les avait examinées avec le plus grand soin, et, à l'exception d'une seule dont la vue l'avait fait tressaillir, il n'avait pas trouvé les empreintes de fers qu'eussent laissées les cavaliers de Francia.

Il était donc parfaitement certain que les meurtriers étaient Indiens et que Francesca avait été par eux enlevée vivante. Dans quel but ? Il l'ignorait. L'unique empreinte de fers qui eût frappé ses yeux était évidemment celle du petit poney sur lequel était partie l'enfant.

Restait à savoir quels Indiens avaient commis le crime.

Les habitants de l'estancia ne connaissaient que les Tobas; mais il en existait d'autres, et il était sûr que ce ne pouvait pas être des Tobas, dont le vénérable cacique avait été souvent leur hôte et toujours leur protecteur. Ce n'était pas dans les mœurs des Indiens :

une amitié si longue et si éprouvée ne pouvait aboutir à une catastrophe si terrible et si soudaine.

Gaspardo ne le pensait pas, et Ludwig rejetait bien loin cette supposition.

Chose étrange, Cypriano était d'un avis contraire.

Lorsqu'on lui demanda ses raisons, il les donna ; elles lui étaient plutôt suggérées par son cœur que par sa raison, et cependant les déductions qu'il en tirait étaient pour lui pleines de probabilités.

Il rappela que le chef Naraguana avait un fils, un jeune homme un peu plus âgé que lui-même. Ludwig et Gaspardo s'en souvenaient également. Mais Cypriano avait soigneusement noté un fait qui avait échappé à l'observation de son cousin et du gaucho : c'est que les yeux du jeune Indien s'étaient bien souvent arrêtés avec admiration sur les traits charmants de Francesca.

L'affection de Cypriano pour cette dernière était une véritable adoration et contenait une certaine somme de jalousie qu'il ne s'expliquait pas, le pauvre enfant, mais qui lui donnait une clairvoyance qui pouvait manquer à un frère.

Loin de plaire à Cypriano, les attentions du jeune Indien pour sa cousine, si muettes, si respectueuses qu'elles eussent été, lui avaient donc été particulièrement désagréables, et, pour tout dire, lui avaient laissé un souvenir pénible en tout temps, mais qui prenait en ce moment dans son esprit des proportions imprévues, grosses de conséquences fatales.

Certes le père du jeune Indien était l'ami d'Halberger, mais le fils n'avait pas les mêmes raisons que le père pour que cette amitié lui fût sacrée. C'était d'ailleurs une nature sombre et violente. Quant à Cypriano, élevé dans l'intimité de Francesca, il s'était, sans se l'avouer à lui-même, sans oser en rien dire en tout cas, flatté de l'espoir qu'avec le temps la gentille compagne des jeux de sa première enfance pourrait devenir celle de sa vie entière.

Pourquoi le jeune Indien n'aurait-il pas pensé comme lui?

Était-il dès lors si déraisonnable de supposer qu'il eût formé le projet d'enlever Francesca, dans un âge qu'il se figurait encore assez tendre pour qu'elle pût, au sein de la tribu, perdre de vue les habitudes de la vie civilisée?

Envisagée sous ce jour tout nouveau, l'affaire changeait d'aspect, et par cela même la discussion prenait un autre tour. Ludwig et Gaspardo n'étaient point en mesure de contredire le jeune homme. Il pouvait y avoir quelque raison dans toutes ses remarques; et si toutes ses conjectures étaient fondées!...

Quoi qu'il en fût, il n'y avait qu'une seule ligne de conduite à adopter : il fallait aller rejoindre les Tobas dans la nouvelle localité qu'ils habitaient.

Si la tribu tout entière ou seulement une portion s'était rendue coupable de ce double crime, le chef Naraguana n'hésiterait pas à en faire justice, fût-ce même sur son propre fils ; Gaspardo, qui le connaissait, ne le mettait point en doute.

Si les Indiens d'une autre tribu avaient commis l'assassinat et l'enlèvement, Naraguana aiderait ses amis à venger le meurtre et à faire remettre en liberté la jeune fille.

Il était regrettable que la malheureuse famille d'Halberger ne vécût pas sur la frontière de l'Arkansas ou du Texas, car alors la première pensée du gaucho et des jeunes garçons aurait été de grouper autour d'eux quelques hardis trappeurs, leurs plus proches voisins, et de se lancer immédiatement à la poursuite des sauvages. Mais au Chaco les plus proches voisins de la famille d'Halberger étaient à Asuncion, et ceux-là, même en leur supposant la hardiesse et la volonté de venir leur prêter main-forte, ne l'eussent pas osé, dans la crainte d'encourir la colère du dictateur.

Personne ne songea donc à implorer du secours du Paraguay. Nos amis ne pouvaient compter que sur eux-mêmes et sur l'amitié du chef toba, et ils le savaient. Il fut convenu que dès l'aube du lendemain on partirait à la recherche de la jeune fille.

Cypriano lutta vainement contre la détermination exprimée par Ludwig de faire partie de l'expédition.

— Il a raison, avait dit sa mère. Je n'ai besoin de rien tant que vous ne m'aurez pas rendu ma Francesca. Nos serviteurs suffiront amplement à la garde de la maison, et d'ailleurs.... qu'importe ce qui peut m'arriver?

Sur quoi Ludwig avait failli renoncer à sa résolution.

— J'exige que tu partes, mon fils, avait répété sa mère.

Une autre nuit sans sommeil s'écoula pour tous dans la demeure du naturaliste; seul, son dernier propriétaire y reposa sans rêve, sans responsabilité, sans douleur.

Les premiers rayons du soleil tombèrent sur le sol encore humide d'une tombe fraîchement remuée, et ils n'avaient guère acquis de force quand on put voir trois cavaliers s'éloigner de l'estancia solitaire. Ils étaient bien montés et approvisionnés comme pour une longue route ; ils se retournaient fréquemment, tandis qu'une femme en longs vêtements de deuil, agenouillée sous la vérandah, envoyait au ciel de ferventes prières pour leur prompt et heureux retour.

V.

LE CORTÈGE D'UNE PRISONNIÈRE.

Revenons en arrière.

Pendant que le corps inanimé de Ludwig Halberger gisait encore solitaire à l'ombre des algarrobas, nous eussions pu voir à peu de distance une troupe de cavaliers galoper à travers la pampa. A n'en pas douter, elle fuyait le théâtre du crime.

C'étaient des Indiens, à en juger par leur costume et la couleur de leur peau; cependant, l'un d'eux se distinguait des autres autant par son vêtement que par son teint blanc; c'était un pur type de la race castillane.

Pas un des jeunes gens dont se composait la troupe n'avait passé vingt ans; c'étaient de hardis cavaliers, portant en main la javeline et ayant tous des bolas, ou boliadores, — arme indienne adoptée par les gauchos, — pendues sur l'épaule ou accrochées à l'arçon de la selle.

Chacun d'eux était monté sur un petit cheval nerveux, à crinière flottante et à queue longue et fournie. Mais il n'y en avait que deux seulement qui étalassent le luxe d'un *recado*, selle particulière à l'Amérique du Sud ; le reste n'avait, pour en remplir l'office, qu'un morceau de cuir de bœuf ou la peau du cerf des pampas. Dans le cortège tout entier on n'aurait pas trouvé un étrier ou un éperon ; une courroie de cuir non tanné, nouée autour de la mâchoire inférieure du cheval, servait seule de bride, et c'était avec ce harnachement tout primitif que ces cavaliers trouvaient le moyen de guider leurs montures avec non moins d'adresse que s'ils se fussent servis d'un mors mameluc (1).

Parmi cette vingtaine de beaux jeunes hommes forts et bien découplés, il y en avait dix-neuf qui étaient vêtus de la même façon, bien que la matière première de leurs vêtements pût différer. Leur costume était du reste des plus simples ; du haut de la poitrine jusqu'à la moitié de la cuisse leur corps était couvert d'une courte tunique, rappelant de loin le sarreau de l'Indien du Nord. Elle n'était pas tissée, puisque ce n'était que la peau d'une bête sauvage.

Les uns avaient revêtu la fourrure rouge du puma, le lion sans crinière du nouveau continent ; d'autres, la robe mouchetée du jaguar et du « yaguarundi », ou celle du chat gris des pampas, du loup aguara, de la mutria ou loutre, ou bien encore la peau terne

---

(1) Le mors mameluc employé par les Mexicains et les créoles de l'Amérique méridionale, est d'un usage cruel. Il vient des Maures et a été introduit par les *conquistadores*.

du grand fourmilier, appelé communément ours des fourmis ou tamanoir. On retrouvait sur chacun de ces sauvages enfants du désert la dépouille de presque toutes les espèces des grands quadrupèdes qui se partageaient le Chaco avec eux.

Ces tribus errantes diffèrent des Peaux-Rouges du Nord en ce qu'elles ne portent ni pantalons ni mocassins. La douceur de leur climat est telle, qu'elle les dispense complètement de l'usage de ces vêtements. Elles n'ont pas même besoin de songer à protéger leurs pieds, car il est rare de les rencontrer en piétons. Leur véritable demeure est sur le dos de leurs chevaux, et il faut convenir qu'elles y ont réellement grand air.

Leurs jambes nues pendent de chaque côté du cuir qui leur sert de selle, unies comme du bronze coulé et sculptées comme par le ciseau de Praxitèle. La partie supérieure de leur corps, qui reste également découverte, est large et puissante; et contrairement aux coutumes de leurs congénères du Nord, ces Indiens ne se tatouent ni ne se peignent. L'éclat d'une peau saine et bronzée, quelques coquillages et des chapelets de graines ou de verroteries autour de leurs cous et de leurs bras, constituent leurs seuls atours.

Leurs cheveux, noirs comme l'ébène, sont coupés carrément sur le front, mais croissent librement par derrière et couvrent leurs épaules de leurs flots abondants. Chez quelques-uns de ceux qui nous ont entraîné à cette description, cette opulente parure tombait presque sur la croupe du cheval.

Nous avons signalé entre autres deux cavaliers montés sur des *recados*. C'étaient les deux qui différaient de l'ensemble de la troupe par leur aspect et leur vêtement.

Celui qui marchait le premier était un jeune Indien, évidemment le chef de la troupe.

Une sorte de ceinture ceignait ses reins ; et par-dessus, jeté négligemment, il portait un manteau rappelant la forme du poncho, mais bien différent toutefois du vêtement de laine adopté par les gauchos. C'était la « manta » en plumes des Indiens, faite d'une peau de daim merveilleusement assouplie et ornée avec goût de l'incomparable plumage du « guacamaya » — de la famille des perroquets — et d'autres oiseaux aux ailes multicolores. Sa tête était coiffée d'une espèce de bonnet en forme de casque, fabriqué avec une peau de cheval préparée à cet effet et d'une blancheur de neige. Ce singulier diadème était complété par une rangée de plumes de rhéa — ou d'autruche — plantées toutes droites dans un cercle brillant.

D'autres ornements disposés avec un certain art sur son corps et autour de ses membres, ainsi que le harnachement de son cheval, suffisaient à le désigner comme le premier personnage de la troupe. Il n'était entouré que de jeunes gens comme lui, mais, bien certainement, il n'était pas l'aîné de ses compagnons.

Le seul blanc qui se trouvait parmi ceux-ci et qui ressemblait à un Castillan présentait à l'examen un type véritablement caractéristique, non par sa beauté toutefois.

Une expression de férocité tempérée par l'astuce se lisait sur ses traits ; et comme si les deux compagnons d'âge si différent étaient bien faits pour se comprendre et se servir mutuellement, on retrouvait ce même mélange de ruse et d'instincts farouches sur la figure du jeune chef qui chevauchait à ses côtés.

A n'en juger que par son costume mi-partie civilisé et mi-partie indien, on aurait pu le prendre pour un gaucho fait prisonnier par des indigènes ; mais, tout au contraire, sa démarche assurée, son air superbe, démentaient cette première hypothèse. Il occupait la place d'honneur à la droite du jeune cacique, et l'on en venait bien vite à pressentir en lui un scélérat, qui, après avoir essayé de tous les crimes dans sa patrie ou dans d'autres pays civilisés, en avait été réduit à rechercher la protection des sauvages, et, pour l'obtenir, n'avait pas hésité à se faire renégat et traître.

Il brandissait une lance dont la longueur dépassait de beaucoup son épaule, et dont la pointe d'acier était ternie d'une couche rougeâtre qui n'était pas de la rouille. Il n'y avait pas à s'y méprendre, c'était bien la couleur vermeille du sang séché et bruni par les rayons du soleil, et toutefois d'une teinte encore assez vive pour donner la certitude que l'arme avait servi depuis peu.

Hélas ! c'était bien cette même lance qui avait transpercé la loyale poitrine d'Halberger le naturaliste.

Mais si nous voulions conserver un doute à cet égard, la présence d'une troisième personne qui s'avançait un peu en arrière et sous bonne garde, comme une captive, l'eût bientôt dissipé.

C'était une jeune fille qui paraissait avoir au moins quinze ans, bien qu'elle en eût quatorze à peine, et qui était déjà presque une femme. Cela n'est pas rare dans l'Amérique espagnole, où l'épanouissement des grâces de l'adolescence est beaucoup plus précoce que dans nos froides régions.

Francesca Halberger, la fille adorée du naturaliste, offrait un ensemble charmant.

Son visage était d'un ovale parfait ; sa bouche mignonne s'estompait déjà d'un léger duvet ; ses beaux yeux expressifs, ornés de longs cils, avaient des sourcils finement arqués ; son teint était olivâtre, mais pur ; son corps délicat avait déjà ces formes élégantes et grêles dont les beautés andalouses sont toujours prêtes à tirer vanité.

L'expression de suprême tristesse qui recouvrait comme d'un voile cette séduisante physionomie ne parvenait pas à en altérer la beauté. On a, du reste, maintes fois constaté que le regard d'une Espagnole de race n'est jamais plus noble et plus fier que lorsqu'elle se trouve en présence d'un péril.

La jeune captive avait de quoi être morne et abattue.

Elle venait de voir tomber sous le fer d'un lâche assassin son père, dont la voix mourante retentissait encore à son oreille, répétant ce cri douloureux : Ma fille !... ma pauvre enfant !... Et avant même qu'elle eût pu se douter du danger qui la menaçait personnellement, elle s'était vue saisie et mise hors d'état de s'opposer par la fuite aux desseins de ses agresseurs. Enfin elle s'était sentie entraînée loin de son père vers un but qu'on lui avait tenu caché ; car, si elle montait encore son petit cheval, le poney si docile à ses volontés, un des cavaliers s'était emparé de la bride, et il lui était interdit de prétendre à le guider elle-même.

Pauvre Francesca !

La cavalcade avait repris une allure plus paisible. Qu'avait-elle besoin de se hâter? Ceux qui avaient commis ce double attentat si lâche et si cruel n'étaient-ils pas certains de l'impunité? Ne savaient-ils pas qu'ils n'avaient point à craindre de représailles?

Parfois, d'un bond agile, l'un des cavaliers se dressait sur son cheval et examinait la plaine avec attention. Mais ce n'était pas la crainte d'une poursuite qui déterminait cette action rapide, et le cavalier reprenait sa place sans émoi, sans terreur, avec la seule expression de la curiosité satisfaite.

Cependant, si nous avions pu suivre la conversation échangée entre le jeune cacique et l'homme blanc en tête de la cavalcade, nous aurions peut-être pu y surprendre une sorte d'inquiétude, peu ou point exprimée, et cependant la seule au fond des cœurs de tous ces sauvages.

Parfois quelques mots prononcés d'un ton de doute eussent confirmé cette impression, et le regard de l'Indien trahissait, à n'en pas douter, le regret du meurtre qu'il avait laissé s'accomplir.

Il n'en était point ainsi pour le farouche renégat qui semblait prendre à tâche de le rassurer. Il ne connaissait ni regrets ni remords.

Quant au jeune chef, fataliste comme tous les Indiens, il se contentait de répondre aux railleries dont le misérable accueillait l'expression de ses scrupules : « Ce qui est fait est fait, » et il poursuivait sa route sans appesantir sa pensée sur un repentir inutile.

Mais ce qui nous fera mieux comprendre le sujet de l'inquiétude du chef, ce sera une conversation surprise entre deux sauvages qui se maintenaient comme à dessein à l'arrière-garde.

Ils causaient avec une admiration qui n'était pas exempte de pitié de la beauté de leur prisonnière et des liens d'amitié qui avaient existé entre son père et le vieux cacique.

— Nous pourrions bien avoir tout de même à nous repentir de ce que nous avons fait, suggéra le plus sage des deux.

— Nous repentir?... et de quoi? demanda son compagnon avec surprise. Le père du jeune chef n'est-il pas mort?

— Si Naraguana vivait encore, jamais il n'aurait autorisé une pareille chose.

— Naraguana a cessé de vivre.

— C'est vrai; mais Aguara, son fils, n'est après tout qu'un jeune homme comme nous, et il n'a pas encore été élu notre chef. Les anciens pourraient fort bien être mécontents. Quelques-uns d'entre eux étaient, comme Naraguana, les amis de celui qui a été tué. Qui pourrait dire que nous ne serons pas punis pour cette expédition? Pour moi, j'en augure mal.

— Allons donc! D'abord le parti de notre jeune chef est le plus puissant, ensuite il n'y a rien à craindre, puisque ce *vaqueano* — guide — prend tout sur lui, ajouta le jeune sauvage en désignant le Castillan d'un geste peu respectueux. C'est bien le moins qu'il puisse faire du reste. Il a affirmé qu'il déclarerait aux anciens que son crime est le résultat d'une vieille querelle qui ne regarde que lui, et que le Visage Pâle qui ramassait des plantes a eu les premiers torts. Après tout, cela se peut. Pourquoi cela ne serait-il pas vrai? Tu sais aussi bien que moi que le vaqueano jouit d'une certaine influence au sein de notre tribu; sous sa protection, Aguara se tirera d'affaire sans difficulté.

— Je ne demande pas mieux, répliqua l'autre. Et si cette jolie créature doit être un jour notre reine, ce n'est pas nous qui nous en plaindrons, pas plus que les guerriers de la tribu ; mais ce ne sont pas nos jeunes filles tobas qui seront les plus contentes ! Ça, j'en réponds.

La causerie intime des jeunes gens fut interrompue par un cri d'alarme venant de l'avant-garde. En un clin d'œil chaque Toba, debout sur son cheval, interrogeait d'un regard inquiet les confins de la plaine.

Seule, Francesca resta immobile et indifférente sur sa selle. Que lui importait à elle? Dans sa pensée, rien ne pouvait ajouter à l'horreur de sa situation, de même que rien, se disait-elle, ne pouvait désormais l'améliorer. Et la pauvre enfant se laissait envahir par un morne désespoir.

La petite troupe se trouvait alors dans un espace dépouillé d'arbres, une des rares « traviesas » ou steppes stériles qui se rencontrent de loin en loin dans le Chaco. C'est le manque d'eau seul, et non la mauvaise qualité du sol, qui est la cause de cette stérilité.

Pendant une partie de l'année, ces traviesas sont inondées par les débordements des *rios* voisins. Mais, l'été venu, elles se dessèchent et se pulvérisent sous les rayons d'un soleil torride, et présentent à leur surface un enduit grisâtre, ressemblant à la gelée blanche et qui est le produit d'une efflorescence saline causée par l'évaporation des eaux. Cette substance, appelée « salitré » par les Spano-Américains, n'est qu'une sorte de salpêtre.

La cavalcade s'était engagée dans ce terrain désolé, pour éviter un détour causé par un coude du fleuve. Elle était environ à mi-chemin dans cette lande solitaire, à une quinzaine de kilomètres du cours d'eau et à une distance presque égale du bois le plus voisin, quand retentit le cri d'alarme.

C'était le renégat qui l'avait poussé. Il marchait en avant, et on le vit arrêter brusquement son cheval et se dresser sur ses étriers.

VI.

LA TORMENTA.

D'où provenait cet émoi, puisque rien d'insolite n'apparaissait?

Le soleil terminait sa carrière dans un ciel sans nuages et projetait sur la plaine blanche les noires et longues silhouettes des chevaux et de leurs cavaliers.

Si loin que se portât le regard, on n'apercevait pas un être vivant, pas même un oiseau égaré dans la solitude de ce triste désert.

Aucun nuage, disons-nous, ne se détachait sur la voûte azurée qui surplombait la plaine. Néanmoins, à force d'attention, on pouvait découvrir une légère vapeur qui estompait l'horizon lointain dans sa partie faisant face aux cavaliers.

Il fallait l'œil exercé d'un vaqueano pour la remarquer et y lire l'approche d'un danger, tant elle était peu perceptible.

— Qu'y a-t-il donc? demanda le jeune cacique, en amenant son cheval sur la même ligne que celui du renégat.

— Carambo ! ne le voyez-vous pas? répondit l'Espagnol en désignant du geste l'horizon.

— Et quoi?... Un petit nuage, rien de plus.

— Rien de plus?

— Non ; et même on dirait plutôt de la fumée, si on ne savait qu'il n'y a pas à quatre lieues à la ronde un brin d'herbe dont on puisse allumer du feu. Du reste, ne sommes-nous pas chez nous? Que pourrions-nous avoir à craindre, je vous le demande? ajouta-t-il avec hauteur.

— Ce n'est ni feu ni fumée. C'est bien pis, c'est de la poussière.

— De la poussière?... Mais il faudrait alors qu'elle fût causée par le galop d'une troupe à cheval?

— Vous en rêvez, Aguara. Des hommes? des ennemis? Allons donc ! vous savez bien que nous n'avons rien à redouter de pareil. S'il ne s'agissait que de cela, nous aurions le temps de nous mettre à l'abri d'une attaque en nous dirigeant vers les bois ; mais si je ne me trompe, cette poussière est grave ; c'est la « tormenta. »

— La tormenta ! répétèrent en chœur les Indiens d'un accent qui témoignait qu'ils avaient des raisons de redouter l'approche du terrible phénomène.

Le vaqueano examina encore le nuage pendant quelques secondes.

— Oui certes, dit-il enfin, c'est bien la tormenta. Malédiction !

L'ombre s'était déjà sensiblement agrandie à l'extrémité de l'horizon et gagnait rapidement sur l'azur pâle du ciel, qui prenait peu à peu la teinte d'un brun jaunâtre qui le caractérise lorsqu'il est éclairé des flammes demi-éteintes d'un gigantesque incendie. Parfois des traits lumineux sillonnaient cette masse compacte qui semblait faite de vapeur et de fumée, indiquant que la foudre y exerçait ses ravages.

Et pourtant, sur le point où les sauvages s'étaient arrêtés, le soleil resplendissait encore avec la sérénité la plus parfaite, et l'atmosphère transparente et calme n'était troublée par aucun souffle d'air.

Mais ce calme lui-même était trompeur ; il était accompagné d'une chaleur lourde et étouffante, dont quelques-uns des Indiens s'étaient plaints à plusieurs reprises.

La petite troupe avait à peine eu le temps de se rendre compte du péril qui la menaçait, que déjà, en moins de temps qu'il n'en faut pour l'écrire, une violente bourrasque d'un vent glacé s'était abattue sur elle avec fureur. Pris à l'improviste, un certain nombre de jeunes gens encore droits sur leurs montures, perdant l'équilibre, furent jetés à terre sans force pour lutter contre les assauts de cette puissance invisible.

Bientôt, et presque sans transition, une épaisse obscurité succéda à la clarté du jour, et ils se trouvèrent comme enveloppés dans une nuit profonde et soudaine. Le nuage de poussière avait passé devant l'orbe radieux et l'avait complètement éclipsé.

Dès qu'ils furent remis de cette attaque imprévue, les cavaliers renversés proposèrent de retourner en arrière, au galop de leurs petits chevaux, effarés comme eux, pour aller chercher un abri sous les arbres ; mais il était trop tard pour songer à la fuite ; si rapidement qu'ils eussent dévoré l'espace, quatre lieues sont une longue traite, et la tormenta les eût atteints.

Le vaqueano le savait, et sa motion fut toute différente.

— Descendez de vos chevaux, cria-t-il, placez-vous entre eux et le vent. Couvrez vos têtes avec vos jergas, et, si vous ne tenez pas à rester aveugles, dépêchez-vous, ou il ne serait plus temps !

Les jeunes Indiens connaissaient l'expérience du vaqueano au visage pâle et se hâtèrent d'obéir. En un instant, chacun d'eux, la tête cachée, suivant la recommandation du guide, s'était placé derrière son cheval et ne s'occupait plus qu'à maintenir l'animal pour l'empêcher de tourner.

Aguara n'avait permis à personne de veiller à la sécurité de sa captive ; il l'avait lui-même placée sous le vent et au dernier rang pour qu'elle se trouvât plus abritée. D'un geste rapide et cependant respectueux, il l'avait enlevée de sa selle et renversée par terre, en lui disant dans son langage, avec lequel elle était familiarisée dès l'enfance :

— Surtout ne bougez pas ; restez le visage contre terre et n'ayez pas peur, voici qui vous protégera.

Et, sans perdre de temps, il arrachait de dessus lui sa riche *manta* de plumes, la tournait à l'envers et l'étendait sur la tête et les épaules de la jeune fille.

C'était machinalement que Francesca s'était soumise à la volonté de son ravisseur ; mais elle n'avait pas été maîtresse de réprimer un mouvement de répulsion, en sentant autour de sa taille les bras du misérable qui avait laissé accomplir et, qui sait?... peut-être ordonné le meurtre de son père.

A peine ces précautions étaient-elles prises, que la tormenta éclatait dans sa rage tropicale. Tous ceux des chevaux qui avaient refusé de s'accroupir furent culbutés en un clin d'œil.

Ce n'était point par une vaine précaution que le vaqueano avait crié à ses compagnons de se couvrir les yeux; en effet, les ouragans de ces régions ne soulèvent pas seulement de la poussière, ils entraînent avec eux et roulent dans les airs du gravier et jusqu'à des cailloux. Mais ce n'est pas tout.

Cet embrun solide, mêlé de particules salines, est tellement subtil et pénétrant, qu'il détermine tout à la fois la cécité et la suffocation.

Pendant une heure entière, l'ouragan déchaîné ne fit que croître en violence, et le sable déchirait la peau des voyageurs avec une force inouïe. Par moments son souffle était tel, qu'il ne leur était plus possible de garder leur position, bien qu'ils se missent les doigts en sang en se cramponnant au sol avec leurs ongles; l'atmosphère était en feu, des éclairs incessants sillonnaient la nue, s'entrecroisant en tous sens; le tonnerre grondait, tantôt en crépitements rapides, tantôt en décharges violentes et prolongées.

Enfin, une pluie aussi froide que si elle fût venue directement des sommets neigeux des Cordillères, commença à tomber en torrents pressés.

Au bout d'une demi-heure, le nuage sombre avait disparu et le vent s'était apaisé avec la même rapidité qu'il avait mise à se lever.

La tormenta avait disparu.

Le soleil, aussi radieux que s'il n'avait jamais été intercepté par la tempête, continuait sa marche dans un ciel de saphir, et tous les jeunes Tobas, dont les corps étaient ruisselants, se relevèrent pour la plupart meurtris et ensanglantés.

Mais leur race est insouciante; ils furent bientôt debout, se séchant, s'étirant à cœur joie et plaisantant sur leur mésaventure. La seule préoccupation sérieuse de ces fils du désert fut de visiter les membres de leurs chevaux, pour s'assurer qu'ils étaient en état de reprendre leur course. Aucune avarie grave n'était survenue. A un signal du chef, ils jetèrent leurs jergas -- couverture de cheval — sur le dos de leurs montures et n'attendirent plus que l'ordre du départ.

Francesca, immobile, était comme insensible à ce qui se passait; elle n'avait point bougé de dessous le manteau d'Aguara. Celui-ci s'approcha enfin pour reprendre possession de l'insigne de sa dignité, sans qu'elle l'honorât d'un regard. Mais lorsqu'il fit mine de vouloir la prendre et la replacer à cheval, d'un mouvement plein de mépris, elle l'écarta de la main, et, souple comme une écuyère consommée, elle bondit en selle.

Un cri d'admiration salua cet exploit; aux yeux de ces cavaliers émérites elle était digne d'être leur reine, puisqu'elle avait le sang-froid, la hardiesse et la grâce, et que l'effroyable tourmente avait passé sur elle comme sans la toucher.

Tout était prêt; le signal fut donné, et les jeunes ravisseurs reprirent leur route à travers la plaine balayée par les eaux, où nous allons de nouveau les abandonner.

Transportons-nous sur la berge d'un *rio* lointain où nous apercevons un campement solitaire ; un feu de bivouac brille gaiement ; trois hommes sont assis autour.

C'est en cet endroit que ces hommes viennent de passer la nuit, comme en témoignent quelques bagages épars çà et là et trois chevaux non sellés encore attachés à leurs piquets.

Nous avons parlé de trois hommes, c'est à tort ; car deux d'entre eux ont à peine atteint l'âge viril ; ce ne sont que des adolescents. Le troisième, plus âgé, n'a guère qu'une trentaine d'années.

Est-il besoin d'expliquer quels sont ces trois voyageurs? Le lecteur n'aura-t-il pas deviné en eux Gaspardo, Ludwig et Cypriano?

Nous l'avons dit : la senora Halberger avait insisté pour que son fils accompagnât son cousin et Gaspardo. Elle prévoyait que ce n'était pas trop de trois dévouements pour la tâche qu'il fallait entreprendre. A la rigueur, elle pouvait se passer de son fils, puisque dans son estancia, sous la garde de ses fidèles péons qui redoublaient de surveillance, elle ne croyait courir aucun danger.

Nos trois amis ne sont encore qu'à une journée de chemin de leur point de départ. Ils sont arrivés sur le bord du Pilcomayo, guidés par les traces des assassins. Brisés par une marche rapide, tant d'émotions successives et deux nuits sans sommeil, ils ont résolu de faire halte sans quitter la piste, et ils se préparent maintenant à remonter en selle et à poursuivre leur route, dès qu'ils auront restauré leurs forces défaillantes par le substantiel déjeuner que le gaucho leur apprête.

Ce repas va se composer, paraît-il, d'une certaine quantité d'épis de maïs en train de griller sur une pierre plate, presque rougie au feu, nourriture fort en usage chez les Paraguayens et autres riverains du Parana.

Voici également un rôti qui, pour nos appétits européens, offrirait, je le crains, peu de charme : c'est un singe enfilé dans un asador ou broche, qui prend couleur devant un feu vif et clair.

Un singe ! vous récriez-vous. Oui, sans doute, un guariba ou singe hurleur, de la famille des atèles, à qui il a pris fantaisie de venir reconnaître de trop près ce qu'était un feu de bivouac. Il a payé cher la témérité qui l'a conduit à se mettre à la portée de la carabine de Gaspardo, et il va, pour sa peine, servir de pièce de résistance au repas matinal des voyageurs.

Ce gibier ne doit point leur être désagréable, car ils ne sont pas à court de vivres, Dieu merci ! On leur a donné une ample provision de bœuf salé ; toutefois Gaspardo a un faible pour le rôti de singe, qu'il trouve bien supérieur au *charqui*.

D'ailleurs, en sages voyageurs, nos amis veulent ménager des provisions qu'il pourra n'être pas facile de renouveler en temps opportun.

Mais il y a encore autre chose sur les cendres chaudes : c'est un vase dans lequel siffle et bouillonne un liquide qui semble avoir déclaré la guerre au couvercle ; ce n'est pourtant qu'une eau bien inoffensive avec laquelle nos gens se proposent de confectionner en amateurs leur thé de yerba, le véritable *maté* du Paraguay. A côté, et tout à portée, sont placées trois tasses en noix de coco, munies de leurs bombillas ou tubes d'aspiration, qui attendent le moment où l'on aura besoin de leurs bons offices.

Les bagages se composent de mille choses dont la plupart nous sont étrangères, et servent presque toutes à la composition de l'ensemble du *recado*. On y voit donc des jergas, des caronillos, des caronas, des cinchas, des cojinillos, des ponchos, etc., sans compter trois paires de bolas, trois lassos, trois couteaux de chasse et trois fusils, mêlés à des vivres de toute nature.

Mais cette abondance ne suffit pas pour faire régner la joie dans le camp ; les voyageurs affamés ne s'égayent pas au fumet de la viande rôtie ; l'arome de la *yerba* nationale ne les déride pas ; car ils ont tous le cœur oppressé de sombres préoccupations.

Certes leur expédition a un but trop sérieux pour qu'ils la considèrent comme un divertissement ou une partie de chasse. Acharnés à la poursuite d'assassins et de ravisseurs, ils ont hâte de reprendre la piste.

Leur déjeuner ne les retient pas longtemps, et les deux plus jeunes ont déjà le pied dans l'étrier. Mais le repas du gaucho n'est-il donc pas fini? Que fait-il à s'attarder auprès du bivouac?

Ludwig et Cypriano s'interrogeaient du regard avec une impatience mal contenue, se demandant le motif d'une lenteur à laquelle Gaspardo ne les avait pas habitués.

Il est vrai que l'heure était encore matinale et que le soleil à peine levé n'avait pas dépassé la cime des grands arbres ; mais dans un voyage comme le leur, cela justifiait-il une perte de temps aussi grande?

Tout en déjeunant, ils avaient bien observé que la physionomie de leur guide, généralement si ouverte, avait une expression inusitée de préoccupation ou de souci.

En dehors de la douleur qui leur était commune et que le fidèle gaucho partageait aussi vivement que le plus proche parent, il y avait quelque chose qui ajoutait à sa peine ou à son tourment, quelque chose qu'il ne semblait pas disposé à dire. Qu'était-ce?

A plusieurs reprises il avait abandonné son feu et même son déjeuner pour examiner le terrain découvert où l'on avait placé le campement, et à chaque fois on l'avait vu s'arrêter auprès d'un certain arbre et l'examiner avec une attention peu commune.

Et voici que maintenant, déjà le pied sur l'étrier, il avait quitté son cheval, pour retourner une fois encore auprès de ce même arbre!

Que pouvait-il donc offrir de si intéressant à l'observation du gaucho? Il y avait de quoi changer l'impatience des deux jeunes gens en une légitime curiosité.

C'était un arbre peu élevé, d'un feuillage délicat qui le classait dans l'espèce des mimosas, et aux longues branches duquel pendaient des grappes de belles fleurs jaunes. Eux aussi se prirent à examiner.

C'était sur ces fleurs que s'arrêtait avec persistance le regard du gaucho, et nos jeunes amis, qui interrogeaient les traits mobiles du guide, y distinguèrent plus marqués que jamais les signes d'une inquiétude inexplicable.

VII.

L'ARBRE BAROMÈTRE.

— A quoi penses-tu donc, Gaspardo, mon ami, lui cria enfin Cypriano, qui n'était plus maître de son impatience. Nous devrions déjà être partis, car notre temps est précieux.

— Je le sais, *patron* ; mais si cet arbre dit la vérité — et je n'ai pas de raison d'en douter — nous aurions tort de nous presser. Venez ici, mes maîtres, et considérez un peu ces fleurs.

Les jeunes gens sautèrent à terre pour s'approcher de l'arbre et regarder de plus près les grappes parfumées.

— Qu'est-ce donc que ces fleurs ont de particulier? demanda enfin Cypriano. Je n'y vois rien de remarquable.

Ludwig avait reçu de son père maintes leçons de botanique qui lui avaient profité ; aussi, en réponse à la réflexion de son cousin, s'écria-t-il :

— Oh! pardon, je vois maintenant ce qui en est. Ces corolles demi-fermées n'étaient pas ainsi il y a une demi-heure; je les avais observées, et elles étaient en plein épanouissement.

— Attendons encore un peu, ajouta Gaspardo, nous ne saurions nous entourer de trop de précautions.

Ses compagnons obéirent.

Cinq minutes après, ils avaient la certitude que les corolles des fleurs s'étaient refermées davantage, tandis que leurs pétales se recroquevillaient et se crispaient sur elles-mêmes.

— *Ay Dios!* s'écria le brave guide consterné, il n'y a plus à en douter; vous voyez bien que nous allons avoir une tempête, un *temporal* ou une *tormenta*, plutôt cette dernière toutefois, qui éclate aussi soudainement qu'un typhon, puisque le *temporal* est généralement précédé de trois journées lourdes et pluvieuses, que nous n'avons pas eues à subir.

— Comment peux-tu voir tout cela sur un arbre? demanda Cypriano avec intérêt.

— C'est que cet arbre est un *ninay*, répondit Ludwig. Que de fois j'ai entendu mon père en parler! Il est particulier à nos régions et appartient à la famille des sensitives; c'est pourquoi il a la propriété de prévenir de l'approche des mauvais temps.

— Oui, mon jeune maître. Regardez ces fleurs, elles se ferment encore. Dans moins d'une heure il n'en restera plus une seule, l'arbre ne sera couvert que de boutons. Que faire? Il ne nous vaudrait rien de rester ici; d'autre part, cela ne nous avancerait pas de nous mettre en route. Nul ne saurait prévoir juste le moment où la tempête éclatera sur nous; mais à la manière dont se comporte ce baromètre, qui n'est pas menteur, elle promet d'être violente.

— Mais ne pourrions-nous pas chercher un abri dans la forêt?

— Allons donc! nous ne sommes pas des Indiens, pour demander à la forêt un remède pire que le mal. La forêt! Si c'est une tormenta, il vaut cent fois mieux que nous l'affrontions au milieu de la plaine; nous n'y serons guère en sûreté, j'en conviens, mais nous y serons toujours moins exposés que sous des arbres qui, à chaque instant, menaceraient de nous écraser. Moi qui vous parle, j'ai vu les plus gros algarrobas déracinés, enlevés par une tormenta et se promener dans les airs comme des plumes d'autruche.

— A quel parti nous arrêter, en ce cas?

— Tout bien considéré, répondit le gaucho, le mieux est de nous lancer à toute vitesse devant nous. Ce sera toujours autant de chemin de fait, et, après, à la grâce de Dieu! Allons, enfants, en selle, et suivez-moi. Ça ne vaudrait pas la peine d'avoir été trois ans prisonnier des Indiens au Chaco, si je n'avais appris à connaître quelque peu le pays. Si je ne me trompe, nous devons pouvoir atteindre une grotte qui nous serait un excellent refuge et qui doit se trouver sur le bord du fleuve; c'est assez loin d'ici, malheureusement, mais qui ne risque rien n'a rien; c'est une affaire de chance, et pour cela recommandons-nous d'abord à la Vierge.

Ce disant, le digne gaucho s'agenouilla, et, avec force signes de croix, récita quelques prières auxquelles les jeunes gens, pieusement découverts, répondirent par un *amen* bien senti.

— Maintenant, *muchachos*, cria-t-il à ses camarades, en avant!

En deux bonds le gaucho fut sur pied et de là en selle. Les deux cousins imitèrent son exemple, et tous trois jouant de l'éperon, ils eurent bientôt perdu de vue le feu du campement, qui, cependant, avait été trop bien entretenu par Gaspardo pour n'être pas encore brillant et visible de loin.

Les trois cavaliers suivaient toujours la piste des sauvages. Par un bonheur qu'ils regardaient comme providentiel, elle suivait la direction dans laquelle le gaucho espérait trouver un abri contre la tourmente qu'il pressentait. Elle ne s'écartait pas des bords du fleuve, coupé çà et là par des hauteurs plus ou moins abruptes.

Tout absorbés qu'ils étaient par la crainte bien légitime du danger qui les menaçait, ils ne cessaient de songer aux assassins qu'ils poursuivaient. La discussion commencée la veille entre Cypriano et Ludwig se continuait, car chacun d'eux avait, on s'en souvient, une opinion différente et la défendait par tous les arguments qu'il pouvait trouver.

Bien qu'après tout Cypriano ne se basât que sur de secrets pressentiments, il eût juré que la troupe sur les traces de laquelle ils étaient lancés appartenait à la tribu des Tobas, et que le ravisseur de sa cousine n'était autre que le fils du cacique Naraguana.

Trop loyal pour ne pas être confiant, son cousin repoussait énergiquement une semblable idée. La chose lui semblait monstrueuse, impossible, absurde. Naraguana, le vénérable Naraguana, le vieil ami de son père, son protecteur depuis si longtemps, ne pouvait d'un seul coup s'être changé en traître et avoir prêté les mains à un pareil forfait!

— Je ne te dis pas qu'il y ait consenti, reprenait Cypriano. Je crois comme toi qu'il ne l'eût pas permis ; je vais plus loin, j'admets qu'il peut l'avoir ignoré et l'ignore encore. Mais combien de fois est-il arrivé que les anciens aient eu à faire justice de crimes semblables, commis à leur insu par les gens de la tribu ! N'y a-t-il de mauvais drôles que parmi notre race ? L'espèce humaine n'est-elle pas la même partout ? Maintes fois, tu le sais, les jeunes guerriers de la tribu ont attenté à la vie des rares voyageurs qui osent se hasarder dans ce maudit pays. Va ! je ne me trompe pas, quelque chose me dit que nos chagrins ne viennent que de ces Indiens de malheur, et qu'Aguara, le fils du chef lui-même, est à leur tête. Depuis quelque temps déjà j'avais comme pressenti son dessein, et quand mon oncle partit pour cette malheureuse expédition en emmenant Francesca, ce n'est qu'une fausse honte, que je déplore amèrement aujourd'hui, qui a pu m'empêcher de lui témoigner mes inquiétudes. Je dois avouer cependant que le misérable a dépassé toutes mes prévisions, car je ne l'aurais jamais cru capable de se faire le meurtrier de l'ami de son père pour arriver à ses fins.

Pauvre Ludwig ! La chaleur d'indignation de son cousin le ramena brusquement à la pensée de son double malheur, que son inquiétude pour sa sœur lui faisait parfois oublier un moment. La terrible scène du retour de son père se retraça à son esprit avec une vérité cruelle ; il lui sembla encore entendre le cri de désespoir arraché à sa mère par la vue de son mari inanimé.

Absorbé par ce douloureux souvenir, il gardait le silence, ne trouvant pas le courage de répondre. Ce ne fut pas sans un pénible effort sur lui-même qu'il parvint à s'arracher à la contemplation de ce lugubre passé, pour reporter sa pensée sur le présent si triste et sur l'avenir si douteux.

— Cypriano, dit-il enfin, peut-être vaudrait-il mieux que les choses se fussent passées comme tu le supposes !

— Pourquoi donc, Ludwig? Je ne comprends pas.

— Parce qu'il nous resterait au moins une espérance, celle de retrouver Francesca. Si le vieux chef est innocent, comme tout me le fait espérer, il nous la rendra, quand bien même le rapt aurait été commis par son propre fils.

— Je voudrais le croire, mais ce n'est pas certain, répondit tristement Cypriano.

— C'est pourtant notre seul espoir, continua Ludwig. Si le malheur voulait que ce crime eût été consommé par quelque autre tribu, ennemie de notre race, comme le sont toutes celles du Chaco, quelle chance aurions-nous de retrouver ma sœur? Songer à la reprendre de vive force, ce serait folie ; et nous n'aurions d'autre alternative que de compromettre notre existence, ou, ce qui serait pis, notre liberté, sans que la chère petite en retirât aucun profit.

— Je le sais, dit Cypriano ; je ne me dissimule pas que, sans l'aide de Naraguana, notre tentative est désespérée. Mais je persiste à croire qu'il vaudrait mieux que nous eussions à la requérir contre d'autres tribus que la sienne. Contre des Guaycurus, par exemple, ou des Mbayas, ou des Anguites, le chef toba serait fort et prendrait notre cause en main. Si les tribus du Chaco se liguent volontiers dès qu'il s'agit d'une expédition contre les blancs, elles n'en nourrissent pas moins entre elles de mortelles rivalités, grâce auxquelles les chefs ne cherchent qu'à s'affaiblir réciproquement. Mon espoir se fonde plutôt sur la possibilité de rencontrer quelque haine à exploiter que sur aucun acte de bravoure que nous puissions accomplir. Si, au contraire, nous avons affaire aux Tobas....

— Et ce sont bien les Tobas! interrompit Gaspardo.

Sans perdre de vue la piste de l'ennemi, il prêtait une oreille attentive à la discussion des deux jeunes gens, et, à ce moment, arrêtait brusquement sa monture pour leur faire voir quelque chose qui gisait sur le sol, tout à côté de son cheval.

— Regardez, s'écria-t-il, voulez-vous la preuve de la culpabilité des Tobas? La voilà.

Ludwig et Cypriano pressèrent le pas, pour examiner l'objet sphérique, à peu près de la dimension d'une orange et d'une couleur brune foncée, qui était ainsi signalé à leur attention. Ils reconnurent une *bola*, pierre ronde couverte de cuir cru et en tout semblable à celles qui se balançaient aux arçons de leurs propres selles.

— Et quelle preuve trouves-tu là, Gaspardo? demanda le jeune Paraguayen avec surprise. C'est une bola dont la courroie s'est brisée et qui s'est détachée sans qu'on s'en aperçoive. Qu'est-ce que cela prouve? Tous les Indiens Chaco ne portent-ils pas des bolas? Et nous-mêmes, n'en sommes-nous pas armés?

— Oui, mais les nôtres ne ressemblent pas à celle-ci.

Ce disant, et sans quitter les étriers, il ramassa la bola, qu'il présenta à Cypriano en lui disant :

— Regardez-la de près. Y voyez-vous le moindre signe de rupture?

Non, elle n'a jamais été fixée à une courroie. Carambo ! senores, c'est une *bola perdida*.

Cypriano passa l'objet à son cousin ; mais ni l'un ni l'autre n'y découvrirent en effet aucune trace qui pût laisser supposer qu'il eût fait partie d'une couple de bolas. C'était une lourde pierre qu'on avait recouverte d'une enveloppe de peau de vache encore humide, laquelle, en séchant, s'était resserrée sans laisser un seul pli. Il n'y avait aucune apparence de courroie ; on ne voyait que la couture qui la fermait. Quel que pût être le but auquel on la destinait, la bola était complète en elle-même.

— Une bola perdida ! je n'ai jamais entendu parler de cela, dit enfin Ludwig.

— Ni moi non plus, dit Cypriano.

— Mais moi j'en ai entendu parler, dit le gaucho, et, de plus, j'en ai vu les effets. C'est une arme que les Indiens manient avec une adresse qui vous surprendrait. A plus de trente mètres ils en frappent la tête d'un ennemi avec autant de sûreté que si elle sortait du canon d'une carabine. *Maldita !* J'ai vu peu de crânes qui résistassent à un pareil coup. Cela les défonce mieux encore qu'un coup de *quebracho*. La bola perdida, senores ! ce n'est pas un jouet d'enfant, je vous l'assure.

— Mais qu'est-ce qui te prouve qu'elle ait été perdue par des Tobas ? demanda Ludwig, qui n'était rien moins que converti.

— Ce sont les Indiens seuls qui puissent l'avoir perdue, puisqu'eux seuls l'emploient. Aucune autre tribu ne fait usage de cette arme, car aucune autre ne saurait s'en servir avec la même dextérité.

N'en doutez pas, mes enfants, elle a été perdue par un de ces traîtres Tobas.

Les deux jeunes gens firent un signe d'acquiescement; et dès ce moment ils furent fixés. La piste qu'ils suivaient était bien la piste des Tobas.

Chose étrange! cette certitude, acquise tellement à l'improviste, affecta nos voyageurs d'une manière toute différente.

Ludwig y puisa, sinon de la joie, du moins une plus vive espérance de presser bientôt sa sœur entre ses bras ; tandis que Cypriano y trouvait une raison pour s'abandonner à une recrudescence de désespoir qui, bien que contenue, faisait mal à voir.

— Au-dessus du lâche assassin, au-dessus des Tobas, disait-il à ses compagnons, il est un plus grand coupable, à qui je fais remonter la responsabilité première de tous nos malheurs.

— Oui, répondait Ludwig, l'infâme Francia.

— Lui-même, et je n'aurai jamais de repos tant que le châtiment ne l'aura pas atteint.

— Dieu se chargera de le lui infliger. Quant à nous, mon ami, que pourrions-nous contre cet homme ?

— Pour le moment, rien, je le sais ; mais un jour nous verrons....

Mais divers incidents devaient se charger d'apporter une diversion complète à leurs tristes pensées. Tout à coup l'atmosphère, qui depuis un instant s'était graduellement assombrie, s'épaissit autour d'eux, au point de faire succéder la nuit au jour avec la rapidité d'un changement de décor.

— Vite, vite ! s'écria le gaucho, en rendant la main à son cheval, pour le mettre au galop ; atteindre la grotte est pour nous question de vie ou de mort ; courez, ou nous sommes perdus.

Les deux jeunes gens lancèrent comme lui leurs chevaux à toute vitesse.

— Nous sommes sauvés ! grâce à la mère de Dieu, nous arrivons à temps !

Telle fut l'expression qui s'échappa des lèvres du gaucho lorsqu'un moment plus tard, suivi de ses deux compagnons, il fit entrer son cheval dans une caverne qui s'ouvrait au flanc d'un rocher à pic. Ce rocher surplombait un ravin où coulait un arroyo, ou mince filet d'eau qui, un peu plus bas, rejoignait le cours du fleuve. L'ouverture de la grotte donnait donc sur le ruisseau, à quelques pieds de distance de l'eau courante.

— Ah ! nous pouvons nous vanter d'être arrivés au bon moment, reprit le brave Gaspardo, en exhalant un long soupir de soulagement. Carambo ! entendez-vous, mes maîtres ? Regardez dehors maintenant.

Il parlait encore, qu'un éclat de tonnerre couvrait déjà sa voix.

Les jeunes gens se retournèrent ; c'était la tempête, c'était la tormenta.

Les grondements, répercutés par les échos de la caverne, prirent en un instant une intensité effroyable. Des nuages de poussière tourbillonnaient, et, se tordant dans la plaine, semblaient vouloir leur courir après.

— Vite ! muchachos, descendez de cheval, cria Gaspardo à ses deux compagnons.

En même temps il leur donnait l'exemple.

— Prenons nos ponchos, mes enfants, attachons-les ensemble et bouchons-en au plus vite l'orifice de notre asile, si nous ne voulons pas être étouffés dans cet antre.

Les jeunes gens n'avaient pas besoin d'être excités à ne pas perdre un instant; ils connaissaient le prix du temps en pareille circonstance ; ce n'était pas la première fois qu'ils assistaient à un de ces déchaînements des éléments ; chez eux, à Asuncion, ils avaient vu plus d'une tormenta et en avaient apprécié les terribles effets. Ils avaient entendu les cailloux briser les fenêtres, faire trembler les portes sur leurs gonds ; ils avaient vu la poussière pénétrer à travers les fentes et les trous des serrures, poussée par l'haleine furieuse de l'ouragan ; ils se souvenaient des arbres déracinés comme une paille, des bêtes et des gens culbutés, enlevés, roulés sur le sol par son irrésistible violence.

Aussi en un clin d'œil étaient-ils sur pied, aidant le gaucho à disposer leurs chevaux à l'intérieur pour les opposer comme un premier obstacle à l'ouragan, et fermant l'orifice de la caverne au moyen de leurs ponchos liés solidement ensemble et fixés dans quelques interstices de rochers par la lame de leurs couteaux. Ils étaient à moitié aveuglés par la poussière et avaient maintes fois couru le risque d'être renversés par le vent ou jetés contre un angle du roc.

— Maintenant, dit Gaspardo, dès qu'ils eurent achevé leur besogne, nous pouvons nous regarder comme en sûreté, et, ma foi, je ne vois pas de raison pour ne pas nous installer dans ce trou aussi confortablement que le permettent les circonstances. Qu'en dites-vous, mes maîtres? Nous serons peut-être retenus ici trois ou quatre heures, si ce n'est pas toute la nuit. Quant à moi, je suis affamé comme un *gallinazo*. C'est une rude traite que nous avons fournie là ; elle m'a fait oublier mon déjeuner, et, ne vous en déplaise, je propose d'achever notre solde de guariba rôti. La salle à manger est un peu sombre, et nous aurons du mal à faire bouillir notre théière ; mais il ne faut pas être difficile ; du reste, j'espère pouvoir vous procurer assez de lumière pour que notre repas n'ait pas lieu dans les ténèbres, ce qui ne serait pas gai.

En prononçant ces mots, le gaucho se dirigea à tâtons vers son cheval ; il fouilla un moment sous son recado et réussit, non sans peine, à mettre la main sur son briquet.

VIII.

DE CHARYBDE EN SCYLLA.

Quelques étincelles scintillaient déjà dans la profonde obscurité au milieu de laquelle Gaspardo frappait le briquet contre la pierre, lorsqu'un bruit inattendu dans le tumulte des éléments vint frapper son oreille et paralyser sa main.

Ses deux compagnons l'avaient entendu comme lui, et les trois chevaux, tout aussi troublés que leurs cavaliers, donnèrent aussitôt des signes incontestables de terreur en hennissant et en piétinant avec violence sur le sol. Ce bruit ne tarda pas à frapper leurs oreilles une seconde fois : c'était un rugissement formidable, auquel il n'y avait pas à se méprendre, puisque bêtes et gens l'avaient reconnu en même temps.

C'était le rugissement d'un tigre; non du tigre proprement dit, qui n'existe pas sur le nouveau continent, mais du jaguar, qui en tient lieu.

Leur première impression fut que le terrible animal se trouvait au fond même de la grotte ; mais quand sa voix se fut de nouveau fait entendre, ils comprirent que le jaguar ne devait être qu'à l'entrée et de l'autre côté des ponchos.

Cela ne changeait pas beaucoup la situation, car la frêle barrière de manteaux ne les protégerait guère plus qu'une toile d'araignée contre les griffes du féroce animal, s'il venait, comme c'était probable, pour chercher un refuge ou retrouver un gîte, dans la caverne qui leur servait d'asile.

Un simple rempart de couvertures ne suffirait certainement pas à l'arrêter longtemps.

Et cependant, étonné d'abord à la vue de l'obstacle qui s'opposait à son passage et dont il ne soupçonnait pas la fragilité, le fauve semblait avoir, pour un instant du moins, reculé.

— Taisons-nous, dit un des jeunes gens ; la caverne m'a semblé profonde ; elle a peut-être quelque autre issue extérieure, et l'animal se contentera peut-être de la traverser. L'obscurité est trop profonde pour qu'il puisse nous apercevoir.

— Le *jaguareté* est un chat, et voit aussi bien de nuit que de jour, répliqua tout bas le gaucho ; s'il pénètre ici, nous n'avons qu'une ressource, c'est de le tuer ou de nous faire tuer.

D'un mouvement simultané tous les trois s'emparèrent de leurs fusils, après s'être assurés que leurs pistolets étaient en bon état à leur ceinture.

Le fauve était toujours au dehors, poussant des rugissements sourds, comme s'il eût demandé à entrer, et aussi étonné que

Ma fille!... ma pauvre enfant!...

(Plaies Rouges. — Ch. V.)

mécontent d'être arrêté devant sa demeure habituelle par cet étrange obstacle.

Ces farouches animaux, malgré leur férocité, ne manquent pas de prudence. Nos voyageurs se rendaient très bien compte que l'ennemi tenait conseil à part lui, et jugeaient à la puissance croissante de son cri que son hésitation ne serait pas de longue durée. Qu'il se décidât seulement à franchir le rideau, et tous, hommes et chevaux, se trouveraient à sa merci, à moins que l'on n'eût, dès l'abord, réussssi à s'en défaire.

Nos voyageurs s'étaient groupés derrière les ponchos, et là, serrés les uns contre les autres, ils épaulèrent leurs armes et firent face à l'endroit où l'attaque devait se produire, après avoir d'abord, bien entendu, fait exécuter une volte-face rapide à leurs chevaux, et les avoir placés derrière eux.

N'allaient-ils pas sans plus tarder envoyer une décharge simultanée à travers le rideau, visant au juger, dans la direction que leur indiquaient les allées et venues de leur adversaire, suggéra Cypriano, dont la bouillante nature répugnait à l'inaction.

A peine achevait-il de formuler sa motion, que déjà un cri rauque y avait en quelque sorte répondu et que les deux cousins roulaient sur le dos jusqu'au fond de la grotte.

C'était l'élan du formidable animal qui les avait ainsi culbutés comme autant de capucins de cartes. C'est que d'un bond le fauve s'était précipité sur l'obstacle avec une impétuosité proportionnée à la difficulté qu'il croyait rencontrer, et les avait renversés au passage. Seul, Gaspardo était resté debout.

— Par saint Antoine, s'écria ce dernier, l'imbécile s'est pris dans nos couvertures. Ne bougez ni l'un ni l'autre, restez à terre, je vais faire feu !

Un éclair brilla dans la nuit noire, la détonation d'une arme à feu se fit entendre, et le tigre foudroyé roulait à son tour sur le sol.

— Ah ! c'est un beau coup, je m'en flatte ! s'écria Gaspardo, auquel le bruit sourd de la chute de l'animal avait fait comprendre qu'il avait frappé juste. Relevez-vous, mes enfants. C'est fini ! L'agneau ne tombe pas plus vite sous la main du boucher. Aidez-moi à dégager notre belle prise du milieu de nos couvertures et ne craignez rien ; je vous réponds qu'elles ne contiennent plus qu'une carcasse de jaguareté.

Les deux adolescents ne se firent pas dire deux fois de se relever.

Pendant ce temps, le gaucho battait le briquet, et tous les trois s'approchaient bientôt de leur victime et constataient que l'arme de Gaspardo avait admirablement fait sa besogne.

Par un hasard providentiel, la balle avait touché droit au cœur.

— Nos pauvres ponchos tout de même ! s'écria le gaucho en les voyant tout remplis de sang. Les voilà bien arrangés. C'est égal, ils nous ont rendu un fameux service. Je ne serais jamais venu à bout d'abattre si facilement ce maudit, si ses mouvements ne s'étaient trouvés comme paralysés par leurs plis multiples. Voyez-vous, mes enfants, c'est la bonne Vierge qui a guidé ma main. Nous lui devons un beau cierge, et certes elle l'aura dès notre retour.

Cependant le vent, la poussière et le froid pénétraient à l'envi par l'ouverture béante et tourbillonnaient à leur aise dans la grotte.

Cet état de choses n'ajoutant point à leur bien-être, nos amis s'empressèrent d'y porter remède. Ils dégagèrent vivement le corps du fauve enroulé dans leurs ponchos, et, une fois rentrés en possession de leurs couteaux, ils recommencèrent à s'abriter contre la tormenta.

Cette rude besogne, qui leur demanda presque aussi longtemps que la première fois, étant terminée, Gaspardo se préparait à allumer un bon feu, qui les réconforterait. Ils en avaient besoin, n'eût-ce été que pour savourer plus gaiement leur repas.

Mais il s'arrêta soudain dans ses préparatifs, retenu qu'il était par une pensée qui lui traversait l'esprit :

— Quand on a le bonheur de rencontrer un jaguareté quelque part, dit-il, on ne doit jamais perdre de vue que ces aimables personnages ne vont ordinairement que deux par deux.

— Penses-tu donc que nous ayons encore quelque chose à redouter ici ? demanda Ludwig.

— Dame ! c'est la femelle que nous avons tuée ; car nous aurions eu plus de peine, si nous avions eu affaire au mâle. Par conséquent, il faut bien nous dire qu'à moins d'incidents extraordinaires, le mâle doit rôder dans les environs, et que nous courons à tout moment le risque de le voir arriver pour nous réclamer son gîte. J'en conclus que deux précautions valent mieux qu'une et qu'il faut nous prémunir contre cette visite inopportune. Pour cela, il convient de consolider notre porte un peu plus fortement que la première fois.

— Et comment ferons-nous ? Nos selles n'y suffiront certes pas.

— Bien sûr, senores, je le sais à merveille ; aussi n'est-ce pas d'elles que j'ai voulu parler ; il ne manque pas ici de quartiers de roc, pas très maniables sans doute, mais que nous arriverons tout de même à remuer et avec lesquels nous ferons une magnifique muraille.

Après le choc qu'ils venaient de subir, les jeunes gens ne pouvaient nier l'existence desdits quartiers de roc ; et, à défaut de leurs yeux, leurs côtes meurtries étaient là pour en témoigner.

Tombés au milieu de débris épars, rejetés d'un angle à l'autre, chacun de leurs membres plus ou moins contusionnés attestait que ce n'était pas sur des lits de plumes que le jaguar les avait roulés. En revanche, les matériaux solides paraissaient abonder, et la construction projetée devenait assez facile en somme.

D'ailleurs, l'éclair du coup de feu, et aussi, quoique bien indistinctement celle-ci, la faible lueur qui provenait du dehors, leur avaient permis d'en acquérir la certitude *de visu*.

— Dressons une barricade alors, et vivement, dit Gaspardo. Nous pouvons la monter intérieurement sans déranger le rideau, jusqu'au moment où elle sera assez haute. Surtout ne perdons pas de temps ! Vous deux, apportez-moi des pierres, et moi je me chargerai de les placer.

Ni Ludwig ni Cypriano ne boudèrent à la besogne. Ils se mirent à l'œuvre avec une ardeur toute juvénile, et ce fut bientôt à qui soulèverait les plus gros débris pour les mettre à la disposition du gaucho.

Ces pierres étaient disposées à mesure et arrangées par Gaspardo en forme de mur grossier. Bien que l'obscurité contrariât leurs efforts, il était assez solide pour résister aux attaques de n'importe quel animal, à la seule exception de l'éléphant.

Or, comme nos voyageurs étaient certains de ne pas le rencontrer dans le Chaco, ils avaient le droit de se croire désormais hors de la portée de tout danger.

Tel était du moins l'avis de Gaspardo, lorsqu'une fois de plus il se remit à la recherche de son briquet.

— J'ai sur moi un bout de chandelle de cire, disait-il, tout en culbutant les nombreux *impedimenta* suspendus à son recado. Que Dieu me le pardonne, je l'avais ramassé dans l'église d'Asuncion. C'était le reste d'une de celles qu'on a fait brûler sur le corps de ma pauvre vieille mère, et je m'étais promis de la conserver comme souvenir. Qui m'eût jamais dit que ce serait dans une occasion pareille que j'aurais à la rallumer? Mais c'est trop malsain de manger dans l'obscurité.... Je n'ai jamais pu souffrir cela ; ce qu'on mange ne vous profite pas, si vos yeux n'en ont pas leur part.

Le digne serviteur affectait de parler avec une insouciance et un entrain communicatifs. Il connaissait le lourd fardeau qui pesait sur le cœur de ses jeunes compagnons et il souhaitait l'alléger en les détournant un peu de leurs sombres préoccupations et en les amenant à penser à autre chose ; mais il n'obtint aucune réponse. Il battit donc le briquet en silence, et le cierge fut enfin allumé.

C'était un gros bout de cierge, long de quinze centimètres environ et fabriqué avec la cire d'abeille sauvage qu'on emploie dans les églises du Paraguay. Sa flamme brillante éclaira les objets renfermés dans la caverne ; tout devint visible, les voyageurs, leurs chevaux, leurs bagages, et le jaguar étendu mort à l'entrée, dont la peau claire et ocellée de noir se détachait sur le fond sombre du rocher.

La flamme avait à peine atteint son maximum de clarté, que nos amis éprouvèrent la très peu rassurante surprise d'apercevoir subitement une seconde peau de jaguar, non moins bien ocellée, mais plus vive et plus brillante que la première.

Celui-là se trouvait couché sur un bloc de rocher à l'extrémité la plus reculée de la grotte, et il n'était certes pas mort, mais vivant et bien vivant, dardant de grands yeux fixes sur la lumière qui avait jailli des ténèbres.

Il était au moins deux fois aussi gros que celui qui avait été tué, et son aspect était dix fois plus effrayant. Au premier coup d'œil, on le reconnaissait pour le mâle dont Gaspardo avait parlé.

— C'est le mâle! dit-il consterné. Faut-il s'être donné tant de mal pour nous enfermer en pareille compagnie!

Muets de stupeur, ni Ludwig ni Cypriano ne songèrent à lui répondre.

— Ce qui me surprend, grommela le gaucho entre ses dents, c'est qu'il soit resté si longtemps tranquille. Il faut que la tormenta ait singulièrement modifié son humeur! Qui peut savoir ce qui se passe dans sa tête et ce qui cause son immobilité? Il ne faut pas trop s'y fier. L'envie pourrait fort bien lui prendre de sauter sur nous à l'improviste; et un animal de cette taille, mes enfants, se soucierait d'une balle autant que d'une chiquenaude! Regardez-le donc.... N'est-il pas aussi gros qu'un de vos poneys? On ne fait pas malheureusement deux miracles dans la même journée. *Madre de Dios !* Une balle qui ne ferait que le blesser sans l'achever sur le coup serait évidemment plus qu'une balle perdue, elle l'exaspérerait et nous livrerait à sa merci.

Les deux jeunes gens avaient tout de suite épaulé leurs carabines.

— Ne faut-il pas faire feu néanmoins ? demandèrent-ils.

— Sur votre vie ! ne commettez pas une semblable folie ! Il serait préférable de lui céder la place, si l'on était sûr que l'état de terreur, de stupéfaction, d'engourdissement, où la tormenta plonge souvent les plus violents de ces animaux, dût nous en laisser le temps. Je sais bien que la pluie tombe à torrents. Entendez-vous ?... Mais mieux vaut affronter les éléments qu'une lutte corps à corps avec un adversaire comme celui-ci.

— Mais s'il pleut, remarqua Ludwig, la poussière doit être abattue ; et pour nous, c'était le plus terrible. A quel parti allons-nous nous arrêter ?

— Il y aurait bien un moyen de nous en tirer personnellement et sans perte de temps, mais il faudrait pour cela lui abandonner nos montures, et filer par l'espace que nous avons laissé libre au sommet de notre barricade.... il ne serait pas suffisant pour lui livrer passage. Mais nous avons autant besoin de nos montures que de nous-mêmes ; et quand il en serait autrement, ce moyen me répugne ; ce serait une lâcheté que de livrer nos bonnes bêtes à ce vilain brigand.

— Non, non, Gaspardo, pas cela, interrompirent les deux cousins simultanément.

— Eh bien ! il n'y a pas à hésiter alors. Il nous faut jeter bas notre barricade et apporter à défaire notre ouvrage plus d'ardeur qu'à son édification. Heureusement qu'il est plus facile de démolir que de bâtir. A l'œuvre donc ! Vous, Cypriano, qui avez la meilleure arme, faites sentinelle ; et si le jaguar bouge, visez à l'œil, mon enfant.

La part dévolue à Ludwig dans la nouvelle besogne fut de tenir le cierge, qu'il ne s'agissait pas de laisser éteindre et que l'on n'avait pas trouvé le moyen de fixer autrement. Pendant ce temps, Gaspardo, dont la force musculaire était décuplée par l'imminence du danger, s'escrimait contre sa muraille.

Dès qu'une ouverture suffisante pour leur livrer passage, ainsi qu'à leurs chevaux, eut été pratiquée, le gaucho écarta les ponchos et jeta un coup d'œil au dehors.

Cependant le jaguar n'avait pas bougé.

Soit que Cypriano, qui le couchait en joue, le tînt en respect, soit que la stupeur que les grandes commotions atmosphériques cause à presque tous les animaux sauvages ne se fût pas encore dissipée, il restait immobile, sans que toutefois ses yeux fixes et brillants se fussent un instant détournés de ceux de Cypriano.

Calme et intrépide, celui-ci n'avait pas bronché ; mais le moment le plus critique était incontestablement celui où commencerait la retraite ; car l'animal est comme l'homme, tout ce qui ressemble à une fuite de son adversaire est pour lui un signal d'attaque.

— Qu'y a-t-il encore, Gaspardo ? demanda Ludwig, auquel une exclamation du gaucho venait de faire soupçonner l'imminence d'un nouveau danger.

— Il y a…, il y a…, répondit Gaspardo avec un geste de désespoir, que tout est contre nous ! Il n'y a pas moyen de sortir, mes enfants ; regardez !

L'eau s'était élevée d'au moins deux mètres au-dessus de son niveau habituel et coulait en bas de la caverne avec la violence d'un torrent. Le courant effleurait l'entrée même de la grotte, ne laissant pas un pouce de sentier par lequel les hommes et les chevaux pussent opérer leur retraite. Toute issue était évidemment coupée.

La circonstance était critique ; car rester dans la caverne, c'était rester à la discrétion du jaguar.

Le ciel qui s'éclaircissait un peu jetait une clarté mourante jusqu'au fond de l'antre ; cela leur permettait d'apercevoir le fauve, toujours couché dans sa redoutable immobilité.

Un secret instinct l'avertissait-il de l'impossibilité où étaient ses victimes de lui échapper, et ne jouissait-il pas avec un calme dédaigneux et imperturbable de l'inanité de leurs efforts ?

L'ouragan se calmait. Les éclats du tonnerre s'espaçaient et devenaient plus lointains et plus sourds. Le moment approchait où l'animal retrouverait sa férocité et s'élancerait soit sur les hommes, soit sur les animaux, dont la vie, ainsi que l'avait constaté Gaspardo, leur était presque aussi nécessaire que la leur.

La lutte ne pouvait tarder à devenir inéluctable.

En désespoir de cause, Gaspardo et ses compagnons se tenaient prêts au combat. La carabine à la main, le couteau de chasse entre les dents, Ludwig et Cypriano attendaient l'ordre de faire feu, que le guide hésitait toujours à donner. Il n'était pas difficile de deviner que le gaucho eût donné beaucoup pour éviter cette rencontre décisive qui pouvait coûter la vie à un ou à plusieurs d'entre eux.

Tout à coup les deux cousins, qui ne le perdaient pas de vue, attendant toujours le signal de faire feu, le virent se mettre à chercher quelque chose dans une des sacoches de son recado.

Quel était cet objet qui excitait à ce point la fiévreuse impatience du gaucho, si calme, si maître de lui d'ordinaire ? Que pouvait-il être pour que leur ami semblât y attacher le même prix qu'à une certitude de salut ?

Telle était la muette interrogation qu'échangeaient les regards des jeunes garçons.

Ils ne restèrent pas longtemps dans cette incertitude, et, sans même avoir eu le temps d'interroger Gaspardo, ils le virent à l'œuvre.

Celui-ci s'était tout à coup souvenu d'avoir emporté avec lui une de ces fusées qui servent à surexciter les taureaux de combat. Il l'avait prise, pensant qu'elle pourrait lui servir à l'occasion pour étonner, amuser ou terrifier les Indiens, suivant le besoin du moment.

C'est un vieux tour fort en usage parmi les gens des frontières et qui cependant obtient encore un plein succès parmi les sauvages.

— Restez immobiles et ne bougez pas de la place où vous êtes, murmura-t-il à l'oreille de ses amis. Laissez-moi faire, j'ai mon idée.

Dominant leur anxiété, les deux jeunes gens conservèrent leur place à l'entrée de la grotte, semblables à deux sentinelles de pierre.

IX.

AU HASARD.

Ludwig et Cypriano étaient néanmoins fort intrigués sur ce qui avait pu se passer dans la cervelle de leur entreprenant et ingénieux ami.

Les moments étaient trop précieux pour que le gaucho cherchât à prolonger leur attente et à « jouir de son effet », comme on dit.

En se débarrassant du cierge pour s'armer de sa carabine, Ludwig l'avait déposé dans une anfractuosité de rocher ; le gaucho se dirigea vers lui, et, ayant encore recommandé aux deux cousins de s'effacer contre les parois pour laisser libre l'entrée tout entière, il approcha de la flamme du cierge la mèche de sa fusée et la lança contre le jaguar.

Ce fut comme une illumination de féerie : la lumière éclatante, suivie d'un sifflement aigu, s'élança comme un serpent de feu sur l'animal, l'atteignit au flanc, et s'attacha à sa peau en tournoyant comme un soleil et en l'inondant d'étincelles.

C'était évidemment le premier feu d'artifice qu'on eût tiré en son honneur.

L'énorme animal fit entendre un formidable rugissement, qui ébranla les parois du rocher; il sursauta d'épouvante, et, abandonnant sa couche, en trois bonds il eut traversé la caverne, traînant derrière lui comme la queue enflammée d'une comète. L'instant d'après il avait disparu dans le torrent.

Il avait pris le parti le plus sage, et pour éteindre la fusée qui sifflait entre les poils de sa fourrure, et pour débarrasser nos voyageurs de sa fâcheuse compagnie.

Son corps, entraîné par la violence du courant débordé, fut bientôt hors de vue. Gaspardo, monté sur le roc où se prélassait naguère le jaguar, criait maintenant du fond de la grotte :

— Cette fois, nous pouvons nous mettre à table ; je vous réponds que nous ne serons plus dérangés.

Ludwig et Cypriano ne pouvaient revenir de l'étrange et expéditive façon dont le gaucho les avait tirés d'affaire.

— On ne pense pas à tout, répondait modestement le brave homme; c'est par là que j'aurais dû commencer, et ni vous ni moi ne nous serions éreintés à faire et à défaire nos inutiles fortifications.

Ludwig et Cypriano étaient un peu vexés de n'avoir pas eu l'occasion d'abattre de jaguar mâle, comme Gaspardo avait abattu la femelle ; mais ils ne dirent trop rien, de peur de gâter la joie de leur ami, qui était cent fois plus fier de son expédient qu'il n'eût pu l'être du coup de feu le plus adroit.

Avant que nos voyageurs eussent achevé leur repas, la tempête avait complètement cessé.

La *tormenta* diffère en cela du *temporal* : c'est que la première disparaît aussi rapidement qu'elle est venue, tandis que l'autre, se terminant graduellement, est suivie de brumes qui remplissent l'atmosphère d'une fraîcheur humide ; souvent même ces brumes persistent plusieurs jours.

Il n'en est pas ainsi d'une véritable tempête de poussière. Elle arrive précédée seulement de signes connus de quelques rares initiés, comme Gaspardo, et elle tombe aussi soudainement, sans que rien avertisse du moment où elle prendra fin.

Lorsque nos voyageurs revinrent à l'entrée de la grotte et regardèrent au dehors, il n'y avait pas plus de traces d'ouragan que s'il n'y en eût jamais eu.

Sur l'autre rive, au-dessus de la berge escarpée de l'arroyo, ils pouvaient distinguer un espace de ciel d'une belle nuance azurée, et les rayons de lumière qui pénétraient dans la ravine leur donnaient l'assurance que le soleil brillait d'un éclat aussi pur qu'avant d'avoir été obscurci par les nuages épais de la poussière.

Ils eussent pu considérer cette terrible lutte des éléments comme un rêve, s'ils n'eussent eu sous les yeux les traces de sa furie. Le petit vallon était couvert d'arbres déracinés, de branches brisées, de bouquets d'arbustes couchés comme des roseaux et d'arbres oscillant sur leur base ; enfin, à leurs pieds, un torrent écumant remplaçait le mince cours d'eau que leurs chevaux avaient traversé à gué si peu de temps auparavant.

Cet obstacle était le plus sérieux ; sans lui, ils auraient immédiatement repris leur voyage ; mais un coup d'œil leur avait suffi pour leur en faire reconnaître l'impossibilité. Si ce n'eût été qu'ils n'avaient devant eux qu'un fleuve improvisé et accidentel, ils eussent ressemblé au paysan de la fable qui attendait pour passer le moment où le fleuve aurait cessé de couler.

— Allons, enfants ! nous n'en avons pas pour longtemps, dit le gaucho, qui remarquait et partageait leur impatience et en avait pitié ; non, continua-t-il, après être resté un instant les yeux fixés sur le torrent, réellement ce ne sera pas très long. Ce débordement, né de la tourmente qui l'a produit, tombera aussi vite qu'il s'est élevé ; il a déjà baissé d'un demi-pied ; voyez les traces qu'il a laissées sur les pierres.

Il leur montrait du geste un endroit que l'eau boueuse avait mouillé et dont elle s'était déjà retirée.

Les trois hommes rentrèrent donc dans la grotte pour y empaqueter leurs bagages. Avant de pouvoir songer à reprendre leur route, ils avaient également à donner quelques soins à leurs pauvres chevaux, sur lesquels la tourmente avait agi comme sur le jaguar.

Comme cette besogne approchait de sa fin, le gaucho s'allongea sur la poitrine, en guise de *mea culpa*, un coup de poing qui eût abattu tout autre que lui-même.

— *Santo Dios !* je perds la tête, s'écria-t-il ; c'est péché de laisser derrière nous un si beau jaguar! Sa peau vaudrait de l'argent pour celui qui la porterait au marché. Et le mâle donc, qu'il était beau! Jamais je n'en ai vu un plus magnifique. Ah! si votre....

Il s'arrêta brusquement. Il allait dire :

— Si votre père avait été là, il ne lui aurait pas laissé emporter sa fourrure.

En effet, si bon chasseur qu'il fût, Gaspardo avait trop souvent vu Halberger à l'œuvre pour ne pas être certain de ce qu'il eût fait à sa place. Il n'était pas non plus sans regretter ce beau coup ; en toute autre occasion il ne l'eût pas laissé échapper ; mais il avait fait passer avant tout la sécurité des jeunes gens qui lui étaient confiés et avait sacrifié son amour-propre de chasseur à son dévouement.

Le brave homme, ne voulant pas renouveler la douleur des jeunes gens, en évoquant un nom lié à de si chers et si cruels souvenirs, garda pour lui le surplus de ses réflexions.

— Carambo! reprit-il, pour donner le change, je ne vais pas abandonner cette tigresse aux fourmis, aux loups ou à tout autre carnassier à qui il prendra fantaisie de se promener par ici. Il n'est pas dit, d'ailleurs, que nous ne repasserons pas bientôt devant cette caverne. Quoi qu'il en doive arriver, je tiens à pouvoir un jour ou l'autre rentrer en possession de cette fourrure. Nous avons grandement le temps de la dépouiller avant que l'eau soit assez basse pour nous permettre de filer. Ainsi, à l'ouvrage.

C'était plaisir de le voir manier son grand couteau de gaucho pour dépouiller le jaguar. L'opération ne dura pas longtemps. La superbe

fourrure cédait rapidement sous ses doigts habiles, et la carcasse de la bête ne tarda pas à s'étaler nue et sanglante sur le sol.

— Quant à cela, les saubas peuvent s'en régaler, dit-il, en désignant la chair encore fumante, et ils n'en seront pas plus à plaindre pour cela. Il y a maintes occasions où les chrétiens s'en arrangeraient comme eux ; je me souviens d'un temps où j'aurais été bien aise d'en avoir une tranche à griller. Oui, mes jeunes maîtres, dans ce même Chaco, j'ai vécu une semaine entière sur la carcasse d'une vizcacha étique, et il faut savoir le mal que je m'étais donné pour l'attraper.

— A quelle époque, Gaspardo? demanda Ludwig, intéressé, malgré sa tristesse, par les paroles du gaucho.

Ludwig avait toutes les dispositions de son père ; il aimait passionnément ce qui avait trait à la nature ou aux luttes soutenues contre elle.

— Ma foi, senoritos, l'affaire arriva il y a pas mal de temps, et je ne demanderais pas mieux que de vous la raconter, si cela vous fait plaisir ; mais l'histoire est trop longue pour que je vous en régale aujourd'hui. L'eau a sensiblement baissé ; nous n'avons plus en ce moment qu'à disposer cette peau de façon à ce qu'elle puisse sécher ici, à l'abri des indiscrets, puis nous remonterons en selle.

Il prit alors quelques bouts de cordes dans son recado, pratiqua quatre petits trous aux quatre extrémités de la dépouille de son jaguar, la tendit soigneusement et la fixa à l'aide de ses cordes à des stalactites de la grotte, qui se trouvaient là tout à point pour remplacer les clous qui autrement lui auraient fait défaut.

Ceci fait, il s'arrêta à contempler la peau faisant plafond au-dessus de sa tête.

— C'est vraiment, dit-il, un séchoir digne d'elle. A cette place, elle est hors de portée des saubas et des loups ; et si personne qu'eux ne vient fourrer son nez par ici et se mêler de ce qui ne le regarde pas, elle pourra s'y conserver des semaines sans se gâter. Je ne sais pas comment cela se fait, les choses ne se détériorent pas dans une grotte comme en plein air ; c'est peut-être parce que le soleil ne les atteint pas.

Notre jeune savant aurait certainement pu expliquer le phénomène à son ami, mais il était un peu tard pour entreprendre son éducation scientifique, et il ne l'essaya pas ; ou peut-être le cœur lui manqua-t-il en songeant que celui qui résolvait si aisément tous ces problèmes naturels n'était plus là pour lui simplifier la tâche. Quant à Gaspardo, la théorie ne lui était pas indispensable, car pour lui l'expérience suppléait à la science.

Lorsqu'ils revinrent de nouveau voir ce qui se passait au dehors, ils reconnurent avec joie que le torrent avait assez baissé de niveau pour leur permettre d'en suivre le bord. Aussi, sans perdre plus de temps, conduisirent-ils leurs chevaux à l'entrée de la grotte, et, montant en selle, se remirent-ils à chercher la piste des Tobas. Ils étaient déjà parvenus à l'embouchure du ruisseau et avaient gravi la berge du fleuve sans avoir retrouvé la trace des cavaliers. L'ouragan de poussière et le déluge de pluie qui l'avait suivi avaient effacé toutes les empreintes, et le gaucho semblait fort préoccupé.

— *Maldita !* s'écria-t-il à un moment où tous trois, appuyant sur leur bride, s'étaient arrêtés d'un commun accord, interrogeant alternativement le sol et les regards de leurs compagnons. *Maldita!* pas plus que moi, vous autres, vous n'aviez rien vu?

— Faut-il donc nous arrêter? demanda Ludwig, qui voyait bien que ses amis étaient tout aussi inquiets que lui de la piste perdue; faudra-t-il vraiment nous arrêter?

— Nous arrêter! s'écria Cypriano; y songes-tu, cousin? Abandonner la poursuite!

— Non, non; ce n'est pas ce que j'ai voulu dire.

— Plutôt que d'y renoncer, continua le bouillant Paraguayen, sans attendre la réponse de Ludwig, je passerais le reste de mes jours à courir dans le Chaco. Ne l'ai-je pas juré à ta mère, Ludwig? Je ne retournerai à l'estancia qu'en y ramenant notre bien-aimée Francesca.

— Je suis tout aussi résolu que toi, cousin, répondit Ludwig, tu n'en saurais douter; mais le Chaco est grand, et errer à l'aventure ne servirait à rien. S'il n'y a pas lieu de désespérer, tu conviendras qu'il y a, au moins, tout lieu de réfléchir.

— Nous savons, répondit Cypriano, que Francesca est avec les Tobas. Ils forment une tribu nombreuse, et une tribu ne se cache pas comme une souris dans un trou. Les Tobas ne sont pas gens à rester bien longtemps en place. Il y a toujours parmi eux quelque expédition en train. Nous finirons bien par en rencontrer une, et il ne nous en faut pas davantage pour nous remettre sur la voie du groupe principal.

— Hélas! répondit Ludwig avec abattement, que de temps

pourra s'écouler avant que nous rencontrions un être humain dans cette affreuse solitude ! Que fera ma pauvre mère jusqu'à notre retour ? Je ne puis m'empêcher de songer à elle, si malheureuse, si seule après la mort de mon père et avec sa tombe devant les yeux ! Ne va-t-elle pas croire que nous aussi nous sommes perdus ? Ne va-t-elle pas se faire mille soucis ? Si nous pouvions du moins lui envoyer quelqu'un pour lui dire que nous sommes tous bien portants !...

Et, en évoquant cette douloureuse image, la tête du malheureux jeune homme s'inclina sur sa poitrine, et des larmes qu'il ne put retenir glissèrent le long de ses joues.

Ludwig adorait sa mère. L'idée qu'en son absence quelque danger pouvait la menacer à son tour, le jetait dans une affreuse perplexité. Il avait été si profondément ému par la douleur dans laquelle il l'avait laissée plongée, qu'il ne pouvait en écarter le souvenir.

Si terrible que fût le sort même de sa sœur, il pouvait à peine le tourmenter davantage.

Pour lui, c'était une enfant si innocente et si douce, que personne, pensait-il, pas même un sauvage, n'était capable de lui faire du mal. Il ne pouvait admettre qu'elle courût un autre danger que celui d'une captivité plus ou moins prolongée.

Il est vrai que la pauvre enfant devait sans doute, elle aussi, être dévorée d'inquiétude. N'avait-elle pas vu se dérouler devant ses yeux un spectacle plus horrible encore, s'il était possible, que celui auquel ils avaient assisté ? Mais Ludwig, ignorant la mort de

Naraguana, comptait encore fermement que l'amitié du chef pour son père serait une sauvegarde pour sa sœur.

Il se figurait volontiers que les auteurs du guet-apens qui l'avait fait orphelin et avait eu pour suite l'enlèvement de Francesca, devaient déjà avoir été punis par Naraguana, et parfois il se demandait si, pendant qu'ils couraient le monde à la recherche de leur bien-aimée, cet ami fidèle et si souvent éprouvé ne l'avait pas déjà rendue à sa mère.

Partagé entre ses émotions diverses, il se jeta dans les bras de Cypriano.

— Tu as été orphelin de si bonne heure, lui dit-il, que tu ne peux pas savoir ce que sont pour un fils un père comme le mien et une mère comme celle que je me reproche parfois d'avoir abandonnée à son désespoir.

— Ne sais-je pas, cher Ludwig, répondit Cypriano, tout ce que valait et pour toi et pour moi celui que nous avons perdu? Ne sais-je pas ce que vaut ta mère? N'a-t-elle donc pas été une seconde mère pour moi? Je partage ton angoisse. Comme toi, mon ami, je voudrais être tout à la fois à l'estancia pour y pleurer avec ma tante et au milieu de la tribu des Tobas pour leur arracher notre Francesca. Mais entre deux devoirs également impérieux, il faut choisir, et le choix est fait. Il faut persévérer. Ta mère, notre mère, Ludwig, est entourée de serviteurs fidèles et dévoués. Francesca est seule et entre les mains des assassins de ton père. Le choix saurait-il être douteux?

Ludwig se redressa sur ses étriers, et, cherchant des yeux la direction probable de l'estancia, il envoya de la main, à travers l'espace, un long baiser à celle qui occupait sa pensée.

— Mère, mère chérie, toi seule tu pourrais comprendre mes hésitations et les absoudre !

Puis, secouant la tête comme pour en chasser une pensée importune, le jeune garçon frappa sur l'épaule de Gaspardo pour l'arracher à sa méditation, car celui-ci, pendant tout cet échange de sentiments, avait semblé plongé dans de profondes réflexions.

— Marchons, lui dit-il, en aveugles, s'il le faut, mais marchons.

— Pas précisément en aveugles, senorito, interrompit le gaucho, nous n'en sommes pas là. Nous avons un guide ; peut-être n'est-il pas le meilleur, ni le plus sûr ; mais enfin, c'est toujours mieux que rien.

— Lequel? demandèrent avec étonnement les deux cousins.

— Le fleuve ! répliqua Gaspardo. Mon avis est que nous pouvons nous y fier encore pendant quelque temps. D'après les traces que les brigands avaient laissées jusqu'au moment où nous les avons perdues de vue, je suis fondé à croire qu'ils ont continué à longer le Pilcomayo en le remontant. Le temps que la tormenta a duré, ils auront fait comme nous et se seront arrêtés quelque part. S'ils n'ont pas quitté le bord de l'eau avant le commencement de la tempête, nous retrouverons bientôt leur piste, que le sol humide, mais non plus détrempé, nous rendra d'autant plus facile à suivre ; et, dans ce cas, nous prendrons le galop. Peut-être atteindrons-nous les Indiens avant la nuit, car je suis certain qu'ils ont passé ici depuis le lever du soleil. Evidemment ils ne se pressaient pas, puisqu'ils ont relativement si peu d'avance sur nous.

— Dieu vous entende! s'écria Cypriano en réponse à l'observation du gaucho. En avant! en avant! répéta-t-il avec son impétuosité naturelle.

Et, sans attendre ce que Gaspardo pouvait avoir à ajouter, il piqua des deux et partit le long du fleuve, sans arriver néanmoins à distancer ses deux compagnons, non moins ardents que lui.

X.

LES GYMNOTES.

Les voyageurs étaient alors à près de deux kilomètres de distance de leur dernière halte.

Les hautes berges du Pilcomayo commencèrent à se déprimer, et s'abaissèrent peu à peu jusqu'à se retrouver presque de niveau avec le cours de l'eau.

La colline qu'ils avaient suivie jusqu'alors se continuait sur l'autre rive, comme si elle eût été coupée par le fleuve. Le courant formait en cet endroit une série de rapides contre lesquels l'onde tumultueuse se brisait en bouillonnant et avec un bruit assourdissant.

Mais nos voyageurs n'étaient pas d'humeur à prêter grande attention à tout ce qui ne touchait pas directement à l'objet de leurs préoccupations; ils descendirent la pente et continuèrent à remonter le Pilcomayo.

Cependant, si pressés qu'ils fussent, les pauvres gens ne tardèrent pas à se heurter contre un obstacle inattendu.

C'était une sorte de ruisseau lent, un *riacho*, qui débouchait perpendiculairement dans le Pilcomayo ou en sortait, suivant la saison et les caprices de l'inondation ; car on sait qu'en temps d'inondation, les courants des riachos changent de cours et reviennent sur eux-mêmes. Cette propriété leur est propre avec certains cours d'eau de la Louisiane appelés bayous.

En ce moment il semblait être immobile, parce que la rivière principale, subitement enflée par l'ouragan, arrêtait le courant plus tranquille de son tributaire. Ses eaux étaient jaunâtres et comme mêlées de terre et de sable. Le seul moyen d'en savoir la profondeur était d'y entrer à cheval, mais l'expérience pouvait être dangereuse.

Ludwig proposa bien de le tourner pour le franchir au-dessus de sa source, ou chercher un gué en le remontant. Mais il n'y fallait pas songer ; le riacho était droit comme un canal, et les cavaliers pouvaient le suivre des yeux à travers la plaine sur une étendue de plusieurs lieues, et il y avait dix à parier contre un qu'il présentait partout la même largeur et probablement la même profondeur que sous la tête de leurs chevaux.

Que faire ? Tenter d'en rejoindre la source aurait exigé une demi-journée, peut-être même une journée entière. Cypriano était trop impatient pour en accepter l'idée, et Gaspardo ne paraissait guère disposé à imposer un pareil délai.

Quant à passer où ils se trouvaient, ce pouvait être une entreprise hasardeuse, car ils pouvaient être obligés de nager. Ce n'est pas cette alternative qui eût suffi à les arrêter, si le bord opposé avait offert une pente douce, ou quelque point facile qui permît aux chevaux d'aborder.

Malheureusement il n'en était pas ainsi. La berge s'élevait, au contraire, perpendiculairement à plus de deux pieds au-dessus de l'eau ; et cette sorte de muraille pouvait être très profonde sous l'eau.

Les voyageurs étaient dans l'impossibilité d'en évaluer la profondeur à cause de la coloration de l'eau, conséquence forcée, mais désastreuse pour eux, de la tormenta. Ils eurent beau chercher, il n'existait ni courant ni remous qui pût les aider à se former une opinion, même approximative.

Ils allaient et venaient, indécis, tourmentés.

Cypriano, dans son impatience, aurait lancé son cheval en plein cours d'eau, si Gaspardo, qui avait un grand ascendant sur lui, n'avait posé la main sur la bride de sa monture en disant :

— Patience, il est bon d'y regarder à deux fois, même avant de faire une folie.

Il y avait plus de dix minutes qu'ils étaient ainsi arrêtés, tantôt interrogeant des yeux le maudit riacho, tantôt se regardant les uns les autres avec stupeur.

— *Gracias à Dios ! santissima !* s'écria tout d'un coup le gaucho.

Le digne garçon avait proféré cette exclamation d'un ton si satisfait et avec un tel soupir de soulagement, que ses jeunes camarades comprirent que le problème était résolu. Mais le moyen leur échappait encore.

— Qu'as-tu donc imaginé pour nous tirer de là, mon bon Gaspardo? demanda le jeune Paraguayen, toujours le plus prompt à interroger.

— Regardez là-bas, dit Gaspardo en montrant de la main l'endroit où l'affluent réunissait ses eaux à celles du fleuve. Dites, que voyez-vous, senoritos?

— Rien de particulier. Quelques grands oiseaux blancs avec de longs becs; on dirait presque des grues.

— Certainement ce sont des grues, et même des grues-soldats, des garzons (1). Eh bien! que dites-vous de ça?

— De quoi? De ce qu'elles nagent?

— Nager? allons donc? Le garzon ne nage jamais. Ces grues passent à gué, senoritos; oui, mes enfants, à gué!

— Eh bien! après? fit Ludwig.

— Comment, après?... Ah! je ne me serais pas attendu à ce que vous, un naturaliste, un savant, qui avez appris à raisonner, vous ne tiriez pas la conclusion d'un fait aussi clair.

— Mais.... quelle conclusion? demanda le plus naïvement du monde le savant en herbe.

— Encore?... La plus simple, la plus rationnelle, à savoir que si « les canards l'ont bien passé », comme dit la chanson, nous passerons, nous aussi, le riacho. Que les grues aient de longues jambes,

---

(1) Le garzon est la plus grande des grues de l'Amérique méridionale. Il a bien cinq pieds de haut. Il a des jambes grêles qui n'en finissent plus. Son bec pointu est immense. Comme le pélican, il porte sous la gorge une sorte de poche rouge, tandis que son plumage est presque toujours d'un blanc de neige.

c'est un fait; mais là où un garzon passe à gué, un cheval ne saurait être obligé de nager. Non, muchachos, nous traverserons à l'endroit où ces braves oiseaux blancs sont en train de prendre leurs ébats.

Il examina un instant l'onde qui coulait à leurs pieds, puis il ajouta :

— Nous pourrions peut-être tenter de le faire ici, mais cela serait moins sûr. Il faut qu'il existe une butte de sable entre le riacho et la rivière pour que ces grues puissent être ainsi à l'eau, et il ne faut pas s'imaginer que si elles y sont, ce soit dans le simple but de prendre un bain de pieds. Il est probable que l'orage aura troublé les poissons et les aura ramenés du large contre la barre. Les grues, les apercevant à leur portée, y sont venues à leur tour. Tout s'enchaîne ici-bas, vous le voyez; et nous n'avons nous-mêmes rien de mieux à faire que de mettre à profit le résultat de l'expérience faite par les grues.

Le gaucho ne se trompait pas.

Les garzons étaient activement occupés à pêcher, comme on pouvait en juger par un examen sommaire. Les uns plongeaient leur bec sous l'eau; d'autres, la tête renversée, montraient leurs vastes sachets écarlates distendus par le poisson qu'ils s'efforçaient avec peine d'engloutir.

— C'est pitié de déranger ces braves bêtes, surtout après le service signalé qu'elles viennent de nous rendre en nous faisant voir le gué, disait Gaspardo. *Por Dios!* mesdames les grues, il faut bien que nous y soyons contraints. Il n'y a pas moyen pour nous de l'éviter. Allons, senoritos, descendons. Nous en serons quittes pour leur présenter nos excuses, au passage, de la liberté grande que nous allons prendre à leurs dépens.

Tout en plaisantant ainsi, avec son entrain accoutumé, Gaspardo se dirigeait vers le confluent des deux cours d'eau, suivi de ses compagnons, qui n'avaient trouvé, vous le devinez, aucune objection à faire au projet de leur brave guide.

Au bout de deux cents pas, ils arrivaient au territoire de pêche des grues.

Terrifiés par l'approche de créatures si différentes de celles avec lesquelles ils frayaient ordinairement, ces grands oiseaux se hâtèrent d'avaler plus ou moins de travers, assurément, le contenu de leurs pochettes écarlates, puis, agitant leurs ailes immenses au-dessus de l'eau, ils s'élevèrent lentement dans les airs en protestant à grands cris contre cette violation de domicile.

Pendant un moment, ils planèrent au-dessus de la tête des cavaliers, tournoyant et s'abaissant tour à tour, sans discontinuer leurs notes discordantes, comme s'ils avaient prémédité le dessein téméraire de disputer le gué du riacho.

Toutefois, dès qu'ils virent les chevaux à l'eau, ils comprirent que, pour le moment du moins, leur pêche était finie, et, reconnaissant l'inutilité de leurs bruyantes protestations, ils prirent philosophiquement leur parti de ce qu'ils ne pouvaient empêcher et se dispersèrent, en quête d'une retraite plus tranquille.

Le passage était bien ce que Gaspardo avait supposé, une barre entre le fleuve principal et son tributaire.

Du reste, bien lui en avait pris de ne chercher à passer ni en aval ni en amont, car c'eût été impossible. Même sur la barre, les sangles des chevaux baignaient dans l'eau à l'endroit où elle était le plus profonde.

Il y avait une distance de plus de cent mètres à parcourir ; car, on le conçoit, c'était le point où le riacho atteignait sa plus grande largeur.

Les deux tiers du passage étaient heureusement franchis. Déjà nos gens se félicitaient d'être bientôt arrivés sur l'autre rive, quand soudain les trois chevaux firent halte en frémissant de la tête aux pieds, et, au même instant, chacun des trois cavaliers ressentait une commotion étrange et tellement simultanée, qu'une exclamation identique s'échappa de leurs trois bouches comme d'un seul et même gosier.

Seul, Gaspardo reconnut la cause de ce choc aussi violent qu'imprévu.

— Carambo! s'écria-t-il, c'est une raie électrique. Et s'il n'y en avait qu'une encore !... Mais il y en a peut-être un millier. Nous en sommes entourés de toutes parts ; je le sens rien qu'au frémissement de nos chevaux. Piquez des deux, senoritos. Donnez vigoureusement de l'éperon, ou nos bêtes paralysées n'atteindront jamais l'autre bord.

Ainsi apostrophés, les jeunes gens pressèrent leurs montures de toute la force de leurs talons. Les pauvres animaux avancèrent encore de quelques pas, mais c'était pitié de voir au prix de quels efforts, avec quelle inquiétude et quelle irrésolution. Parfois ils essayaient de reculer, en dépit de l'éperon qui leur labourait le flanc.

Les cavaliers non plus n'échappaient pas à cette influence. Le fluide subtil courant le long des membres de leurs chevaux pénétrait dans leur système nerveux et leur occasionnait de violentes secousses.

Tous les trois se sentaient d'autant plus troublés, que la force ne pouvait rien contre le singulier obstacle qui s'opposait à leur marche en avant.

Plus fort, et stimulé par le sentiment de sa responsabilité, Gaspardo seul conservait encore assez de présence d'esprit pour parler et agir.

— Eperonnez, criait-il, éperonnez, mes enfants! Si nous ne joignons pas rapidement le bord, les gymnotes auront raison de nous et de nos bêtes. Nos chevaux enfonceront comme des pierres ; et si nous-mêmes nous ne réagissons pas énergiquement contre l'influence de ces infernales bêtes, nous ne pourrons passer ni à gué ni à la nage. En avant donc, senoritos! Jouez de la cravache et de l'éperon, comme s'il s'agissait du salut de nos âmes.

Ludwig et Cypriano n'avaient pas besoin d'être stimulés. Ils se rendaient parfaitement compte de l'imminence du péril et sentaient bien que chaque minute le décuplait. L'un et l'autre, se raidissant de leur mieux, poussaient leurs montures avec autant d'énergie que le leur permettait leur force défaillante.

Gaspardo finit par atteindre le bord le premier, suivi de près par le Paraguayen.

Mais quand tous deux se retournèrent, cherchant des yeux Ludwig qu'ils croyaient derrière eux, ils s'aperçurent que le malheureux enfant était encore à plusieurs mètres de la rive, son cheval tremblant comme la feuille et refusant d'avancer.

On voyait que le cavalier commençait à perdre la tête devant la persistance de l'inutilité de ses efforts.

Tout d'un coup sa monture cessa de bouger. Le gaucho et Cypriano la virent enfoncer peu à peu. Décidément Ludwig n'était plus en état de la gouverner.

Tout mal à l'aise qu'il était lui-même, Cypriano sauta à bas de son cheval et fit mine de se jeter à l'eau pour se porter au secours de son cousin.

— Gardez-vous-en bien, s'écria le gaucho, en le retenant par l'épaule. Vous n'arriveriez qu'à périr avec lui. Ne craignez rien toutefois. Il y a mieux à faire pour le salut de Ludwig.

En même temps il détachait de sa selle le lasso qui y était enroulé. Il le fit tournoyer autour de sa tête et le lança. Le nœud coulant alla tomber autour du corps de Ludwig, qui, enlevé de sa selle en un clin d'œil, ne tardait pas à aborder sain et sauf sur le rivage.

Sans écouter les remerciements que le jeune homme ou plutôt les deux jeunes gens lui prodiguaient, l'adroit gaucho détacha promptement son lasso, le fit siffler encore et l'envoya retomber sur le cheval, dont l'arrière-train était déjà dans l'eau.

Cette fois la boucle largement ouverte enserra non seulement le cou de l'animal, mais, pour ne pas le blesser, la partie antérieure de la haute selle espagnole qu'il portait. Gaspardo, assurant solidement le lasso autour de son poignet et de son avant-bras, fit faire volte-face à son propre cheval, et, l'encourageant de la voix et du geste, d'un élan vigoureux il le lança en avant dans la direction opposée à la rive.

XI.

LE POISSON QUI FAIT DU FEU.

Il s'engagea une lutte violente, mais de courte durée, dans le riacho.

Le cheval de Ludwig, se sentant secouru, reprenait courage. Il fit un effort violent pour répondre à celui qui était tenté en sa faveur. Ses jambes de derrière se dégagèrent, reprirent tant bien que mal leurs fonctions, et la pauvre bête finit à son tour par toucher terre ; mais il était temps.

Certes, s'il y avait eu chance qu'il se rencontrât des promeneurs sur le bord de ce cours d'eau bourbeuse, ils y eussent contemplé un étrange tableau !

Les trois chevaux frissonnants semblaient près de défaillir, et leurs cavaliers, pâles et défaits, ne valaient guère mieux.

Le plus âgé des trois était le seul qui conservât encore un reste de force, mais il était loin de se sentir aussi alerte et aussi gaillard que d'habitude. Il lui était arrivé d'autres fois de rencontrer des gymnotes, mais c'était la première occasion où il eût eu à en subir une attaque aussi violente. Il ne pouvait s'expliquer leur puissance extraordinaire qu'en l'attribuant à l'électricité de la tempête, qui, sans doute, avait surexcité en elles l'énergie du fluide.

C'était là en effet la seule explication rationnelle du fait. Parfois la raie électrique devient complètement inoffensive, tandis qu'en d'autres moments c'est l'animal le plus dangereux qu'il soit possible de rencontrer au sein des eaux.

Les chevaux furent quelque temps avant de se remettre des souffrances que leur avaient causées les décharges galvaniques des gymnotes. Il n'y avait à cela rien d'étonnant, car les cavaliers et Gaspardo lui-même avouaient qu'ils se sentaient fort mal à l'aise.

Toutefois le gaucho fut encore le premier à retrouver sa vaillante humeur.

Le succès de sa double pêche au lasso, la première en ce genre qu'il eût jamais faite, l'avait ragaillardi. Il y avait de quoi : c'était un coup de maître, et il finit par faire partager un peu son entrain à ses deux compagnons.

Ils reprirent sans délai leur voyage, et, tout en continuant à chevaucher sur les bords du Pilcomayo, qu'ils persistaient à remonter, Gaspardo communiquait à ses jeunes camarades tout ce qu'il savait de relatif aux bizarres animaux qui venaient de leur faire courir un si pressant danger.

— Nous autres, gauchos, dit-il, nous appelons ces vilaines bêtes-là des raies électriques; cependant j'ai entendu le senor Ludovico (c'était sous ce prénom qu'il désignait toujours le père de Ludwig) leur donner le nom de gymnotes. Je suppose que c'est celui qui a été adopté par les naturalistes.

— C'est vrai, répondit le jeune Ludwig, qui s'animait dès que la conversation tombait sur son sujet de prédilection, n'importe quelle branche de l'histoire naturelle. C'est en effet leur nom scientifique.

— En avez-vous jamais vu une de près? demanda Gaspardo.

— Non, répondit Ludwig; mais que de fois en ai-je entendu parler par mon père !

A ce mot de « père », un nuage passa sur les traits du jeune homme. Pauvre enfant ! il était évident qu'il ne pensait déjà plus aux gymnotes.

— Moi, reprit Gaspardo vivement, pour le rattacher au sujet et l'arracher à ses tristes pensées, moi, j'en ai vu beaucoup. Près de l'endroit où j'allais à l'école, il y avait une espèce d'étang ou de mare qui en était remplie, et nous autres enfants nous nous en amusions beaucoup, quoique nous en eussions très peur, et non sans raison, comme vous allez le voir.

Je me souviendrai toute ma vie du triste spectacle auquel j'ai, un jour, assisté. Un vieux bœuf, qui n'avait plus qu'un œil, s'était laissé choir dans cet étang. Les enfants ne doutent de rien, vous savez. Avant que la pauvre bête fût à l'eau, j'avais réussi par hasard à accrocher une corde à l'extrémité de ses cornes ; nous nous mîmes une douzaine au moins à tirer sur cette corde, persuadés que nos efforts suffiraient à ramener le pauvre animal du mauvais pas où il était tombé.

Naturellement ça ne nous fut pas possible. Le malheureux bœuf n'en eut pas pour longtemps. Je le vois encore, après s'être débattu un instant, s'abîmer tout d'un coup sous l'eau comme s'il eût été frappé d'un coup de foudre invisible.

Jamais je n'oublierai le regard de détresse qu'il nous jeta avant de disparaître : ils ont de si bons regards, les bœufs! Mais ce que j'oublierai encore moins, c'est le châtiment inattendu dont nous gratifia le propriétaire du bœuf; nous espérions des remerciements, et, au lieu de cela, nous reçûmes un châtiment dû, nous dit-il, à la maladresse de nos efforts.

C'était le maître d'école lui-même, un homme pratique qui ne se payait ni de bonnes paroles, ni de bonnes intentions.

— En essayant de faire une chose tellement au-dessus de vos forces, vous vous êtes tous conduits comme des imbéciles, s'écria-t-il. Il fallait appeler, venir me chercher, je n'étais pas loin, ce me semble, et mon bœuf serait encore en vie. Savoir ce qu'on peut et ce qu'on ne peut pas, connaître la mesure de ses forces est indispensable à tout âge; et pour que vous vous souveniez de cette maxime, je vais vous appliquer à chacun quelque chose qui vous la fixera dans la mémoire.

Nous reçûmes tous une demi-douzaine de férules. Jamais correction ne fut administrée avec une plus grande impartialité. Chacun en eut son compte.

— Quel méchant homme c'était que ce maître d'école! s'écria Cypriano indigné.

— Un peu rude, j'en conviens, répondit Gaspardo; mais c'était surtout un homme judicieux et sensé. Ces férules m'ont épargné bien des sottises dans ma vie, et, s'il faut tout dire, elles ne vous ont pas été inutiles à vous-mêmes. Tout à l'heure je m'en suis souvenu à propos dans notre caverne, quand il s'agissait d'abattre à coups de fusil notre second tigre. L'affaire était chanceuse. C'est grâce à la leçon de notre vieux maître que j'ai donné la préférence à notre fusée sur une décharge d'artillerie dont l'effet n'était pas certain.

Pour en revenir à nos raies électriques, je ne me doutais pas, à l'époque où s'est passée l'histoire que je viens de vous raconter, que j'aurais à me tirer d'affaire avec elles aujourd'hui et dans une circonstance aussi sérieuse que celle d'où nous sortons. Soyez convaincu, mon cher Ludwig, que le souvenir du bœuf et de la leçon énergique subie à cause de lui m'a inspiré heureusement tout à l'heure, quand je me suis servi de mon cheval comme d'un remorqueur pour le vôtre.

— Pauvre Gaspardo, s'écria le Paraguayen, c'est tout de même vrai que nous voici tenus de bénir le vieux maître d'école auquel il a dû un enseignement si difficile à oublier.

La conversation continua sur les raies électriques.

— Ne disais-tu pas que tu as vu des gymnotes, cousin? demanda Ludwig. A quoi donc ressemblent-elles?

— Le gaucho te le dira mieux que moi.

— A quoi ressemblent-elles, Gaspardo?

— Ma foi, muchachos, si vous me demandez de vous faire une description de ces hideuses créatures, je vous répondrai qu'elles ne ressemblent à rien. Le plus vilain animal de la création pourrait être vexé de leur être comparé. S'il y a de l'eau en enfer, — point qu'on a oublié d'éclaircir par parenthèse, — c'est d'êtres comme ceux-là qu'elle doit y être peuplée.

— Tout cela ne me dit pas à quoi elles ressemblent, interrompit Ludwig, auquel son amour de l'histoire naturelle faisait désirer une description plus précise.

— Non, j'en conviens, répliqua le gaucho ; mais croyez-vous que ce soit une chose aisée que de décrire un poisson qui n'est peut-être pas un poisson, quoiqu'il passe son temps sous l'eau ?

— Quant à être un poisson, interrompit le jeune naturaliste, c'en est un tout aussi bien que les autres raies ; mais quelle est sa forme, sa couleur, sa dimension ?

— Attendez, je vais vous dire cela, senor Ludovico.

Prenez une raie ordinaire, d'environ la longueur d'une *vara* (1). Supposez-la dix fois aussi épaisse et sans rien changer à cette longueur, et vous aurez une gymnote. Ce sont du moins là sa forme et ses proportions ordinaires ; car vous pouvez, par exception, en trouver quelques-unes de beaucoup plus longues. Quant à sa couleur, elle se rapproche de la teinte de l'olive et est parsemée çà et là de quelques taches rouges ou d'un vert jaunâtre, plus brillantes à la gorge et sous le ventre. Du reste, ce dernier point varie suivant leur âge et aussi suivant l'espèce d'eau ou de vase dans laquelle elles vivent. Leur tête est large, leur gueule pleine de dents aiguës, leur queue plate ; avec cela elles ont une paire de nageoires attachées au cou ; cela ne fait-il

---

(1) Mesure espagnole dont la longueur est d'environ 85 centimètres.

pas un joli ensemble? Si l'eau du riacho n'avait pas été aussi troublée, vous auriez pu les voir vous-mêmes ; ce qui vaut toujours mieux que de s'en rapporter aux yeux des autres.

— Ne dit-on pas qu'elles sont bonnes à manger? demanda le jeune Paraguayen. Je ne crois pas en avoir jamais goûté.

— Bonnes à manger, *muchacho mio!* ce n'est pas assez dire : vous ne pouvez pas vous mettre sous la dent un morceau plus exquis. Cependant, avant de les cuire, il est indispensable de couper la partie spongieuse de leur individu, qui, d'après ce que me disait le senor Ludovico, votre oncle, leur donne la puissance électrique. Je connais plus d'un Indien qui les préfère à tous les autres poissons de nos rivières et qui fait métier de les pêcher pour les vendre ou s'en nourrir.

— De quelle manière les prend-on? demanda Ludwig.

— Oh! de différentes façons, répondit le gaucho. Il arrive souvent que les raies quittent leur voie et viennent à la surface de l'eau comme pour se promener ou s'amuser; dans ce cas, il n'est pas difficile pour le pêcheur de s'en emparer. Comme leur corps est assez gros, il les frappe avec une sorte de petit harpon : c'est un dard barbelé, muni d'une corde, attaché à un morceau de *cana trava*, assez long pour atteindre presque l'autre bord du ruisseau où on les trouve. Il est donc assez aisé de les atteindre. Mais ce n'est pas tout. Sitôt qu'elles sont transpercées par le dard du pêcheur, celui-ci laisse aller son arme, et saisit dans sa partie la plus sèche la corde qui y est attachée. Sans cette précaution, il serait exposé à recevoir de terribles secousses qui lui feraient lâcher prise. Et remarquez bien que c'est seulement quand la corde est mouillée que l'effet se produit. N'est-ce pas curieux, *muchachos*, qu'une corde mouillée communique le choc électrique des raies, tandis qu'une corde sèche ne le fait pas? J'en ignore la raison, mais c'est un fait qui m'a toujours fort intrigué.

— Ceci, dit Ludwig, c'est une loi de l'électricité et l'une des plus simples. Mais je ne peux entreprendre de te l'expliquer en ce moment. Continue, Gaspardo, tous ces détails sont on ne peut plus intéressants.

— C'est que je n'en sais guère plus long, mon jeune maître. J'ai seulement remarqué qu'il y en avait plusieurs espèces, et ce fait n'est pas généralement connu, surtout parmi nous autres gauchos, qui avons autre chose à faire que de nous arrêter pour observer de si vilaines bêtes. Mais moi je ne suis pas de même, car le senor Ludovico m'a intéressé à elles, et c'est lui qui m'a fait remarquer cette différence. Je me souviens même à ce sujet qu'il fit une de ces choses que je n'aurais jamais crue, si je ne l'avais vue de mes propres yeux.

Voici : Nous étions un jour occupés à ramasser des plantes aquatiques et nous avions pris une de ces gymnotes. C'était une énorme bête, presque de la longueur de deux *varas*. Il l'étendit sur le sable avant qu'elle fût tout à fait morte, et fixa sa queue à un appareil dont je ne connaissais pas et ne connais pas encore l'usage. Savez-vous le résultat qu'il obtint ?

Cypriano et Ludwig firent un signe négatif.

— Je vais vous le dire, reprit Gaspardo, chez lequel le temps n'avait pas encore, paraît-il, affaibli l'impression de surprise à laquelle il faisait allusion. Il mit le feu à un petit tas de poudre qu'il avait préparé d'avance. Cette poudre flamba comme si on l'eût touchée avec un charbon ardent, et j'étais pourtant certain qu'il n'y avait pas de feu près de là, nous n'en avions pas une étincelle…. Ce qui enflamma la poudre provenait du corps de la raie.

Cypriano manifesta toute la surprise qu'excitait en lui cette étrange révélation. Mais Ludwig comprit tout de suite la cause bien simple du phénomène qui avait tant émerveillé le brave Gaspardo.

Pendant l'après-midi, les voyageurs continuèrent à remonter la rivière, mais sans y découvrir la piste qu'ils avaient tant d'intérêt à retrouver. Si sauvage que fût cette contrée, et bien qu'on n'aperçût pas la moindre trace d'habitation humaine, c'était pourtant sur un sentier distinct qu'ils longeaient ainsi le bord du Pilcomayo. Etaient-ce les hommes qui l'avaient tracé, étaient-ce les animaux? Nul n'eût pu le dire. Peut-être les uns et les autres. Mais quels que fussent les êtres qui l'avaient foulé, on ne pouvait plus y distinguer d'empreintes. La récente tempête avait tout effacé, et l'on ne reconnaissait le sentier qu'au sol battu et à la rareté de l'herbe qui y croissait moins haute.

D'autres eussent peut-être été plus surpris qu'eux des énormes épaisseurs de poussière que la tormenta avait accumulées sur toute la région. Eux savaient qu'après des périodes de sécheresse prolongée, il existe d'immenses étendues de pampas où non seulement le sol s'effrite et se pulvérise, mais où tout, jusqu'aux herbes de la plaine, aux feuilles des arbres et aux rudes tiges des chardons, finit par tomber en poussière. Les bestiaux périssent par milliers dans ces contrées désolées, et l'homme a peine à y trouver de quoi vivre.

Quand une tempête succède à l'une de ces grandes sécheresses, on trouve souvent des animaux morts par suite du manque d'herbe ou d'eau et ensevelis sous la poussière à plusieurs pieds de profondeur.

Gaspardo raconta également à ses jeunes compagnons qu'à la suite d'une tormenta, il n'était pas rare de voir naître des procès entre propriétaires qui ne parvenaient plus à reconnaître les limites de leurs propriétés effacées par les dépôts de poussière.

— Ah! mon Dieu! s'écriait alors Ludwig, s'il en est ainsi, nous resterons longtemps avant de retrouver des empreintes ; et si nous avons fait fausse route, si nous nous sommes lancés dans une mauvaise direction, qui nous en avertira dans cette plaine solitaire?

Gaspardo réagissait de son mieux contre ce qu'il y avait d'anxiété dans les réflexions de son jeune maître.

— J'admets, disait-il, en lui montrant le fleuve, que nous ne suivons pas un guide bien sûr, mais c'est encore ce que nous pouvons faire de mieux. Nous éloigner du fleuve compliquerait bien autrement les choses, car ce serait aussi fou que de chercher une épingle au milieu des herbes de la Pampa. C'est pour le coup que nous irions au hasard! Il serait certes plus sage alors de tourner tout de suite la tête de nos chevaux pour nous en revenir chez nous. Or, au point où nous en sommes, je ne suppose cette intention à aucun de vous, mes enfants.

— Non, non, s'écria Cypriano. Non, pas avant d'avoir tout fait pour retrouver la *Nina*.

— Sans doute, reprit Ludwig, car revenir sans Francesca, ce serait condamner ma mère à une douleur éternelle. Elle est assez frappée sans cela, pauvre mère ! Si jamais nous en sommes réduits là, ce ne peut être qu'après avoir épuisé nos dernières forces.

— A la bonne heure, Ludwig, répondit Cypriano; voilà comme j'aime à t'entendre parler.

— Nous sommes tous du même avis là-dessus, répliqua Gaspardo. Francesca doit être retrouvée, et si....

Il allait dire : Si elle est vivante. Mais il craignit d'énoncer un doute et il arrêta sa phrase.

— *Vamos !* continua-t-il en changeant brusquement de sujet, vous savez, mes jeunes maîtres, que les Indiens Chaco vivent rarement loin d'un fleuve. Ils aiment trop les bains pour cela. Vous ne les y avez jamais vus? C'est dommage ; rien n'est plus curieux que de les voir tous ensemble dans l'eau, les vieux, les jeunes, tout le monde ; ces sauvages nagent et plongent comme des *dantas* — ou tapirs. — Moi qui vous parle, j'ai vu un Indien Chaco plonger au bord d'une large rivière et sortir de l'autre côté sans avoir une seule fois levé la tête au-dessus de l'eau.

Cypriano fit signe qu'il avait été témoin d'un fait analogue.

— Eh bien ! senoritos, continua le gaucho, j'en tire une conclusion bien naturelle ; puisque ces Indiens peuvent être comparés à de véritables canards, ils ne s'installeront jamais à une grande distance des bords d'une rivière, et cette rivière doit être le Pilcomayo ou l'un de ses tributaires.

— Explorons-les tous ! s'écria Cypriano.

— Très bien, senor Cypriano ; mais cela n'abrégerait pas notre route, car il y a un bon nombre d'affluents, soit à droite, soit à gauche du grand fleuve. Moi, je suis moins ambitieux que vous, et j'espère bien que, loin d'avoir à les remonter tous, nous pourrons même nous dispenser d'en remonter un seul. Si nous avions à perdre notre temps dans une recherche de ce genre, il nous faudrait des indices qui ne se présenteront pas. Nous avons dix chances contre une de retrouver la piste des cavaliers indiens en allant, au contraire, tout droit devant nous et en serrant de plus près les rives du fleuve. Soyez tranquilles, mes enfants, et ayez patience ; une fois sur la trace, je sais un gaucho qui les traquera jusque dans leurs tanières.

Ainsi encouragés, les voyageurs continuaient leur route, ayant en tête Gaspardo, qui examinait le terrain avec la sûreté de coup d'œil d'un habile *rastreador*.

Il faut bien dire ici que le gaucho avait moins de confiance dans ses propres paroles qu'il ne voulait le laisser voir à ses jeunes amis. Mieux qu'eux il connaissait les difficultés de leur entreprise, et savait combien le succès de leurs efforts était incertain. Mais ce qu'il voulait leur éviter, c'était le découragement avec ses luttes pénibles, et le brave homme gardait ses doutes pour lui-même, tâchait de n'en rien laisser transpirer au dehors.

Il avait du reste eu raison en prenant le parti de ne point s'écarter du lit du fleuve ; c'était le seul qui pût leur assurer quelque chance de salut, en leur fournissant un point de repère et des données certaines.

XII.

LE SAC PERDU.

Le soleil avait encore plus d'une heure à rester au-dessus de l'horizon lorsque Gaspardo proposa de faire halte ; et néanmoins sa proposition fut accueillie très favorablement.

Cet empressement avait une double cause : d'une part, la fatigue morale née de leurs incertitudes ; de l'autre, la fatigue physique bien naturelle après une journée si laborieuse pour leurs chevaux et pour eux-mêmes.

L'effet produit par les décharges des raies électriques était encore pour beaucoup, sans qu'ils s'en rendissent compte, dans l'absolu besoin de repos qu'ils éprouvaient.

Le jeune Paraguayen lui-même, le bouillant Cypriano, n'éleva pas d'objection : c'est tout dire.

Ajoutez qu'ils mouraient de faim.

Le déjeuner fait dans la grotte n'avait pas été fort substantiel. Ils étaient donc on ne peut mieux disposés à partager de nouveau un bon repas. Après avoir choisi une place charmante, à la fois commode et jolie, sur la lisière d'une forêt de palmiers, ils sautèrent à bas de leurs selles.

Leur premier soin fut de débarrasser leurs chevaux de leur lourd harnachement, pour que, dégagées de toute entrave, les bonnes bêtes pussent se remettre, elles aussi, de leurs rudes épreuves.

Ils ne s'attendaient guère à la triste découverte qu'ils allaient faire : leurs vivres avaient disparu !

Le sac qui renfermait leurs provisions, charqui, maïs, yerba, qu'une mère prévoyante avait fait remplir au moment du départ, ne se trouvait plus au nombre de leurs bagages. C'était derrière la selle de Ludwig qu'il était ordinairement fixé, parce que ce dernier était le plus léger des trois cavaliers et que son cheval était le plus robuste.

Où pouvait-il avoir été perdu? Telle fut la question qu'ils se posèrent immédiatement les uns aux autres, et qu'ils résolurent tous trois ensemble en s'écriant :

— Dans le riacho.

Il n'y avait pas à en douter. Ce sac précieux, indispensable, ne pouvait avoir disparu qu'en cet endroit. Ils avaient encore présente à la mémoire la lutte que le pauvre cheval avait eue à soutenir pour échapper aux raies électriques et remonter sur la rive. C'était au milieu de ses efforts pour se dégager que les courroies avaient dû se rompre. Cypriano se souvenait d'avoir vu Ludwig assurer le sac aux provisions au sortir de la caverne. Aucun autre incident de la route n'en pouvait expliquer la chute, tandis que celui-là était plus que suffisant.

Leurs vivres étaient donc au fond du ruisseau bourbeux, à la discrétion des gymnotes et des grues. Cela ne faisait pas le même compte. Aussi, lorsque nos amis, ayant débarrassé leurs chevaux, les virent se jeter avec une évidente satisfaction sur l'herbe verte et touffue qui croissait en ce lieu, ils ne furent pas maîtres d'une impression d'envie Certes, ce n'était pas leur appétit qui excitait chez eux ce sentiment bien naturel; car, à cet égard, ils eussent pu leur rendre des points; mais ils en voulaient presque au sort peu équitable qui mettait à la disposition de leurs bêtes une table si bien servie, tandis qu'eux-mêmes n'avaient pour se réconforter que la douloureuse perspective d'aller se coucher sans souper.

C'était le cas pour eux de vérifier la valeur du proverbe qui prétend que « qui dort dîne. »

— Puisque nous ne sommes pas de force à manger de l'herbe, serrons nos boucles, rétrécissons d'un cran nos ceintures, dit philosophiquement Cypriano.

Ludwig ne put s'empêcher de sourire quand on lui fit remarquer que, prenant à la lettre l'avis de son cousin, il était en train, en effet, de serrer la boucle de sa ceinture de cuir.

Mais celui qui n'avait pas l'air content, c'était notre ami Gaspardo. Non, ce jeûne forcé ne lui allait pas du tout; et si quelque chose eût pu influer sur sa bonne humeur presque inaltérable, certes c'étaient les tiraillements de son robuste estomac.

Les trois cavaliers restèrent d'abord immobiles, échangeant des regards où chacun pouvait lire.

— Ce n'était certes pas le cas de se passer de dîner !

Néanmoins, petit à petit, la résignation prit le dessus. Tous les trois eurent l'air d'accepter sans murmure ce qu'ils ne pouvaient empêcher, et il fut tacitement convenu qu'on irait se coucher comme si de rien n'était.

Bien qu'ils eussent de beaucoup préféré se choisir une salle à manger, Cypriano et Ludwig avaient déjà fait choix d'un emplacement où ils comptaient établir leur chambre à coucher.

Seul, le gaucho n'en était pas encore arrivé à renoncer à l'espoir de se mettre quelque chose sous la dent. Il restait en observation devant le paysage, dans une contemplation muette, mais à coup sûr fort attentive.

L'histoire de la manne dans le désert lui revenait-elle à l'esprit ? On eût pu le croire, tant son regard errait de la forêt de palmiers à la verdoyante savane qui déployait son immensité en face de leur bivouac, comme s'il eût espéré quelque chose de cet acte de foi.

Tout à coup un geste fantaisiste, auquel il était difficile d'attribuer une signification bien définie, lui échappa.

— Qu'y a-t-il encore, mon pauvre ami ? lui demanda Cypriano.

— Il y a,... il y a,... ma foi,... je serais fort embarrassé de vous dire ce qu'il y a ! dit le gaucho en désignant la plaine ; mais ne distinguez-vous rien là-bas ?

Cypriano regarda dans la direction indiquée ; mais il lui fallut s'abriter les yeux avec sa main, car c'était du côté de l'ouest que s'étendait le bras du gaucho, et le soleil n'avait pas encore disparu de l'horizon.

Bientôt Ludwig l'imita.

— Est-ce de quelque chose qui dépasse les grandes herbes que tu veux parler, dit Cypriano, de quelque chose comme deux tiges de *cardon* (1), avec une touffe de feuilles au sommet?

— Précisément, répondit Gaspardo.

— Eh bien! reprirent les deux jeunes gens, qu'est-ce que tu crois que cela puisse être?

— Un couple d'autruches (*rhea americana*), le mâle et la femelle, autant que j'en puis juger à leurs cous assez longs pour dépasser les plus hautes herbes des pampas, et cependant de tailles différentes.

— Je crois fort que tu as raison, Gaspardo, dit Ludwig; tiens, vois, ça marche : ce sont des autruches en effet. La grande s'est même rapprochée de l'autre. Elles sont maintenant dans un espace découvert, et nous pouvons les voir des pieds à la tête. Comme elles sont grandes! Oh! voilà qu'elles se baissent. A ton avis, que supposes-tu qu'elles fassent?

— Elles font ou essayent de faire la même chose que nous, je pense; elles cherchent leur dîner; et je parie bien qu'elles y auront plus de succès que certaines gens de ma connaissance; car, à vrai dire, elles ne sont pas difficiles sur le menu. Elles se contentent d'herbes ou de racines, et même, à défaut, elles ne font pas de difficulté pour avaler du sable et de petits cailloux.

Le gaucho fit une pause, comme pour se donner le temps de la réflexion.

---

(1) Plante gigantesque de l'espèce des orties, qui, dans certaines régions de la Pampa, couvre d'immenses espaces appelés *cardonales*.

Ludwig réfléchissait aussi. Mais il n'était pas probable que le sujet de leur double méditation fût le même. Les paroles prononcées par Gaspardo avaient réveillé ses instincts de naturaliste, et il désirait en entendre davantage.

Mais le jeune Paraguayen ne se préoccupait nullement des habitudes de l'autruche ou de tout autre oiseau, et il demanda simplement :

— Gaspardo, sont-elles bonnes à manger, les autruches?

— Si elles le sont, senorito ! *Santissima!* qu'est-ce qui n'est pas bon à manger pour l'homme qui meurt de faim? Il ne s'agit pas de leur qualité en ce moment, mais de la façon de les prendre. Si je pouvais enrouler mon lasso ou mes bolas autour des jambes de l'une d'elles, le mâle ou la femelle, peu m'importerait, je vous régalerais d'un dîner de prince. *Maladita !* que faire? Pas moyen de les approcher à portée ; pas un buisson pour s'abriter !

— Mettons-nous à quatre pattes ! rampons dans l'herbe ! dit Cypriano, dont l'appétit, un moment dompté, semblait avoir acquis des proportions inquiétantes pour la sécurité de ce lointain gibier.

— Ce ne serait pas de refus, si cela devait nous être utile à quelque chose ; mais nous n'y gagnerions rien, mes enfants ; aucun des animaux quadrupèdes ou bipèdes qui parcourent ces savanes, n'est plus craintif et plus difficile à aborder que les grands oiseaux qui paissent là-bas. Ils auraient bien vite fait de fuir, longtemps même avant que nos armes pussent les atteindre, fût-ce même nos carabines.

Le gaucho cessa de parler. Il restait là immobile et se frottait le front pour tâcher d'en faire jaillir une idée. Les deux cousins respectèrent son silence, car chacun était absorbé par la préoccupation de s'emparer des oiseaux.

Soudain, Gaspardo sursaute :

— *Gracias a Dios !* s'écria-t-il, je tiens peut-être ce que je cherchais. Ramassez du bois, mes enfants; préparez un bon feu ; avant qu'il soit allumé, il se peut que j'aie une autruche toute plumée et prête à embrocher. Vite, où est ma chemise blanche ?

Tout en parlant, le gaucho se dirigeait vers les bagages épars sur le sol, et commençait à fouiller dans une des sacoches encore accrochée à l'arçon de son recado.

A cette conclusion du discours de Gaspardo : « Où est ma chemise blanche ? » Ludwig et Cypriano s'étaient regardés, fort intrigués.

— Si Gaspardo n'est pas un peu toqué, dit Ludwig, j'ai peur qu'il ne s'en faille guère.

— C'est peut-être la faim qui lui donne la fièvre à ce pauvre garçon, répondit Cypriano. Ma foi, laissons-le faire. Il n'est pas sage de contrarier un homme pendant son accès ; au reste, la mascarade qu'il projette n'est inquiétante que pour sa chemise.

Le gaucho ne laissa pas longtemps ses jeunes compagnons à leurs conjectures ; quand il eut bien bouleversé le contenu de plusieurs sacoches, il sortit de l'une d'elles sa chemise des dimanches en fine batiste et blanche comme neige. Toutefois, l'ornementation en ce moment ne faisait rien à l'affaire, la couleur seule avait son importance.

Il se dépouilla ensuite de son poncho et passa vivement la chemise à la façon ordinaire. L'étonnement de Ludwig et de Cypriano était tel, qu'ils laissèrent faire Gaspardo sans lui adresser une question. Ils n'en pouvaient croire leurs yeux et n'étaient pas sans inquiétudes sur la tournure que prenait l'indisposition de leur digne camarade.

Jusque-là Gaspardo semblait avoir obéi à une idée fixe ; mais tout à coup il interrompit ses singuliers préparatifs ; il semblait qu'une autre idée, surgissant en sens contraire, eût brusquement enrayé la marche de son projet.

— Senor Cypriano, dit-il, je réfléchis ; oui, ma foi, je réfléchis que vous vous tirerez de là beaucoup mieux que moi.

— Me tirer de quoi? s'écria Cypriano, de plus en plus stupéfait. Sais-tu, mon bon Gaspardo, que depuis un instant nous nous demandons si ta tête....

— Si ma tête?... répéta Gaspardo.

— Si ta tête ne déménage pas.

— Rassurez-vous, mes enfants, dit Gaspardo, en éclatant de rire. Ce que je vous demande, Cypriano, est bien simple. Il ne s'agit que de mettre ma chemise, ou la vôtre, si vous le préférez, et de vous déguiser en grue ; en un mot, de faire la « grue. »

— La grue?

— Eh bien ! oui, la grue.

— Mais dans quel but?

— Dans le but très louable de conquérir un morceau de chair d'autruche pour notre souper à tous. Je suis décidément un peu trop lourd, trop massif, pour m'amuser à jouer le rôle de grue ! Vous, senor Cypriano, vous êtes presque taillé pour cela ; et quand je vous aurai habillé, je parie mon cheval contre un âne, que vous pourrez vous approcher de ces gaillards-là sans leur donner le moindre soupçon.

— De grâce, Gaspardo, explique-toi. Que veux-tu que je comprenne à ton discours? Supposons, si tu le veux, que la chose est faite, que je suis une grue ; eh bien ! après ? Que faut-il qu'elle fasse, la grue que je serai ?

— Vous allez le savoir. Quittez d'abord votre jaquette et laissez-moi vous enfiler cette chemise.

Cypriano se prêta de bonne grâce à la circonstance ; en un clin d'œil il eut déposé le vêtement superflu et se présenta en manches de chemise devant le gaucho.

Celui-ci mit sa chemise sur les épaules du jeune homme, et la disposa de façon à lui ajouter l'appendice d'une sorte de queue blanche. Il prit ensuite un long bout de ficelle et il serra les larges pantalons de Cypriano autour de ses jambes, pour les faire paraître aussi grêles que possible. Ensuite, en levant le chapeau du Paraguayen, qui était en feutre mou, il passa dans son bord antérieur un long bâton de forme conique et épointé, après lui avoir donné au préalable une couleur d'un noir bleuâtre en le frottant de poudre mouillée.

Cypriano, recoiffé, offrait alors le simulacre grossier d'un oiseau ayant un bec noir de plus d'un pied. Les bords de ce bizarre couvre-chef furent alors rabattus sur le cou et sur les oreilles de la jeune grue, en lui laissant les yeux suffisamment découverts pour lui en permettre l'usage. Et une légère couche de poudre humide sur des joues naturellement brunes, compléta la transformation de la tête.

L'artiste n'avait cependant pas encore achevé sa besogne. Il manquait encore quelque chose pour que la ressemblance fût complète. Il tira de sa poche un de ces mouchoirs de soie écarlate dont les gauchos sont presque toujours munis, qu'il attacha autour du cou de Cypriano, de manière à figurer une large poche rouge tombant sur sa poitrine.

— Maintenant, senorito, dit-il, je pense que vous pouvez passer pour une grue-soldat et de la belle espèce ! *Carraï !* Quand je vous regarde, j'ai envie de changer les conditions dont je vous parlais tout à l'heure et de parier mon cheval contre un âne, que non seulement les autruches, mais un *garzon* lui-même ne vous distinguerait pas d'un de ses proches parents. Partez donc vite et gagnez-nous notre souper.

— Mais, je te le répète, Gaspardo, je ne te comprends pas encore. Comment veux-tu que je m'y prenne ? S'agirait-il, par hasard, d'approcher les autruches pour leur mettre un grain de sel sous la queue ? C'est un genre de chasse pour lequel j'ai aussi peu d'expérience que de goût, je l'avoue. Voyons, ta proposition est-elle sérieuse ou ne l'est-elle pas ? Conviens que, faute de pouvoir nous donner à dîner, tu as voulu y suppléer par un petit divertissement ! Va, ça vaut mieux.

— *Santo Dios*, senorito, vous me surprenez ! Quoi ! vous êtes du pays, et vous m'adressez de pareilles questions ! N'êtes-vous pas né pour être un gaucho ? Un *gringo* (1) lui-même, ainsi

---

(1) Nigaud, terme de mépris donné par les Spano-Américains aux Européens, et en général à quiconque n'appartient pas à leur race.

déguisé, comprendrait tout de suite qu'il s'agit d'aller *garzoneando!*

Cypriano jeta un regard interrogateur sur Ludwig; mais le jeune savant, secouant la tête, confessa l'impossibilité où il était de le renseigner. Tous les deux étaient également interdits par la singularité des préparatifs de Gaspardo et ne savaient encore qu'en penser.

— *Ay de mi!* s'écria ce dernier en poussant une sorte de soupir. Est-il bien vrai que ni l'un ni l'autre vous ne compreniez pas dans quel but je me suis donné tant de mal? Faut-il donc vous le dire, senor Cypriano? Eh bien! habillé comme vous l'êtes, vous ressemblez exactement à un *garzon*. Il s'agit de faire votre possible pour vous conduire comme un garzon. D'abord, approchez-vous le plus possible des autruches. Emportez avec vous votre fusil ou vos bolas; mais les bolas vaudront mieux, car vous les lancez avec beaucoup d'adresse. En cela je sais que vous n'êtes pas un *gringo*. Soyez sans crainte, les oiseaux ne se douteront de rien. Voyez-vous là-bas l'*estero* auprès duquel ils paissent? Faites-en le tour et avancez vers eux dans cette direction; ils vont vous prendre pour une grue, je vous en réponds, et ne seront détrompés que lorsque vous en tiendrez un. Maintenant me comprenez-vous?... Avez-vous encore besoin que je vous réitère ces instructions?... vous en faut-il de plus amples!...

— Non, non, dit Cypriano, qui saisissait enfin et ne pouvait s'empêcher de rire de la peine qu'il avait eue à s'expliquer une chose si simple; je vois l'affaire, Gaspardo, et je vais tâcher d'attraper par la patte un de ces gros poulets; j'aime mieux ça que d'aller me coucher sans souper. Souhaitez-moi bonne chance, vous autres, et en avant !

Ce disant, le jeune homme, ou, si vous préférez, la nouvelle grue, s'en alla vers son recado pour y prendre ses *boliadores*. Muni de cette arme, il partit à travers la savane, dans la direction des rhéas.

XIII.

LES AUTRUCHES.

— *Caspita !* s'écria le gaucho, quand le jeune Paraguayen se fut éloigné d'une centaine de mètres, ce gentil garçon ne ressemble-t-il pas à une grue ? C'est à s'y méprendre ! Je m'y tromperais moi-même, si je ne connaissais pas ma chemise.

Ludwig ne répondit pas.

Toute son attention était concentrée sur les moindres mouvements de son cousin, qui marchait silencieusement en se dandinant gravement comme un *garzon*. S'il avait été long à s'y mettre, Cypriano jouait son rôle supérieurement; on eût dit qu'il n'avait fait que cela toute sa vie; tantôt il s'avançait résolument, tantôt il s'arrêtait et pointait son long bec vers le sol comme pour y ramasser des limaces, des serpents, des lézards et autres reptiles dont les grues se nourrissent. Il gardait toujours ses bras collés contre son corps et dissimulés par sa chemise, ce qui ne l'empêchait pas de serrer les boliadores qu'il se disposait à lancer.

Il ne se rendit pas directement vers les rhéas. Il suivit l'avis du gaucho et s'en approcha par une grande ligne courbe, à laquelle le bord de l'*estero*, ou marécage couvert de plantes aquatiques, servait de corde.

Lorsqu'il fut parvenu à se placer entre le gibier et le marais, il avança avec non moins de prudence, mais en manœuvrant beaucoup plus.

Parfois il s'arrêtait pour secouer ses ailes blanches, ou bien il projetait en l'air son grand bec pointu, comme s'il avalait un poisson ou un reptile, et se remettait en mouvement comme pour en chercher d'autres.

La confiance des rhéas n'avait rien de surprenant. Les animaux doués d'une intelligence beaucoup plus développée, l'aigle-cerf des pampas, le puma, le jaguar, sont souvent trompés par les *garzoneadores*.

Ils ne commencèrent à se méfier que lorsque la fausse grue fut tout près d'eux. On les vit subitement s'interrompre de brouter. Ils redressèrent en même temps leurs cous longs et grêles et poussèrent un cri rauque, moitié interrogatif, moitié inquiet.

La femelle se montra la plus prompte et la plus rusée, comme cela arrive fréquemment; qui sait s'il ne vaudrait pas mieux dire la plus peureuse?

Au même instant où elle jetait son cri, elle battait en retraite de quelques pas, laissant son compagnon seul en face du danger.

Celui-ci exécuta une démonstration hostile assez semblable à celle d'une oie qui se fâche, et tendit le cou. Mais cette fière attitude ne lui servit à rien ; un sifflement retentit, et, avant qu'il pût avoir recours à la fuite, l'oiseau sentit ses deux jambes enlacées par un nœud solide. Il trébucha et tomba sur l'herbe.

Prompt comme l'éclair, le faux garzon accourait sur lui, au grand dommage de la belle chemise du gaucho, et d'un violent coup de tête dont il possédait le secret, il étourdissait l'animal. Bientôt ce dernier gisait inanimé sur le sol, tandis que sa compagne effarée, les ailes ouvertes et courant de toute sa vitesse, disparaissait dans les hautes herbes de la Pampa.

On ne saurait dire avec quel intérêt Ludwig avait suivi les péripéties de cette scène rapide. Quant à Gaspardo, il en salua le succès par un cri de joie. Puis tous deux s'empressèrent d'aller aider Cypriano à traîner son énorme prise, qui pesait autant qu'un gros mouton, et le féliciter du naturel avec lequel il faisait la grue.

Le gaucho, qui s'y connaissait, choisit les plus fins morceaux de l'animal, et les trois voyageurs affamés se préparèrent à souper des cuisses de l'autruche, avec une satisfaction d'autant plus vive, que leur repas avait été pour eux plus problématique.

On s'aperçut alors qu'on avait oublié le feu ; personne n'avait songé à ramasser du bois ; Gaspardo et Ludwig avaient été bien trop occupés de suivre l'expédition de Cypriano contre l'autruche pour penser à autre chose.

Tandis que d'une main exercée le gaucho dépeçait la venaison, Ludwig s'occupait à réunir le bois nécessaire à leur feu et Cypriano travaillait à se débarrasser de son déguisement. Il lui fallut du temps pour repasser de l'état de grue à l'état de Paraguayen, car la poudre dont Gaspardo l'avait barbouillé exigea des ablutions répétées avant de disparaître.

Heureusement un ruisseau coulait dans le voisinage ; du reste, sans cela, nos amis n'auraient pas campé à cet endroit. Camper loin de l'eau ne vient jamais à l'idée des voyageurs, sauf quand ils y sont impérieusement contraints.

Pendant le temps employé par le jeune homme à se dépouiller de la belle chemise de Gaspardo, à défaire ses jambes des liens qui les entouraient et à se débarbouiller, le feu flambait, et devant la flamme les morceaux délicats du rhéa, choisis en gourmet par le gaucho, grillaient en répandant un fumet du meilleur augure.

Comme un bonheur ne vient jamais seul, le thé se préparait aussi. Le petit sac contenant la yerba et les instruments à thé, le *maté* et la *bombilla*, dont on avait tant déploré la perte, fut inopinément retrouvé.

Le gaucho, qui avait cru l'avoir glissé dans le sac aux provisions, attaché à la selle de Ludwig, l'avait, paraît-il, placé sur sa propre selle, où il s'était trouvé dissimulé par les nombreuses courroies du recado.

Sans cette circonstance, le précieux condiment serait tombé avec le reste au fond du riacho. Or, on sait que sans sa « yerba » un Paraguayen ne peut être à son aise.

Satisfaits d'avoir du moins retrouvé ce paquet en bon état, nos trois amis se sentaient dans une aussi favorable disposition d'esprit que cela leur était permis par le chagrin commun, trop récent pour n'être pas toujours aussi présent à leur mémoire.

Comme une tendre mère, la nature semblait les protéger contre une trop écrasante douleur, en les obligeant sans cesse à en distraire leur pensée, par suite des incidents émouvants qui se succédaient pour eux presque sans interruption, et il est certain que sans cette diversion bienfaisante, ils eussent été accablés sous le poids de leur affliction.

Tous trois, assis autour du feu pétillant, savouraient les douceurs du *far-niente* en attendant que l'eau fût en ébullition et que la chair d'autruche parût suffisamment rôtie. Remarquez qu'il leur suffisait qu'elle le *parût*.

Ils ne restaient pas silencieux. Gaspardo ne voulait pas permettre à ses jeunes compagnons de s'absorber dans leurs tristes réflexions; et pour les en distraire, il ne cessait de les entretenir d'un sujet ou d'un autre.

Naturellement la conversation roulait sur les autruches ou « rhéas », ainsi qu'on désigne dans l'Amérique méridionale les espèces du genre *struthio* qui s'y rencontrent.

Ce sujet présentait un grand intérêt pour Ludwig, qui l'avait étudié; il s'échauffa et peu à peu révéla à ses compagnons de réelles connaissances scientifiques qu'il avait recueillies dans les livres ou de la bouche même de son père. Il leur raconta tout ce qu'il savait touchant les diverses espèces d'autruches, répandues sur la surface du globe.

— Il y a d'abord la grande espèce africaine, *struthio camelus*, la plus grande de toutes, appelée *struthio* par les Romains et *camelus* par les ornithologistes, parce que, dans sa structure générale, cet oiseau a, en effet, un rapport marqué avec le chameau du désert. Cette ressemblance est même si frappante, que les colons hollandais du cap de Bonne-Espérance l'avaient aussi observée, et, ignorants du nom scientifique, avaient donné à l'autruche le nom d'oiseau-chameau.

Ludwig leur dit aussi que l'autruche africaine, quoique d'une taille supérieure au rhéa de l'Amérique du Sud et différant de celui-ci par la couleur de son plumage, a cependant des mœurs presque identiques.

L'habitat de l'une et de l'autre est confiné aux pays de plaines. Rarement on les rencontre dans les endroits boisés ou rocheux, ou sur les flancs des montagnes.

Il est vrai qu'on trouve l'autruche américaine dans les Cordillères des Andes à une hauteur de 2,665 mètres au-dessus du niveau de la mer, mais seulement dans les plaines ou *paramos*, plateaux élevés qui s'étendent entre les deux grandes chaînes de montagnes, et non pas sur les montagnes elles-mêmes.

Elles affectionnent les espaces stériles appelés ordinairement déserts; pourtant il y en a qui ne dédaignent pas les plaines fertiles et couvertes de gazon, telles que les pampas de la Plata et les savanes du Chaco, et les fréquentent quelquefois.

Elles ont aussi en commun les mêmes habitudes singulières pour la construction des nids et l'incubation. De même que nos coqs, l'oiseau mâle garde plusieurs femelles sous sa protection, avec cette différence que celles-ci déposent toutes leurs œufs dans le même nid, au-dessus duquel, par un étrange intervertissement de fonctions, le mâle s'accroupit pour les couver.

Quant aux femelles, elles ne se bornent pas toujours à pondre dans leur nid ; il leur arrive parfois de laisser tomber un œuf dans la poussière ou dans l'herbe, quel que soit l'endroit où elles se trouvent, et sans en prendre autrement souci.

Ces œufs isolés ont donné lieu à beaucoup de conjectures. Les uns disent qu'ils sont déposés auprès du nid pour servir d'aliment aux jeunes autruches qui s'en nourrissent pendant leur période d'enfance, tout comme les veaux et les autres mammifères se nourrissent de lait. Mais Ludwig, adoptant l'opinion de son père, niait que les œufs isolés fussent destinés à cet usage et affirmait que l'oiseau les laisse tomber au hasard et ne les dispose pas à dessein.

C'était également l'avis de Gaspardo, qui affirmait savoir pertinemment que les oiseaux ne s'approchaient jamais des *huachos*, nom donné à ces œufs épars, et que ceux-ci demeuraient sur le sol jusqu'à ce qu'ils y fussent pourris ; mais il admettait de plus que la raison de l'abandon de ces œufs se trouve dans le fait qu'il n'y a plus de place pour eux dans le nid. Comme le mâle se charge de l'incubation et qu'il a plusieurs femelles dans sa famille, il se trouve souvent plus d'œufs qu'il n'en peut couver et que le nid n'est destiné à en contenir.

Quand ils eurent bien discuté les habitudes générales des autruches et furent tombés d'accord sur certaines particularités contestables et qui divisent les ornithologistes, le naturaliste apprit à ses compagnons qu'une troisième espèce de *struthio* appartient au grand continent de la Nouvelle-Hollande, plus communément appelée Australie. C'est l'*ému*, véritable autruche qui se rapproche beaucoup par ses habitudes de celles de l'Afrique et de l'Amérique du Sud. Elle s'en distingue, il est vrai, par son extérieur, toutefois pas plus que celles-ci ne diffèrent l'une de l'autre et surtout pas plus que l'autruche mâle d'Afrique ne diffère de ses propres femelles.

— En comparant ces trois espèces, dit Ludwig, nous trouvons que l'espèce africaine est la plus grande, celle d'Australie la plus petite, tandis que celle de l'Amérique du Sud tient à peu près le milieu par sa taille. Une autruche femelle a la taille d'un rhéa mâle et n'en diffère guère que par sa couleur, tandis qu'un rhéa femelle, pour les dimensions et la couleur, peut se comparer à un ému mâle. Bien qu'appartenant à trois parties bien distinctes du globe, continua le jeune savant, elles ne constituent évidemment que des espèces du même genre. J'ai entendu mon père dire qu'à moins de tenir à donner raison aux élucubrations des naturalistes de cabinet, il n'y a pas le moindre motif pour les décrire comme appartenant à des genres distincts : l'africaine sous le nom de *struthio camelus*, celle de l'Amérique du Sud sous celui de *rhea americana*, au lieu de *struthio rhea*, ainsi qu'on devrait l'appeler

Tout heureux de voir Ludwig momentanément arraché à ses préoccupations, ni Gaspardo ni Cypriano n'interrompirent la dissertation du jeune naturaliste. Celui-ci, qui n'avait pas encore fini, reprit bientôt en ces termes :

— Il existe un autre oiseau appartenant à la famille des autruches, ou qui lui est allié de près et au sujet duquel on possède moins de renseignements que sur les trois autres espèces : c'est le *cassowary*, qu'on trouve dans la plupart des grandes îles de l'archipel des Indes orientales. Il y a également une curieuse bête sans ailes, appelée pour cette raison *apteryse*, récemment découverte dans la Nouvelle-Zélande. Les naturalistes en ont décrit au moins deux espèces, et l'on suppose qu'une troisième, sinon une quatrième, doit exister dans les montagnes boisées des îles Maori.

L'apteryse a été classé avec les autruches, auxquelles il ressemble sous quelques rapports, principalement en ce que ses ailes ne sont pas assez fortes pour lui permettre de voler. Mais cette classification est loin d'être correcte. Le cassowary pourrait à la rigueur être admis dans la famille des *struthio*. Cependant il n'y a véritablement que trois espèces d'autruches : l'africaine, l'australienne et l'américaine.

— Trois espèces seulement ! s'écria Gaspardo. Que dites-vous, cher Ludwig? Mais il en existe deux espèces ici, sur nos pampas !

— Tu dois te tromper, Gaspardo, répondit tranquillement Ludwig.

— Oh ! non, senorito. Je les ai vues moi-même, et j'en ai attrapé bien des fois quand j'étais avec le général Rosas en expédition contre les Indiens du Sud. Ce pouvait être à une centaine de lieues de Buénos-Ayres, près du Rio-Colorado. C'est là qu'on trouve l'autre espèce d'avestruz, que, nous autres gauchos, nous appelons *petise* (1),

---

(1) L'avestruz petise des gauchos a reçu le nom de *struthio Darwini*, parce que le grand naturaliste Darwin parvint à s'en procurer un spécimen pendant son séjour en Patagonie et en a laissé une description détaillée. Son existence était jusqu'alors contestée.

et dont la taille est d'environ les deux tiers de celle-ci ; mais les œufs sont à peu près de même grosseur ; ceux du petise ont seulement une forme différente, ils sont d'un bleu pâle. Les jambes de l'oiseau sont plus courtes et ses plumes descendent plus bas, à plusieurs centimètres au-dessous du genou, de façon que l'animal ne peut courir aussi vite et est bien plus facile à prendre que le rhéa, comme vous devez le penser.

Cette assertion était toute nouvelle pour Ludwig comme pour Cypriano. Bien qu'élevés tous deux dans l'Amérique du Sud, ils n'avaient jamais entendu parler de l'existence, dans ces régions, d'une espèce d'autruche autre que celle qu'ils connaissaient pour l'avoir vue nombre de fois.

Gaspardo ajouta alors quelques faits à l'appui de la théorie soutenue par Ludwig.

Il raconta que les œufs de la grande espèce sont d'une dimension telle, que chacun pèse plus qu'une douzaine et demie d'œufs de poule ordinaires. Un nid en contient habituellement de vingt à trente, mais quelquefois on en trouve jusqu'à cinquante. Il confirma ce que Ludwig avait dit au sujet de l'incubation accomplie par le mâle ; c'est bien lui qui promène les poussins tout le temps qu'ils ont besoin de protection.

Pendant qu'il couve, le mâle s'écarte fort peu du nid et ne quitte son poste qu'au moment où les pieds du cheval du voyageur risquent de l'écraser. Mais quand il est troublé dans ses fonctions, il se fâche et devient même dangereux.

Gaspardo connaissait un exemple d'un cavalier assez malmené par un de ces oiseaux, ainsi que son cheval. Ils attaquent en sautant en l'air, puis en donnant des coups avec leurs longues et fortes jambes, et ils ne cessent pas de siffler avec force, à peu près comme un jars en colère. Ils répètent ce sifflement dans d'autres occasions, et le son en est si étrange, qu'on ne saurait dire d'où il provient, et qu'on ne pourrait jamais croire que c'est l'organe d'un oiseau qui le produit, si l'on n'avait pas l'autruche elle-même devant les yeux.

Ludwig interrompit ici Gaspardo pour constater qu'il en est de même de l'autruche africaine. Les voyageurs prennent souvent son sifflement violent, qui a un retentissement de clairon, pour le rugissement d'un lion ou de tout autre fauve.

Gaspardo continua alors le récit de ses expériences personnelles, en ajoutant que ces oiseaux sont craintifs et très difficiles à approcher ; lorsqu'ils sont effrayés, ils courent contre le vent, et les gauchos profitent de cette particularité pour se diriger d'abord au-dessus du vent, puis ils envoient un homme du côté opposé pour les rabattre.

Lorsqu'elle aperçoit les cavaliers rangés en demi-cercle autour d'elle, l'autruche perd la tête, court au hasard, et il devient facile de l'abattre avec les bolas ou de la prendre au lasso.

Nos trois amis causèrent ainsi jusqu'au moment où la nuit paisible jeta son voile sur la plaine. Alors ils s'étendirent sur leurs *pellones*, et, enveloppés de leurs ponchos, ils s'endormirent profondément.

XIV.

LES VIZCACHAS.

Le lendemain, dès le point du jour, ils étaient debout. Après un déjeuner sommaire dont l'autruche fit encore tous les frais, ils partirent et continuèrent à suivre la rive du Pilcomayo.

Les chevaux, bien reposés, ne se ressentaient plus, pour ainsi dire, des commotions électriques causées par les raies; aussi avançaient-ils avec rapidité. Cependant les cavaliers, dont la pensée se reportait d'une manière incessante sur leur chère Francesca, les trouvaient encore trop lents au gré de leurs désirs et les encourageaient de la voix et de l'éperon. Ce fut bien pis encore quand ils arrivèrent à un point où le Pilcomayo, faisant un grand détour, décrivit un arc dont l'intérieur était couvert d'un terrain stérile et sans arbre.

Le gaucho était assez familiarisé avec le caractère de la contrée, jusqu'à une certaine distance du moins, pour être un guide utile à la petite troupe. Malgré ce qu'il en avait dit jusqu'alors, toute règle étant sujette à exception, Gaspardo pensa qu'au lieu de suivre le fleuve, il était préférable de couper au plus court à travers le désert, puisque l'on était certain de retrouver de l'eau sur un point plus élevé. Il supposait, ce qui du reste était assez rationnel, que si les Indiens avaient remonté la rivière, ils avaient dû, eux aussi, prendre ce parti pour éviter un détour inutile.

Ses compagnons se rangèrent sans peine à son avis, et nos amis entrèrent dans la plaine dépouillée à la suite de Gaspardo, qui ouvrait la marche et surveillait la route.

Ce trajet à travers le désert présentait deux graves difficultés. La première était de ne pas s'écarter de la direction à suivre ; ce qui eût été d'autant plus aisé, que le gaucho n'avait parcouru cette contrée qu'une seule fois dans sa vie, et il y avait de cela bien longtemps ; puis, dans cet espace entièrement aride et découvert, les tourbillons de poussière amoncelés par la tempête avaient fait disparaître toute trace de sentier et effacé jusqu'aux plus légères empreintes.

Sans arbres, sans collines, sans aucun point de repère pour le guider, Gaspardo en était réduit à se laisser absolument diriger par le soleil. Heureusement, le ciel était sans nuages, comme il l'est presque toujours dans ces régions.

La seconde difficulté était d'une nature toute différente. Les voyageurs se trouvaient entravés dans leur marche par de vastes portions de terrain criblées de trous, qui, semblables à des terriers de lapins, creusaient le sol sous leurs pas et s'irradiaient en tous sens.

A l'entrée de chacun de ces trous se trouvaient amoncelés des débris de toute espèce.

C'étaient des gîtes de vizcachas ou bizcachas (*calomys viscacha*), animaux caractéristiques des pampas, très communs autour de Buénos-Ayres et dans la plupart des districts recouverts de grands chardons.

Nos amis ne tardèrent pas à en voir paraître des centaines, qui, assis à l'ouverture de leurs demeures souterraines, loin d'être effrayés de l'approche des chevaux, les contemplaient avec une curiosité et un calme des plus comiques.

Ils n'essayaient de fuir et de se cacher que lorsque le sabot des chevaux était sur le point de les écraser. Ils se retiraient alors comme à regret, avec lenteur et maladresse, en ayant l'air de protester contre une violation aussi flagrante de leurs droits légitimes.

Ces animaux, plus gros que nos lapins, ont des incisives beaucoup plus longues; mais leur queue et leurs pattes de devant, fort courtes, leur donnent plus de ressemblance encore avec d'énormes rats.

Ils ont la précaution de placer leurs terriers, non dans les parties les plus stériles de la plaine, mais au contraire dans les endroits qui se couvrent d'une grossière végétation.

Tandis que l'agouti, autre animal de l'Amérique du Sud, appartenant à un genre analogue, le *cavia*, fréquente de préférence les lieux secs et arides, la vizcacha, dont on connaît plusieurs espèces, établit toujours sa demeure dans les plaines où se rencontre une plus ou moins grande abondance d'herbe et de racines.

Gaspardo, parfaitement au courant des mœurs et des habitudes de ces habitants des pampas, prétendait qu'ils se nourrissent de chardons, et qu'ils en déterrent les racines avec leurs fortes pattes munies de trois doigts.

Mais l'habitude la plus singulière de ces animaux, est incontestablement celle qui les porte à former des amas de débris à l'entrée de leurs demeures. On pourrait quelquefois remplir plusieurs paniers des objets hétéroclites qui les composent. On y trouve des pierres, des tiges de végétaux, des cornes ou des ossements de bétail, des mottes de terre et des parcelles de bois; en un mot, tout ce qui peut se rencontrer dans les alentours de leur gîte.

Gaspardo était incapable de donner une explication de cette coutume et ne pouvait que la signaler à ses compagnons; mais il leur raconta à ce propos une histoire assez amusante.

Un certain gaucho qui ne pouvait remettre la main sur son *maté* et sa *bombilla*, eut l'idée, après les avoir vainement cherchés, d'aller se promener sur le territoire d'une colonie de vizcachas. Il y retrouva les objets perdus, ainsi qu'une foule d'autres, qu'il ne fut pas peu surpris de trouver réunis et gisant tous ensemble sur l'un de ces tas de débris.

Si la plus grande partie de ces agglomérations se composaient de choses bonnes à manger, on pourrait supposer que ce sont des magasins de vivres préparés pour les besoins futurs, et qu'en cela la vizcacha partage la prudence des écureuils, des marmottes et de plusieurs autres espèces d'animaux. Mais le cas est tout différent, et le plus souvent il ne se trouve pas dans ces singuliers amas la moindre parcelle de racine ou d'autre aliment sur laquelle un rat voulût user ses dents.

Dans leur marche à travers la colonie des vizcachas, nos voyageurs, et tout particulièrement Ludwig, furent très intéressés par la présence de petits hiboux (*noctua crinicularia*) qui occupaient le sol avec les quadrupèdes, et se réfugiaient avec eux au fond des terriers lorsqu'ils redoutaient l'approche d'un danger.

De tous côtés on apercevait ces singuliers oiseaux, perchés isolément ou par couples sur les monticules dont nous avons parlé, comme s'ils avaient reçu mission de veiller sur l'entrée de l'habitation commune.

A l'approche des cavaliers, quelques-uns s'envolaient en poussant un cri rauque et perçant; puis, s'éloignant de quelques mètres, ils allaient s'abattre sur un autre tas et dès lors regardaient avec calme les importuns qui traversaient leur domaine.

Ludwig avait lu la description d'un hibou d'une espèce à peu près semblable et de mœurs presque identiques, qui se trouve dans les vastes prairies ou llanos de l'Amérique du Nord. Il se cache dans les terriers des marmottes ou dans ceux des chiens des prairies, de la même façon que l'espèce qui nous occupe dans le gîte des vizcachas. Tout en chevauchant il raconta à ses compagnons ce qu'il savait des marmottes.

Gaspardo, à son tour, fournit au futur naturaliste bon nombre de renseignements sur la manière de vivre des vizcachas.

Le jeune Ludwig semblait mettre une sorte de piété filiale à s'entretenir des choses qui avaient fait l'objet des études et des travaux de son père. En effet, Halberger laissait des ouvrages inachevés, et désormais le rêve de son fils était de se mettre en état de les compléter le plus tôt possible.

— Dans tous les cas, dit le gaucho en manière de conclusion, il y a une chose certaine et très intéressante pour nous ; si ces animaux sont gênants à certains égards, comme gibier ils ne sont point du tout à dédaigner ; et s'il nous arrivait de nous trouver encore à court de vivres, il suffirait d'en attraper un pour avoir un excellent repas.

En disant que ces animaux étaient gênants, Gaspardo faisait allusion à leurs terriers, qui étaient un obstacle sans cesse renaissant s'opposant à la rapidité de la marche des voyageurs. Ceux-ci, en effet, couraient à chaque instant le risque de culbuter avec leurs montures, dont les pieds enfonçaient dans ce sol miné sous leurs pas. Aussi les progrès qu'ils faisaient étaient-ils nécessairement très lents ; car ils avaient le soin de tourner les demeures des vizcachas toutes les fois qu'ils pouvaient le faire sans un retard trop considérable.

En toute autre occasion nos amis eussent trouvé une certaine compensation aux difficultés de la route, en observant ces curieux rongeurs et leurs singulières habitudes ; mais à l'heure actuelle ils les maudissaient de bon cœur.

Toutefois ils arrivèrent sans accident au delà de cette région. Mais alors la stérilité et l'aspect désolé du territoire qu'ils eurent à traverser produisirent sur leur âme accessible à toutes les impressions douloureuses un découragement profond. Pendant un certain temps, en proie à cette disposition morale qui abat les natures les plus énergiques, ils avancèrent sans échanger entre eux une seule parole.

Le gaucho, sans vouloir en convenir, était de plus en plus inquiet sur la route à suivre, et marchait en avant à une distance assez considérable. Tantôt il interrogeait le soleil, tantôt sondait l'horizon, ou bien encore, les yeux rivés à terre, recherchait sur le sol quelque trace, si légère qu'elle fût, du passage des Indiens.

Soudain une exclamation joyeuse s'échappa de ses lèvres.

— Enfin ! s'écria-t-il. *Gracias a Dios !*

— Qu'y a-t-il, Gaspardo ? demandèrent avec vivacité les deux jeunes gens.

— Carambo, muchachos ! Ni plus ni moins que la trace des brigands. Regardez plutôt, mes maîtres, voici la place où ils se sont arrêtés, et là l'endroit d'où ils sont repartis. Ah ! je comprends tout maintenant. C'est ici que les bandits ont été surpris par la tourmente qui nous a forcés à nous réfugier dans la grotte. Tout indique à une minute près le moment où ils ont passé par ici. Voyons toutefois si nous ne pouvons rien apprendre de plus.

En parlant ainsi, il sautait à bas de son cheval et commençait à étudier la piste.

Pendant ce temps, ses deux compagnons avaient, eux aussi, reconnu les traces qui l'avaient frappé. Une superficie assez étendue était complètement recouverte d'empreintes de chevaux ; empreintes qui, se rétrécissant à une certaine distance, ne laissaient plus que l'apparence d'un sentier, comme si les cavaliers s'étaient, sur une double file, mis en ordre de marche.

A l'endroit le plus foulé les empreintes s'entrecroisaient dans toutes les directions, ce qui prouvait que la troupe avait fait en cet endroit une halte de quelque durée ; mais au point où elles se réunissaient, elles convergeaient toutes vers un même point.

Toutes ces informations se lisaient distinctement sur la couche épaisse de poussière que l'action de la trombe avait convertie en boue compacte.

Les déductions à en tirer étaient claires et faciles à trouver. Une bande d'Indiens s'était rencontrée en cet endroit au moment où avait éclaté la tourmente. Forcés par la fureur des éléments de s'arrêter, ils avaient attendu une accalmie pour remonter à cheval et continuer leur route.

Un seul coup d'œil avait suffi pour révéler ces détails à Gaspardo ; mais il avait mis pied à terre pour s'assurer si parmi ces empreintes il ne retrouverait pas celles du petit cheval monté par la fille de son maître.

Cypriano, devinant sa pensée, fut bientôt à ses côtés, prêt à l'aider dans ses recherches, auxquelles Ludwig ne tarda pas à se joindre à son tour.

XV.

LA PISTE RETROUVÉE.

Pendant quelques instants les trois compagnons gardèrent un silence profond. Chacun d'eux, penché sur le sol, était absorbé par son propre examen. Tout à coup le jeune Paraguayen s'écria :

— Je le savais bien !

Ces simples mots furent prononcés sur le ton d'un homme qui vient de voir s'éclaircir quelque mystère ou se dissiper quelque doute importun.

— Quoi donc, cousin ? lui demanda Ludwig, qui était tout proche.

— Les empreintes du cheval de Francesca !

— En es-tu sûr, Cypriano ?

— Si j'en suis sûr ! Je les aurais reconnues entre mille !

— Il a raison, dit le gaucho, après avoir jeté un coup d'œil à l'endroit indiqué. Sans aucun doute, c'est l'empreinte du poney.

— Et voici bien encore autre chose! s'écria Cypriano, dont le regard enflammé s'était rapidement porté de tous côtés. Regardez ceci !

Il venait de ramasser un bout de ruban rouge tout maculé de boue et décoloré pour avoir été foulé aux pieds des chevaux. Il le reconnaissait pour avoir fait partie de la coiffure de Francesca, et avoir servi à former l'un des nœuds qui retenaient à leur extrémité les deux longues tresses de la jeune fille.

— Et ceci ! ajouta-t-il d'une voix vibrante d'indignation, que conclure de ceci ? *O Maria santissima !* Je m'y attendais bien, et pourtant cela me fait mal. Ce que je disais n'était donc que trop vrai ! Ludwig, en es-tu convaincu maintenant?...

Cette brusque explosion de colère était produite par un fragment de plume rouge qu'il venait de ramasser non loin du ruban. Dans le tuyau de cette plume on voyait une piqûre, indice du passage de l'aiguille ou de l'épine qui avait servi à fixer cet ornement sur le vêtement d'un Indien. Cette plume ne pouvait provenir que de la *manta* d'un chef, d'où elle avait dû se détacher pendant la tourmente.

De plus, Cypriano connaissait le propriétaire de la manta. Il se rappelait avoir vu un vêtement orné de plumes semblables sur les épaules d'Aguara, et il ne mit pas un instant en doute que cette plume n'appartînt au manteau du jeune chef.

Ses pressentiments les plus cruels se trouvaient ainsi justifiés.

Avait-il besoin d'autres preuves pour faire partager à ses compagnons les craintes qu'il avait exprimées dès le début de l'expédition?

La certitude qui dès le premier abord avait existé pour lui venait de gagner Ludwig et Gaspardo.

Le premier avait jusqu'à ce moment conservé une foi inébranlable en l'amitié de Naraguana pour son père ; cette preuve de la trahison du vieux chef, ou du moins de celle de son fils, l'accablait entièrement.

— Leur double crime est si épouvantable, qu'il en est incompréhensible, reprit Cypriano avec indignation. Ils sont bien les coupables, il n'y a point à en douter ; mais Dieu ne permettra pas qu'ils restent impunis. A cheval, mes amis ! ne perdons pas un instant avant de les avoir rejoints, et d'avoir obtenu justice ou bien une vengeance éclatante.

— Oui, oui, marchons, répondit Ludwig, qu'une rage sourde gagnait à son tour. Il n'y a pas une minute à perdre.

Vainement Gaspardo, non moins indigné, mais plus calme, leur affirmait-il que si le jeune chef avait résolu de prendre Francesca pour sa femme, celle-ci n'avait rien à redouter de lui, tant que les cérémonies et les délais préliminaires de cette union (délais toujours très longs chez les Indiens de race) n'étaient pas terminés. Ils ne pouvaient se laisser convaincre, torturés qu'ils étaient par la crainte d'arriver trop tard.

Laissons maintenant le gaucho et ses deux compagnons courir à la poursuite des ravisseurs de Francesca, et nous-mêmes retournons en arrière pour faire connaître les motifs qui avaient déterminé le meurtre de Ludwig Halberger.

Si le jeune chef toba avait enlevé la fille au visage pâle, c'est qu'il ambitionnait l'honneur de la donner pour reine à ses sujets ; aussi, bien qu'il eût assisté à la mort du père de celle qu'il désirait pour femme, il n'avait pris aucune part au crime commis par le renégat. Et cependant celui-ci marchait à ses côtés, portant sur l'épaule la lance qui gardait encore les traces flagrantes du meurtre qu'il avait accompli.

Cet homme, connu chez les Indiens sous le nom de *el vaqueano*, était Paraguayen et se nommait Rufino Valdez.

Pour rendre compréhensibles ses relations avec les Tobas et la raison qui l'avait déterminé à commettre son crime, il nous faut revenir au temps où, à la faveur de la nuit, le naturaliste était parvenu à déjouer les embûches du dictateur du Paraguay (1).

Le récit de l'entrevue qui eut lieu entre Francia et l'un de ses satellites, Rufino Valdez, éclaircira ces divers points. Cette entrevue eut lieu environ une semaine après qu'Halberger eut quitté Asuncion.

— Votre Suprématie m'a fait demander, lui dit Valdez ; j'attends ses ordres.

— Vous allez partir sans retard pour vous mettre à la poursuite d'un fugitif. Il s'agit de Ludovico Halberger, le naturaliste que vous

---

(1) Francia (Joseph-Gaspard-Rodriguez) était né en 1758, d'un père français et d'une mère créole. Son ambition ne connaissait point de bornes. Nommé secrétaire de la junte, lors de la révolution qui chassa les Espagnols de Buénos-Ayres, il trouva le moyen de se faire élire consul, dictateur temporaire, puis dictateur à vie. Il se faisait appeler *il Supremo* par ses sujets paraguayens, qui tremblaient devant lui et croyaient à sa toute-puissance.

Malgré la tyrannie qu'il exerça sur ce pays, le Paraguay lui doit son organisation, ses manufactures, son commerce et sa civilisation.

connaissez. Il faut me ramener ce rebelle ; puis-je compter sur vous ?

— Avec l'agrément de Votre Suprématie, je tenterai l'aventure ; mais le monde est grand et la chose pourrait ne pas être facile.

— Faites-en votre affaire, Valdez, cela vous regarde.

— Si la chose est possible, Votre Suprématie peut croire que j'en viendrai à bout.

— Cinq mille piastres rendent bien des choses possibles à un homme de votre intelligence.

— Vous êtes trop bon, senor. Du reste, je dois vous avouer que l'attrait de la récompense que vous daignez me promettre ne saurait être le seul motif qui me détermine à agir. J'ai des raisons toutes particulières pour tenir à vous satisfaire sur ce point encore plus que sur tout autre. Quand j'aurai retrouvé le fugitif....

— Vous désirez savoir ce que je veux qu'il soit fait à cet homme?

— Oui, senor, car je ne ferai ni plus ni moins que ce que vous ordonnerez.

Le dictateur sembla pendant un instant méditer en silence.

— Quand le rebelle sera retrouvé, dit-il enfin, vous me le ferez savoir, et vous recevrez en retour un acompte sur la récompense promise. Si vous me le ramenez vivant, la somme entière vous sera payée. Mais si la chose vous était impossible, apportez-moi sa tête, ses oreilles, une de ses mains, ou toute autre chose qui me prouve qu'il ne vit plus, que vous avez fidèlement exécuté mes ordres, et, en échange d'une preuve irrécusable, les 5,000 piastres vous seront intégralement comptées. Mais ce n'est pas tout. Halberger ne s'est pas entui seul ; et si vous me ramenez celle qu'il a entraînée dans sa fuite, je doublerai la somme. Cette femme, il l'a enlevée au mépris de toutes les lois du pays; le droit exige qu'elle soit réintégrée sur notre territoire; et coûte que coûte, il faut que force reste à la loi.

Jamais encore, depuis sa tyrannie, Gaspard Francia n'avait été plus altéré de vengeance; car jamais on ne l'avait bravé d'une façon plus ouverte et plus inattendue.

Accoutumé à rencontrer partout une servile obéissance, jamais il ne se fût imaginé qu'un habitant de ses domaines pût songer à les quitter sans son autorisation.

Il avait eu l'audace de retenir Amédée de Bonpland prisonnier pendant nombre d'années, en dépit de l'entremise de plusieurs puissances étrangères en sa faveur. Et cette fois un étranger sans nom, presque sans relations, avait trompé sa vigilance, lui avait échappé : cette pensée était odieuse au tyran et l'exaspérait jusqu'à la fureur.

C'était pour lui plus qu'un désappointement, c'était une humiliation; toutes ses mauvaises passions, tout son orgueil en étaient révoltés; on eût dit un tigre à qui sa victime vient d'échapper vivante encore et sans blessure.

Depuis la disparition d'Halberger, ses émissaires avaient battu le pays en tous sens, parcourant les fleuves jusqu'aux frontières de l'Uruguay. Un seul point n'avait pas été exploré : c'était le Grand-Chaco ; car personne n'eût jamais osé s'y aventurer.

D'ailleurs, comment admettre qu'Halberger fût assez téméraire pour fuir un danger en en affrontant un autre plus grand encore? Francia lui-même, en dépit de ses espions, ignorait comme tout le monde les liens d'amitié qui unissaient le naturaliste au chef toba. Pénétrer dans cette contrée sauvage était, pour un blanc, courir au-devant de la mort. Ainsi résonnait le despote, et c'est en se basant sur cette hypothèse qu'il n'avait pas envoyé ses émissaires dans le Chaco.

Mais il avait bien jugé Valdez, et ne se trompait pas en le croyant capable de tout. C'est pourquoi, en présence du résultat négatif de ses recherches, il résolut de faire appel à son intelligence ou mieux à sa scélératesse; et comme nous l'avons vu, il n'eut pas de peine à s'assurer sa chaleureuse coopération.

Depuis longtemps Valdez nourrissait contre Halberger une haine implacable, à cause d'une affaire où sa déloyauté avait été démasquée aux yeux de tous par l'honnête naturaliste. Il jura au dictateur de lui ramener le rebelle mort ou vif, et, sans perdre une minute, il se mit à l'œuvre avec la sagacité et la persévérance d'un chien de chasse.

Cependant, quoique son aversion pour le noble caractère d'Halberger — aversion trop naturelle à ses vils instincts — fût encore décuplée par le prix élevé attaché à la tête du fugitif, le secret du naturaliste avait été si fidèlement gardé par son ami le chef toba, que Valdez vit s'écouler cinq années en recherches absolument stériles, qui eussent découragé tout autre que lui.

Ce fut en vain qu'il descendit le fleuve, visita Corrientes, San-Rosario, Santa-Fé, et même Buénos-Ayres et Montévideo. Ce fut en vain qu'il chercha ensuite dans la direction opposée jusqu'à Fort-Coïmbra et jusqu'aux villes de l'Uruguay; nulle part il n'avait obtenu la moindre information, ni découvert le plus léger indice de sa victime.

Le naturaliste avait emmené avec lui tous ceux qu'il avait mis dans le secret de son départ, ou qui s'en étaient faits les généreux complices. Il s'était en outre éloigné en bateau, sans rien laisser en arrière de nature à faire connaître la direction qu'il avait prise.

Le dictateur lui-même en était confondu. Ses espions les plus dévoués y perdirent leurs peines et une partie de leur réputation d'habileté; car aucun d'eux n'aurait imaginé qu'un blanc pût avoir l'idée de chercher un refuge dans le Chaco. Pour eux une telle conduite eût été semblable à celle d'un homme affolé se jetant dans la gueule d'un tigre pour éviter la poursuite d'un jaguar.

Il n'en fut cependant point ainsi de Rufino Valdez : après cinq années de pérégrinations inutiles, il songea à pousser ses recherches jusque dans le Chaco. Sa haine contre Halberger, bien plus que l'appât de la prime espérée, peut seule expliquer son infatigable persévérance. Ce fut presque en désespoir de cause qu'il se décida au parti extrême d'aller explorer les redoutables solitudes du Grand-Chaco.

Il est vrai de dire que le pays ne lui était pas entièrement inconnu; que déjà il en avait parcouru une partie, lors d'une expédition entreprise sous les auspices du dictateur.

A cette occasion, bien muni d'argent, ainsi que de ces mille bibelots qui ont tant de prix aux yeux des Indiens, Valdez avait visité les Tobas, qui entretenaient à cette époque des relations amicales avec Gaspard Francia. Depuis lors ces relations avaient changé ; d'amicales, elles étaient devenues hostiles ; et cependant Valdez ne redoutait rien des Tobas, auxquels, durant son séjour parmi eux, il avait su rendre certains services qui lui avaient acquis l'amitié de la tribu. Ajoutons que cet homme était trop habile pour en arriver à ce parti extrême sans avoir quelque bonne raison de le faire.

A son retour à Fort-Coïmbra, sur la frontière brésilienne, il avait vaguement ouï parler d'un blanc établi au milieu du désert, sous la protection d'un chef indien. Une fois sur cette nouvelle piste, il ne la lâcha point, et recueillit d'autres détails sur ce singulier colon. C'est alors qu'il apprit que ce dernier avait femme et enfants ; qu'il se livrait à l'étude des plantes, des oiseaux et même des plus humbles insectes.

Ce ne pouvait être qu'Halberger. Valdez, muni de tels renseignements, ne pouvait s'y méprendre. Il n'y avait pas à en douter, il était enfin sur la trace de celui dont il avait juré la perte, alors même que l'impitoyable dictateur n'eût pas armé son bras contre lui.

Il quitta donc Fort-Coïmbra ; mais il ne lui fallut pas moins d'un grand mois pour traverser la vaste plaine déserte et atteindre le Pilcomayo, près de l'ancienne tolderia des Indiens. Il ne s'attendait pas à les trouver partis, mais il connaissait assez le pays et put les rejoindre sans peine.

Pour la première fois, il obtint des informations catégoriques sur les fugitifs. Ses cinq années de recherches et de courses incessantes allaient donc recevoir leur récompense. Il ne lui restait plus qu'à retourner à Asuncion pour s'y procurer un renfort suffisant, afin de cerner et de faire prisonniers le naturaliste et sa famille, puis il les remettrait à la merci du dictateur.

Il ne songea pas un instant à se demander si la colère de Francia ne s'était point apaisée sous l'action du temps. Il n'avait qu'à juger du dictateur par lui-même. D'ailleurs, pendant ces cinq années, il était quelquefois retourné à Asuncion et avait appris de source certaine que le tyran du Paraguay n'était pas de ceux qui oublient ou qui pardonnent jamais. Il était donc sans inquiétude, leur traité secret tenait toujours.

Rufino Valdez n'aurait pas eu besoin de guide pour découvrir la demeure d'Halberger; pour un homme tel que lui il suffisait grandement d'être pourvu des renseignements fournis par les Indiens. Mais Aguara, le jeune chef des Tobas, qui était son ami, devait entreprendre avec quelques guerriers une excursion dans le bas de la rivière; leur route devait être la même, et Valdez lui offrit de se joindre à eux. Cette proposition n'ayant point rencontré d'objections de la part des anciens de la tribu, sa présence fut agréée.

Comme les Tobas ignoraient la haine du renégat contre Halberger, ils ne pouvaient soupçonner le noir projet médité contre lui par le vaqueano, en la loyauté duquel ils n'avaient du reste qu'une confiance très limitée.

Quant au jeune chef, on sait quelle était son ambition. Lui et Valdez étaient bien faits pour se prêter une mutuelle assistance.

Toutefois la vérité nous oblige à constater qu'Aguara n'était point parti avec l'intention de participer à un crime aussi atroce que celui dont le vaqueano s'était si volontiers rendu coupable ; qu'il ne prit aucune part effective au meurtre du naturaliste, et que même en aurait-il eu la tentation, il ne l'aurait point osé, dans la crainte d'encourir la réprobation de sa tribu. Convenons également que l'infâme Valdez lui-même, n'y ayant aucun intérêt particulier, n'aurait peut-être pas été jusqu'à l'assassinat, s'il ne s'y était vu contraint par les circonstances.

En effet, la mort d'Halberger et le rapt de la jeune fille, n'étant pas complétés par la capture de la mère, lui faisaient perdre la moitié de la récompense promise par le lâche instigateur de sa noire entreprise.

Le meurtre avait été déterminé par des circonstances fortuites, qui s'étaient produites à peu de distance de la région habitée par le naturaliste.

C'était tout à fait inopinément que Valdez et les Indiens s'étaient trouvés en présence du digne savant, pendant que ce dernier herborisait. Le renégat, revoyant ainsi à l'improviste celui qu'il haïssait comme un ennemi, s'était laissé emporter par un mouvement de son humeur farouche ; il l'avait frappé de sa lance et atteint traîtreusement, comme nous l'avons raconté plus haut, alors que le naturaliste avait le dos tourné, et sans qu'un seul mot eût été prononcé. Ce n'avait été que l'œuvre d'un instant.

Quand il vit Halberger mort et la belle jeune fille, objet de ses rêves, complétement à sa merci, l'ambition sauvage d'Aguara se réveilla soudain. Très soulagé de n'avoir pas à redouter la responsabilité de l'acte criminel qui lui livrait sa proie, il se hâta d'en bénéficier et n'hésita pas à emmener Francesca dans sa tribu.

Il semblera peut-être étrange que Valdez, au lieu de pousser vivement jusqu'à l'*estancia* pour essayer de couronner son œuvre en s'emparant de la femme d'Halberger, se fût décidé à rentrer dans le Chaco.

Sa route le conduisait dans une direction tout opposée, et sa mission n'était accomplie qu'à moitié. Il le savait; mais il savait de plus que l'*estancia* était mieux gardée que beaucoup d'autres demeures entourées de dévouements moins absolus; il savait également qu'une fois instruits de la catastrophe, ses défenseurs se tiendraient nécessairement sur le qui-vive.

Quelle chance aurait-il donc, en de semblables circonstances, de s'emparer seul de Mᵐᵉ Halberger? Certes ce n'était pas l'envie d'aller faire une reconnaissance immédiate autour de l'habitation qui lui manquait, mais il n'était pas libre d'agir différemment; il était lui-même à demi captif; et s'il revenait avec les Indiens, c'est qu'il s'y voyait forcé.

Les jeunes guerriers, et surtout leur chef, étaient fort alarmés de ce qui venait de se passer, et redoutaient l'impression que ferait cette nouvelle sur les anciens de la tribu. Pour détourner d'eux d'injustes soupçons, ils avaient exigé que Valdez assumât toute la responsabilité de cet acte criminel, comme d'ailleurs il s'était déclaré prêt à le faire, après qu'il l'eut accompli. Il fut entendu qu'il viendrait s'accuser lui-même devant l'assemblée des vieillards, qu'il mettrait ce meurtre sur le compte d'une inimitié de longue date existant entre lui et la victime, et dès lors, d'après la loi du pays, il était certain d'être absous.

Aguara l'avait donc engagé à revenir avec lui, et au besoin il aurait su l'y contraindre, s'il s'y était refusé : le vaqueano avait préféré se soumettre de bonne grâce. Il se flattait d'ailleurs de retrouver avant longtemps l'occasion d'achever sa sinistre mission. Avec l'aide de deux ou trois bandits de son espèce, la senora Halberger ne tarderait pas à tomber en son pouvoir. Qu'importait après tout un délai qu'il ne pouvait raisonnablement éviter?

De son côté, le jeune chef des Tobas avait préparé l'explication qu'il lui faudrait donner de l'enlèvement de la jeune fille. Il l'avait emmenée pour la protéger. Aurait-il pu l'abandonner lâchement dans le désert, exposée à mille dangers et peut-être à la mort?

Néanmoins il lui restait au fond du cœur plus d'une appréhension secrète. Serait-on dupe de ce grossier stratagème? Et n'avait-il pas à redouter la désapprobation des vieillards — ces hommes vénérables de la tribu — ces amis de son père mort, mais toujours respecté? Eux aussi ils avaient aimé cet autre ami de son père, si odieusement assassiné, et ne reprocheraient-ils pas au jeune chef de l'avoir laissé frapper par un traître, par un renégat, sans avoir seulement essayé de détourner l'arme meurtrière?

XVI.

LA VILLE SACRÉE DES TOBAS.

C'était sur les rives d'un beau lac dont les eaux paisibles reflétaient les tiges élancées et le riche feuillage des palmiers *miriti*, que s'élevait la nouvelle tolderia des Tobas, du moins de cette branche de la tribu qui depuis longtemps avait reconnu pour chef Naraguana.

Le village était disséminé sur la lisière d'une plaine unie et verdoyante, parsemée de bouquets de palmiers et de buissons d'acacias ; elle fuyait à perte de vue le long du lac.

Sur l'un des côtés de ce lac, se dressait à plusieurs centaines de pieds au-dessus du niveau de la plaine une montagne solitaire, boisée jusqu'à son sommet, et qui au point du jour projetait son ombre sur le bassin dont elle dominait le bord oriental. A sa base se trouvait un espace découvert sur lequel étaient groupées les demeures des Indiens. La construction en était toute primitive ; c'étaient des *toldos* ou tentes, rien de plus.

Ces tentes n'étaient pas, comme celles que nous connaissons, formées d'une bâche ou couverture de toile soutenue par des piquets ; elles n'offraient même pas toutes à l'œil un aspect identique. Quelques-unes affectaient une certaine ressemblance avec les wigwams des Indiens des prairies du Nord ; seulement les peaux de buffles qui recouvrent ceux-ci étaient remplacées dans le Chaco par des peaux de chevaux sauvages, originaires du pays

D'autres présentaient un coup d'œil encore moins séduisant : ce n'étaient que de grossiers abris fabriqués avec les branches recourbées et couvertes de feuilles du palmier *cuberta*. Il va sans dire que ces huttes servaient de demeures aux plus pauvres de la tribu et aux esclaves des Tobas.

Malgré le peu de solidité de ces logis si primitifs, la tolderia en question était plus et mieux qu'un campement provisoire : un grand édifice avec des murs en troncs de palmiers et une toiture en cuberta indiquait une résidence permanente.

Ce bâtiment occupait une position bien en vue au centre de cette agglomération de toldos et de cabanes. Il était entouré d'un espace vide comme celui que l'on réserve autour de l'église dans toutes les villes de l'Amérique espagnole. Toutefois sa destination n'avait rien de religieux. Elle était toute politique ou plutôt municipale : c'était la *malocca* ou maison du conseil, et elle rappelait à certains égards celles qu'on rencontre dans les villages indiens de l'Amérique du Nord.

Mais l'existence de cet édifice n'était pas la seule preuve de durée et d'importance qu'offrait à l'observateur la résidence des Tobas. On pouvait en trouver une autre — capitale celle-là — en gravissant la colline qui dominait le lac.

À son sommet, sur un vaste plateau couvert d'une riche végétation de palmiers nains, s'élevait un certain nombre d'échafaudages formés de pieux qui soutenaient une double plate-forme. Celle d'en bas faisait l'effet d'un lit placé sur quatre pieds gigantesques, et la seconde tenait lieu de toit.

Une pièce de bois entaillée et dressée en guise d'échelle donnait accès à la première, et, après avoir, non sans peine, exécuté cette ascension, on se trouvait en présence d'un squelette. Ce corps couché sur le dos était encore recouvert de sa peau desséchée et fortement tendue comme celle d'une momie.

Tout autour, sur le bord de la plate-forme, étaient placés les objets de tout genre qui avaient appartenu au défunt : sa lance, ses bolas et sa matacana, ou massue de guerre. Enfin son poncho était en partie étendu sur lui comme pour servir de linceul.

Si le mort ainsi exposé était un chef, on joignait aux objets susmentionnés les divers insignes de son rang, parmi lesquels une superbe *manta* en plumes. Le tout était protégé contre la pluie par la toiture de cette tombe aérienne.

La colline était presque entièrement couverte de ces étranges mausolées. Quelques-uns remontaient à une date tellement ancienne, qu'on pouvait à vue d'œil en reconnaître l'antiquité.

Cette tolderia était en effet l'une des plus anciennes villes des

Tobas, de ceux du moins dont Naraguana avait été le cacique ; aussi la regardaient-ils comme leur véritable résidence, parce qu'elle était leur lieu de sépulture. A quelque distance que l'un d'entre eux mourût, ses amis ramenaient ses restes à la ville sacrée et les déposaient avec toutes les cérémonies d'usage sur l'échafaudage de sa famille, au sommet de la montagne sacrée. Seuls les plus pauvres et les esclaves étaient privés de cet honneur.

Quand on prévoyait la fin prochaine du chef ou d'un grand dignitaire, toute affaire cessait, et le peuple entier se hâtait de retourner à la tolderia, où il attendait que le malade ou le vieillard eût rendu le dernier soupir. Souvent, dans cette appréhension, les Tobas suspendaient, abandonnaient même une expédition commencée ; ils renonçaient à leur vie nomade, et quelquefois pendant des années s'interdisaient tout voyage dans le Chaco, et à plus forte raison toute espèce d'excursions au delà des frontières.

C'était un fait pareil qui s'était produit tout récemment pour les sujets de Naraguana. Quand ce chef vénéré avait senti s'appesantir sur lui le lourd fardeau des ans, pressentant qu'il touchait au terme de sa carrière, pour se conformer à cette antique coutume, il avait remonté la vallée du Pilcomayo du côté du soleil couchant, afin de se rapprocher des tombes où reposaient les restes de ses ancêtres.

Son intention aurait été d'avertir son ami le naturaliste de l'événement qui se préparait ; mais il ne l'avait pas pu. La veille de son départ, le vieux cacique avait été surpris par une attaque soudaine de la maladie dont il était depuis longtemps menacé. Ses facultés physiques et morales ayant été frappées à la fois, ce fut couché sur une litière qu'il dut accomplir le voyage jusqu'à la ville sacrée, où il arriva dans un état d'insensibilité complète.

Il ne languit pas longtemps, et fut peu de jours après conduit à la montagne des morts. Ce fut au milieu des larmes de ses sujets désolés qu'on le mit sur l'échafaudage et qu'on lui rendit les honneurs les plus grands qui eussent encore été décernés à aucun cacique de ces régions.

Les plaines du Grand-Chaco s'empourpraient des teintes du couchant; les ombres des palmiers s'allongeaient à la surface du lac tranquille, et s'évanouissaient peu à peu aux approches de la nuit. C'est le moment que choisit une jeune fille pour venir à pas lents s'asseoir sur une pierre au bord de l'eau.

Elle sortait d'une des huttes occupées par les Tobas de classe moyenne, dont quelques-unes s'élevaient près cette partie du lac. La nouvelle venue était une Indienne d'une remarquable beauté. La richesse de son costume, les ornements, les bracelets et les perles qui entouraient son cou, ses bras, ses chevilles, tout dénotait qu'elle devait appartenir à l'une des familles marquantes de la tribu.

A quelque distance, on apercevait, se livrant à leurs jeux ou à diverses occupations, les hommes, les femmes et les enfants de la tribu, ou bien encore on les voyait aller et venir autour des huttes, et sur la plaine découverte qui s'étendait près du lac. Des groupes de jeunes gens s'escrimaient à des exercices guerriers, lançaient les bolas, ou se jouaient entre eux avec toute l'ardeur de leur âge.

Les femmes et les jeunes filles causaient près de l'entrée des wigwams, les unes en achevant des corbeilles tressées avec des tiges partagées de palmiers, d'autres tout en recueillant le miel de l'abeille *tosimi*, dont leurs maris leur avaient rapporté les rayons ; celles-ci en préparant en plein air le repas du soir. Plus loin, on les voyait occupées de la fabrication des hamacs, ou de l'ornementation d'une peau de daim avec des fragments de plumes aux mille couleurs. Ce dernier travail, exécuté d'une main habile, devait servir à confectionner ces manteaux connus dans le monde entier et qui ont fait une célébrité aux aborigènes de l'Amérique.

Les enfants demi-nus jouaient autour de leurs mères et formaient par moments des groupes dignes du ciseau d'un artiste.

Les hommes, tout en discutant les événements de la journée, déposaient le produit de leur chasse ou de leur pêche à l'entrée des toldos, sous la garde de quelques vieilles femmes.

Dans la plaine qui servait de communal à la tribu, se voyaient des cavaliers nombreux, courant comme des centaures pour rassembler les chevaux, les moutons et le bétail qui composaient les troupeaux des Tobas. Il est assez probable que ces bestiaux avaient dû être volés aux blancs ; mais de tels actes ne sont pas considérés par eux comme un délit, la guerre n'ayant généralement d'autre but à leurs yeux que de se procurer les choses dont ils sentent le besoin.

Tel est le tableau qui, à cette heure du jour, se déroulait au loin dans la plaine et dans tout le village : tableau souriant qui n'offrait aux regards que des scènes de paix. Bien loin d'être la vie sauvage avec ses indigènes grossiers, ses passions sanguinaires, c'était l'image de la vie patriarcale avec ses mœurs douces et innocentes.

XVII.

NACÉNA.

Aux yeux d'un peintre ou d'un poète, la jeune fille assise près du lac, dans une attitude gracieuse, et dont les longues tresses se reflétaient dans le limpide miroir des eaux, eût été sans doute la personnification symbolique de la Paix.

Combien peu se fussent doutés que cet extérieur charmant cachait un jeune cœur au fond duquel était amoncelée plus de passion farouche qu'on en eût trouvé chez les hommes qui parcouraient la plaine avoisinante! La haine se lisait dans le fier regard de son œil sombre et fixe; elle éclatait dans les mouvements rapides, irréguliers, de sa poitrine haletante, et débordait dans les paroles entrecoupées qui, à de courts intervalles, s'échappaient comme involontairement de ses lèvres.

— Il est parti..., il est allé près d'elle.... Il a voulu réjouir ses yeux de la vue de son visage pâle, qu'il trouve plus beau que le mien !... Qui sait s'il ne va pas la ramener avec lui ?... s'il ne songe pas à en faire la reine de notre tribu ?... Oh! cette pensée.... Enfin, si cela devait être, continua la jeune fille en se redressant à demi et en étendant ses bras suppliants vers le lac, si un malheur semblable m'était réservé, si cet affront sanglant devait atteindre la fille de mes pères, Esprit des eaux! consens à recevoir Nacéna dans ton sein, car elle n'aurait plus rien pour la retenir ici-bas.

Un instant elle resta muette, comme dans l'attente d'une réponse à son invocation. Mais bientôt ses pensées changèrent de cours : elle se redressa brusquement, et son visage s'illumina d'un éclair de rage.

— Non, s'écria-t-elle, le fils du grand mort, qui dort là de son dernier sommeil, n'outragera pas impunément la fille d'un chef toba, d'un rang presque égal à celui de son père ! S'il est infidèle à nos serments échangés en présence de Naraguana, Nacéna se vengera. Elle sait comment mourir, mais elle sait aussi comment donner la mort. Elle périra, mais elle ne périra pas seule. Non, Esprit des eaux, Nacéna ne cherchera pas le repos dans ton sein avant que la sombre mort ait réuni dans une même étreinte sa rivale et le traître !

Suspendant alors sa prière à l'Esprit invisible qu'elle avait conjuré, l'Indienne se retourna ; mais ses impressions restèrent les mêmes, et l'on en retrouvait la trace dans son attitude résolue. Naguère suppliante, elle s'abîmait dans son désespoir ; maintenant pleine d'audace, on eût dit une jeune tigresse se préparant à déchirer de ses dents et de ses ongles tout ce qui pourrait se dresser sur sa route.

Pendant qu'elle s'oubliait dans la pose menaçante où le dépit l'avait jetée, un cri s'éleva des toldos et retentit au loin dans la plaine. Elle regarda dans la direction où toutes les têtes étaient tournées, et ce qu'elle vit ne fit qu'augmenter encore l'expression haineuse de ses traits.

Une troupe de cavaliers entrait dans le village ; les premiers rangs mettaient pied à terre devant la malocca. En tête de tous était un homme qu'elle reconnut au premier coup d'œil. C'était Aguara. Près de lui se trouvait une jeune fille vêtue à l'européenne ; elle était étrangère en ces lieux, et cependant Nacéna la reconnut, car elle l'avait vue auparavant et n'avait jamais pu l'oublier.

Toutefois elle ne prit pas le temps de l'examiner en détail ; elle aperçut un vêtement blanc comme le visage de celle qui le portait. Ce fut assez. De son cœur brisé s'échappa un cri déchirant, et elle tomba sur la rive du lac, comme si l'Esprit des eaux l'eût subitement réclamée pour sa proie.

Mais ce n'était pas uniquement la douleur qui faisait défaillir ce cœur altier, c'était aussi, c'était surtout un spasme de désespoir et de fureur jalouse.

En revenant à elle quelques instants plus tard, l'Indienne ne cria point ; elle ne poussa même pas un soupir. Elle se releva digne et calme et reprit le chemin du village d'un pas lent, mais assuré ; son parti était pris : fût-ce au prix de sa vie, elle se vengerait.

Pendant que ces choses se passaient, Gaspardo et nos deux jeunes amis, suivant toujours la piste des Indiens, étaient arrivés en vue de la cité des Tobas.

Grâce à la fumée des feux qui s'élevait en spirales légères au-dessus de la cime des palmiers, ils la reconnurent de loin. En cet instant le soleil était sur son déclin.

Nos voyageurs firent halte pour se concerter sur la manière la plus prudente d'approcher. Ne devaient-ils pas entrer hardiment dans la ville et proclamer hautement leurs intentions?

C'était le parti auquel Cypriano et Ludwig, pour des raisons toutes différentes, se seraient arrêtés sans hésitation. Le premier bouillait d'impatience, son cœur était torturé par l'anxiété. Qu'allait-il apprendre? Quel était le sort de sa cousine, de sa fiancée? Le second, également inquiet, mais soutenu par sa loyauté, espérait encore; car il avait toujours une foi ardente en l'amitié de Naraguana, dont il ignorait la mort. Il comptait lui demander la punition des meurtriers de son père; et quelle que fût la qualité des coupables, il ne doutait pas qu'il ne lui fût fait justice.

Seul Gaspardo, d'une nature moins passionnée, était susceptible de calmes et sages réflexions. Après s'y être livré pendant quelques instants, il déclara qu'il était indispensable d'observer l'ennemi; qu'il ne serait pas aussi indifférent qu'on pouvait le croire de l'aborder à tel moment plutôt qu'à tel autre; en un mot, que, pour aboutir au succès, la plus extrême prudence était indispensable.

Du point où ils avaient fait halte, la route directe vers la tolderia contournait la base de la colline solitaire. Bien qu'ils en aperçussent la fumée qui montait librement vers un ciel sans nuage, cependant la ville elle-même leur était cachée par un épais rideau de palmiers. Toutefois, du sommet de la montagne, on pouvait y jeter un coup d'œil d'ensemble, qu'il était urgent de ne pas négliger pour l'accomplissement de leurs desseins ultérieurs.

Le gaucho, auquel ce détail n'avait point échappé, remarqua en outre que la colline était boisée de la base au sommet ; ce qui permettait à des gens prudents d'échapper à toute observation le temps qu'ils la graviraient à l'ombre des grands arbres.

Précisément du côté où ils avaient fait halte, la pente était douce et tout à fait praticable pour des cavaliers bien montés. Gaspardo, avec la sûreté de coup d'œil qui le caractérisait, en tira tout de suite la ligne de conduite qu'ils devaient suivre.

— C'est par ici que nous devons passer, dit-il d'un ton d'autorité que lui permettait sa longue expérience. Il nous reste juste le temps d'arriver avant la nuit au sommet de la montagne ; ce qui est urgent, puisque de là nous pourrons examiner la ville. Cet examen pouvant seul nous guider dans ce qu'il nous reste à faire, de lui dépend pour ainsi dire tout le succès de notre entreprise.

Un coup d'éperon dans le flanc de sa monture servit de péroraison à son discours. En dépit de leur impatience, et bien que cette manière de procéder leur parût un peu « suivre le chemin de l'école », les deux jeunes gens, sans autres pourparlers, chevauchèrent bientôt sur les traces de leur guide. Ils s'enfoncèrent alors sous l'ombre des palmiers, dont les longues feuilles, se développant comme autant d'éventails, leur dérobaient presque entièrement l'azur du ciel.

Un moment ils durent se frayer un chemin dans une dépression du sol qui pouvait être le lit d'un torrent desséché. Un peu plus loin, ils continuèrent leur route au milieu d'un fouillis de plantes grimpantes que Gaspardo appelait des « sipos » et que nous nommons des lianes. Au sein des forêts de l'Amérique méridionale, ces plantes parasites atteignent une variété infinie. Il en existe de toutes les grosseurs, depuis celle d'une corde à fouet jusqu'à celle des câbles les plus forts. Grâce à eux, l'industrie du cordier est supprimée dans ces régions, puisque ces végétaux ont la solidité du chanvre tordu.

Cependant les lianes n'étaient pas les seuls empêchements aux progrès de nos amis ; ils en rencontrèrent encore d'autres. Tantôt un arbre tombé en travers du sentier les obligeait à un long détour ; tantôt ils se voyaient arrêtés par un épais taillis de plantes et de buissons épineux qui s'enchevêtraient avec toute l'exubérance de la végétation des tropiques. Il fallait alors que le gaucho mît pied à terre et leur ouvrît de force un passage avec la lame tranchante de son macheté.

Toutes ces difficultés occasionnèrent une grande perte de temps, et la nuit était venue avant qu'ils eussent atteint le dernier plateau de la montagne. Heureusement, un brillant clair de lune succéda au crépuscule, et des rayons argentés, pénétrant à travers le feuillage, vinrent éclairer les voyageurs.

Ceux-ci étaient également guidés dans leur marche ascendante par la lueur des *cocuyos* (1) qui voltigeaient au milieu des arbres,

---

(1) Insecte phosphorescent, ou grande mouche à feu, dont les yeux brillent d'une lumière verte très vive. Il a sous l'abdomen une plaque étincelante qui est visible pendant son vol. Les dames de ces contrées s'en servent comme ornement dans leur chevelure et sur leurs vêtements.

semblables à des esprits lumineux en quête d'un lieu de repos.

A l'approche du point culminant, la végétation devenait moins épaisse et laissait entrevoir le firmament.

Ce fut pour les cavaliers un spectacle non moins étrange qu'inattendu, que celui qui se présenta à leurs regards, quand ils se trouvèrent sur le plateau central. Involontairement ils serrèrent les rênes ; et plus impressionnables, les jeunes gens eurent peine à retenir un cri de surprise.

En face d'eux s'élevaient des échafaudages bizarres, et la lune en projetait les ombres allongées d'une façon plus bizarre encore sur la surface plane du sol.

En dépit de leur volonté, Cypriano et Ludwig se sentaient gagnés par un sentiment de terreur superstitieuse dont ils ne pouvaient se défendre. Le gaucho, surpris comme eux, se rendit néanmoins un compte rapide du spectacle offert à leurs regards. Il n'y avait rien là de nouveau et d'inexplicable pour lui ; il reconnut bientôt un cimetière indien. Quelques mots lui suffirent pour faire comprendre à ses jeunes compagnons la destination de la colline qu'ils venaient de gravir.

Ce fut à l'ombre de celui de ces échafaudages qui semblait le plus vaste que nos amis mirent pied à terre, et ils eurent bientôt attaché leurs bêtes aux poteaux qui le supportaient.

Cette ombre leur était propice ; elle leur était un garant que nul ne découvrirait leur retraite. Du reste, il ne devait pas souvent s'y rencontrer des promeneurs, la place étant peu tentante même pour des rôdeurs de nuit. Ce n'était pas assurément un Indien qui se serait hasardé à pareille heure en ces lieux, le respect de la mémoire des aïeux étant encore plein de force parmi ces tribus.

Parfaitement rassurés sur ce point, et bien certains de n'être pas dérangés dans leur conciliabule, nos amis tinrent de nouveau conseil sur la détermination qu'il convenait de prendre sans retard.

Depuis près d'une heure le soleil était couché, mais le splendide clair de lune des tropiques continuait autour d'eux une sorte de demi-jour qui mécontentait vivement notre gaucho, dont cela contrariait les projets.

A la faveur d'une nuit sombre, il eût pu se glisser dans la tolderia et peut-être se renseigner sur l'endroit où Francesca était prisonnière. Qui sait même? il serait peut-être parvenu à communiquer avec elle, à lui faire savoir quels amis elle avait dans les environs, et à concerter sa délivrance sur des données certaines.

Dans la profonde solitude du Chaco, les Tobas, n'étant jamais troublés par les blancs, n'établissent pas autour de leur camp cette garde rigoureuse à laquelle sont contraints leurs confrères de l'Amérique du Nord; et la vigilance incessante indispensable dans un campement de Crows, de Pawnees ou d'Arapahoes, n'a pas sa raison d'être dans un pays où les tribus vivent généralement à une grande distance les unes des autres, comme c'est le cas pour les Indiens de l'Amérique du Sud.

Le gaucho, connaissant bien les habitudes des Tobas, était convaincu qu'il lui aurait été facile de pénétrer dans leur village à la faveur de l'obscurité, sans courir le risque d'être découvert.

Mais la sérénité de cette nuit magnifique détruisait toute chance de réussite pour une ruse de ce genre, quelles que fussent d'ailleurs et l'habileté d'un déguisement et l'imprévoyance des Indiens.

Après avoir mis leurs chevaux à l'attache, nos voyageurs s'étaient rendus sur le bord du plateau ; de là ils voyaient distinctement les feux du village. Ces feux brûlaient en plein air partout où les Indiens préparaient leur repas du soir. Des formes humaines passaient et repassaient devant les flammes, et, malgré la distance, nos amis distinguaient sans peine des voix d'hommes, de femmes et d'enfants, qui parvenaient à leurs oreilles grâce à la transparence et au calme de l'atmosphère.

Comme on entendait également le mugissement des bêtes à cornes, l'aboiement des chiens et parfois le hennissement des chevaux, Gaspardo avait eu la précaution, pour empêcher les leurs d'entendre et surtout de répondre, de couvrir leur tête d'un *sapado* ou pièce d'étoffe roulée.

Au-dessus de tous ces bruits, retentissaient les cris lugubres des oiseaux nocturnes qui d'une aile rapide s'envolaient par intervalles d'une de ces tombes aériennes, et les plaintes non moins lamentables du *whip-poor-will* et du *willy-come-go*.

Rien dans ce qui se voyait ou s'entendait n'était de nature à éclairer ou à encourager nos amis ; toujours en proie à la plus grande perplexité, ils retournèrent auprès de leurs chevaux et reprirent leur consultation sous l'échafaudage.

Toujours mû par les mêmes motifs, Cypriano opinait plus que jamais pour descendre immédiatement à la ville et regagner le temps perdu, et, cette fois encore, Ludwig se rangeait à son avis.

Non loin d'eux précisément se trouvait un chemin qui était sans doute celui suivi par les Indiens pour gagner leur cimetière.

Comme Ludwig affirmait de nouveau sa persuasion que Naraguana les accueillerait avec amitié et ne leur marchanderait pas sa protection :

— Vous avez raison, interrompit gravement Gaspardo ; il y a peu de temps encore, elle ne nous eût pas fait défaut ; mais aujourd'hui, mon cher Ludwig, ou je me trompe fort, ou il n'est plus en son pouvoir de nous protéger et de nous défendre.

— Qu'entendez-vous par là ? demanda le jeune homme, surpris et alarmé, en tournant vers Gaspardo un regard qui trahissait l'angoisse de son âme.

XVIII.

SHEBOTHA.

Gaspardo n'avait pas répondu à Ludwig, mais d'un mouvement agile il avait gravi l'échelle primitive, le tronc entaillé qui, appuyé contre l'échafaudage, donnait sur la plate-forme. Ayant examiné le corps qui reposait dessus :

— J'en étais sûr, dit-il, mes pressentiments ne m'avaient pas trompé. Naraguana est mort. Le voilà couché dans son vêtement de chef. Oui, ce sont bien les traits du vieux cacique. Mort ou vivant, je l'aurais reconnu entre mille.

Gaspardo descendit et laissa la place à ses compagnons. Chacun d'eux vint s'assurer à son tour de la funeste nouvelle, examinant le cadavre qui, paré de riches étoffes et recouvert de la superbe *manta* de plumes, insigne de la dignité souveraine, était couché tout de son long sur la plate-forme inférieure. La lune commençait à descendre à l'horizon et projetait sa lumière brillante sur la face calme et reposée du mort.

Les deux jeunes gens le reconnurent sans peine, et se découvrirent aussitôt pour saluer avec respect les restes vénérables du digne vieillard qui s'était toujours montré l'ami fidèle de leur famille. Ce fut le cœur oppressé, les yeux humides, qu'ils redescendirent ensuite auprès de Gaspardo.

Il n'était plus, celui de qui seul ils pouvaient attendre amitié, protection et justice !

— Tout s'explique, dit Gaspardo. Naraguana mort, son louveteau est maintenant le chef de la tribu. *Santissima !* Nous avons bien fait d'agir avec prudence, et nous avons plus besoin que jamais de circonspection ; car il n'y a plus de Naraguana pour nous défendre contre ces brigands. Pourtant, reprit-il après quelques moments de sombre méditation, je suis moi-même l'ami de plusieurs d'entre eux. Tous les Indiens ne sont pas des misérables. Dans le temps j'ai eu l'occasion d'obliger un de leurs grands guerriers ; il ne me refusera pas son appui, le cas échéant. Il exerçait une certaine autorité sous le gouvernement de Naraguana, et je pense qu'il l'aura conservée. Allons, *muchachos*, ne nous décourageons pas ; il y a peut-être encore une chance en notre faveur. J'ai quelque raison de croire que le fils du vieux cacique n'est pas tout-puissant ici. Il n'est pas aimé comme son père. On devait, paraît-il, faire opposition à sa succession. D'ailleurs, serait-il chef suprême, son pouvoir n'est pas absolu, illimité : un cacique n'a pas le droit d'agir sans l'autorisation et le conseil des anciens. C'est un magistrat élu, non pas un despote, encore moins un tyran ; nous pouvons donc conserver encore quelque espoir.

Après s'être livré à cette série de conjectures, le gaucho demeura quelque temps silencieux et comme absorbé dans ses pensées.

— Malgré tout, reprit-il, nous ne saurions être trop attentifs, trop prudents. Point de précipitation inutile, qui ne pourrait que nous nuire. Il importe que nous soyons toujours sur nos gardes. Dans une heure la lune aura disparu derrière la pampa ; alors il sera temps d'exécuter mon projet, la nuit sera assez sombre pour le tenter.

— Que comptes-tu faire, Gaspardo ? demandèrent ensemble les deux jeunes gens. Tu nous recommandes la prudence, ne sois pas toi-même téméraire. Ne t'expose pas en notre lieu et place ; dis-nous tes projets et emploie-nous au moins dans cette cause qui est la nôtre encore plus que la tienne.

— Soyez tranquilles, reprit Gaspardo. Je ne suis plus d'âge à compromettre ma vie à la légère ; et ce n'est pas au moment où je sais combien je suis nécessaire à vous et aux vôtres, que je serais d'humeur à me risquer sans avoir bien pesé toutes mes chances, et m'être arrangé à en avoir plus de bonnes que de mauvaises. Je veux seulement pénétrer dans la ville, mais j'y veux pénétrer seul.

— Seul ! s'écria Cypriano ; quoi ! tu veux aller t'exposer seul pour nous ! Ah ! ce n'est pas ce que tu as promis il n'y a qu'un moment. Nous ne le souffrirons pas, Gaspardo.

— Bien certainement non, appuya Ludwig à son tour. Si quelqu'un doit s'exposer, c'est moi d'abord et Cypriano ensuite.

— Quel est celui de vous deux qui peut s'aventurer seul au milieu des Indiens ? répliqua le gaucho. Aucun, n'est-ce pas ? Et à quoi servirait-il que vous vinssiez avec moi ? Ce serait plus qu'inutile, ce serait nuisible ; car nous triplerions nos chances d'être surpris. Seul, il me sera possible de pénétrer dans un toldo sans éveiller de défiance, et une fois là, d'apprendre peut-être quelque chose. Pour cela, peu importe que les Indiens soient ou non couchés. Si je parviens à découvrir où est la *Nina*, ce sera toujours un pas de fait vers la délivrance ; et pour le reste, plaçons notre confiance en Dieu.

Quelle objection valable les jeunes gens pouvaient-ils opposer à un plan si sagement conçu ? Aucune ; aussi durent-ils se résigner bien à contre-cœur à laisser le gaucho agir à sa guise, et bientôt la confiance qu'il témoignait dans le succès de son entreprise commença à pénétrer dans leur âme.

Ils n'avaient aucun doute que leur Francesca ne fût là près d'eux dans la ville, et qu'une fois renseignés sur sa retraite, il ne fût possible, au moyen d'un heureux stratagème, de parvenir jusqu'à elle et de la délivrer.

Ils renaissaient à l'espérance, mais trouvaient bien dur d'être forcés d'attendre le coucher de la lune. Dans son impatience, le malheureux Cypriano ne cessait d'accuser cet astre de lenteur.

Allongés sur l'extrémité du plateau, aucun de nos trois amis ne perdait de vue le sentier qui descendait à la ville.

L'un après l'autre les feux s'étaient éteints, mais on n'en pouvait pas conclure que les Indiens fussent déjà endormis. Ces feux, étant uniquement destinés à la préparation du repas du soir, devenaient superflus dès que l'heure du souper était passée, et n'étaient point entretenus, le climat du Chaco les rendant inutiles durant la nuit.

Du reste, le bruit des voix que la brise apportait par bouffées témoignait assez que les Indiens veillaient encore. Mais ce n'était pas ce qui aurait empêché Gaspardo d'exécuter son projet et d'essayer de pénétrer dans la cité des Tobas, si l'obscurité le lui avait permis.

Il avait eu la précaution de modifier son costume et de le rapprocher autant que possible de celui d'un Indien Toba. Quant à son teint, il était presque aussi bronzé que le leur et n'aurait pu le faire reconnaître.

Le moment tant souhaité approche enfin, la lune va disparaître derrière la pampa. Déjà le gaucho se dispose à partir pour sa périlleuse expédition. Il vient de faire ses dernières recommandations de prudence à ses jeunes compagnons, quand soudain l'attention de tous est éveillée par un léger bruit qui se rapproche d'eux. Ce bruit semble produit par les pas légers d'une personne qui gravirait le sentier à l'extrémité duquel ils sont réunis pour se dire adieu.

Ont-ils été épiés? L'ennemi a-t-il découvert le secret de leur arrivée?

Sur un mot du gaucho, les jeunes gens quittent en rampant la place qu'ils occupent, et vont se cacher avec lui parmi les branches d'un énorme figuier.

Ils ne restèrent pas longtemps en suspens. Une forme humaine ne tarda pas à paraître, montant avec lenteur l'escarpement. La taille et le costume faisaient deviner une femme, tandis qu'à la forme étrange du vêtement on reconnaissait une Indienne.

Quand elle eut atteint le plateau, elle s'arrêta et chercha tout autour d'elle, comme si elle eût voulu découvrir une personne qu'elle s'attendait à y trouver.

Le figuier, qui se trouvait à l'ouest, était à moins de dix pas de distance de la place où la femme s'était arrêtée. Lorsqu'elle se retourna, la lune éclaira en plein son visage.

Nos amis, cachés dans l'arbre, purent alors distinguer ses traits et la reconnurent sur-le-champ. Celle qu'ils avaient devant eux était la jeune Indienne Nacéna. Que pouvait-elle venir faire à pareille heure et en pareil lieu?

Gaspardo eut aussitôt l'idée de s'approcher d'elle, de la bâillonner pour étouffer ses cris, et de la retenir prisonnière, afin de s'en faire un otage. Il savait que Nacéna était la fille d'un chef très influent dans la tribu : quand elle serait en leur pouvoir, ils parviendraient sans doute à l'échanger contre Francesca.

Mais un moment de réflexion lui prouva que la chose était impossible. Pour arriver près de la jeune Indienne, il fallait traverser un espace complètement découvert, et celle-ci ne manquerait pas de s'apercevoir de leur présence avant qu'il ait eu le temps d'accomplir son dessein. Alors un cri, un seul appel de Nacéna, et ils étaient démasqués, et leur entreprise échouait.

Malgré cela, Gaspardo sentait instinctivement qu'il y avait un parti quelconque à tirer de cette circonstance imprévue. La présence de la jeune fille en ce lieu, à une heure si tardive, cachait quelque mystère et pouvait être considérée comme une circonstance toute providentielle. D'ailleurs, l'Indienne ne pouvait certainement avoir aucun intérêt à la perte de Francesca. Ne serait-il pas possible de la décider à leur prêter son concours pour rendre la liberté à celle qui leur était si chère ?

D'une voix basse et brève, le gaucho communiqua ses pensées à ses compagnons. Il n'eut pas de peine à leur persuader que Nacéna se montrerait plutôt favorable qu'hostile à leur projet. Les deux jeunes gens avaient été avec elle, ainsi qu'avec son père, presque sur un pied d'intimité. Maintes fois elle avait accompagné le grand chef à l'*estancia*, et, dans les excursions avec Halberger, ils l'avaient fréquemment rencontrée ; chaque fois ils s'étaient fait une fête d'associer une camarade de plus à leurs jeux enfantins.

C'était sous l'ombre épaisse d'un banian que nos trois conjurés discutaient le parti à prendre. Ils ne couraient d'autre risque que celui d'être entendus, car la jeune fille ne pouvait les découvrir, pas plus eux que leurs chevaux, que, par un motif de prudence, on avait détachés de dessous l'échafaudage et conduits plus loin au milieu d'un taillis.

Pendant que nos amis délibéraient encore, un bruit pareil à celui qui les avait surpris à l'arrivée de Nacéna leur parvint de nouveau. C'était le pas, beaucoup moins léger à coup sûr, de quelqu'un qui gravissait l'étroit sentier de la colline.

La jeune fille l'avait également entendu, car elle s'était aussitôt tournée dans la direction où il avait retenti.

Nos amis s'attendaient à la voir tressaillir, se troubler ; mais rien de semblable ne se produisit. L'expression de ses traits prouvait au contraire qu'il n'y avait rien dans cet incident qui fût de nature à la surprendre, et que la personne qui arrivait était attendue par elle.

Mais était-ce un sentiment de joie qui, à son approche, se traduisait sur son visage? Non, assurément; c'était bien plutôt la crainte, mêlée d'une certaine impatience, que reflétaient ses traits mobiles.

Les pas se rapprochaient toujours, mais avec lenteur, et comme en se traînant. Enfin une seconde femme parut sur le bord escarpé du plateau. Eh! que sa présence était bien faite pour justifier l'effroi, même l'horreur, que trahissaient à son approche les beaux yeux de Nacéna!

Ridée, courbée, branlante, cette créature, sans âge, presque sans sexe, affectait au milieu de ses contorsions grotesques un certain air solennel. On reconnaissait, rien qu'à la voir, une de ces créatures qui, élevées par la superstition des Indiens à ce rang envié, finissent par croire elles-mêmes au pouvoir surnaturel qu'on leur attribue.

La plupart des tribus indigènes de l'Amérique se glorifient de la possession d'une ou plusieurs de ces jeteuses de sort, devineresses, empoisonneuses et guérisseuses au besoin, qui trouvent au milieu d'elles une entière déférence basée sur des instincts trop vils pour être sympathiques.

En apercevant la nouvelle arrivée, la jeune Indienne se hâta d'aller à sa rencontre. Dès qu'elle fut à portée de la main de la sorcière, elle tomba à genoux et resta devant elle dans cette humble position.

Il était vraiment étrange, le spectacle dont nos amis, cachés dans leur arbre, étaient les témoins involontaires. La lune, en se couchant, semait tout autour d'eux des ombres de plus en plus incertaines, et les échafaudages, éclairés de profil par sa lumière tremblante, revêtaient un aspect plus que jamais sinistre.

Au milieu de ces lugubres objets, cette belle jeune fille, prosternée aux pieds de la hideuse sorcière, semblait lui demander une grâce particulière, ou plutôt le pardon de quelque action coupable.

Pendant quelques instants, Nacéna resta ainsi agenouillée; la sorcière murmurait sur elle des paroles incohérentes, étendait son bras décharné vers les quatre points du ciel, puis lui passait ses doigts crochus sur le visage comme pour la magnétiser.

— Nacéna souffre d'un chagrin! dit-elle enfin, en accentuant avec intention chacune de ces paroles.

— C'est vrai, murmura la jeune Indienne d'une voix basse et tremblante.

— Oui, et d'un chagrin qu'elle veut cacher à tous les yeux, sans quoi elle n'aurait pas demandé à Shebotha de venir la trouver ici.

— Shebotha, la sorcière! cette créature infernale! dit tout bas Gaspardo. Quelle scélératesse est-on en train de préparer ici? Ecoutons attentivement, muchachos, nous allons en apprendre de belles!

Point n'était besoin de recommander l'attention. Nos jeunes gens contemplaient avec stupeur les gestes de la vieille Indienne, et restaient immobiles et silencieux comme des cadavres, au milieu des branches qui les dérobaient aux regards.

— Je conviens, dit Nacéna, que j'ai besoin de l'aide de Shebotha ; je conviens que je veux que cela reste ignoré de tous.

— Ah ! ah ! fit la sorcière, en découvrant par un hideux sourire sa mâchoire édentée, il est donc vrai que les jeunes beautés ont quelquefois besoin de nous autres vieilles femmes. Il ne te suffit plus d'être belle, et tu te vois forcée de reconnaître qu'il existe des puissances supérieures à la jeunesse et à tous ses attributs.

— Je le reconnais, répondit Nacéna, toujours agenouillée.

— Cela suffit, reprit la sorcière. Shebotha n'ignore rien. Elle connaît ton secret ; elle sait ce que tu attends d'elle. Nacéna voudrait un nouveau charme qui replaçât Aguara en son pouvoir. Le premier a perdu sa force. Le jeune chef a quitté la tolderia pour aller chercher la jeune Paraguayenne au visage pâle. Il veut faire cet affront aux filles des Tobas de leur donner cette étrangère pour reine, et Nacéna est trop fière pour subir cet affront.

La jeune Indienne hésitait avant de répondre.

— Si c'est tout, reprit la sorcière, Shebotha peut faire ce que Nacéna désire.

Toujours silencieuse, la jeune fille s'était relevée et se tenait en face de l'horrible vieille. Bien qu'elle éprouvât un reste de terreur à l'idée de se sentir en sa puissance, elle avait retrouvé toute sa résolution.

Les trois hommes étaient placés de manière à voir distinctement son visage et à suivre toutes les agitations de son âme.

— Mama Shebotha, dit-elle enfin, le charme que vous avez donné à Nacéna pour Aguara n'a servi à rien ; aussi Nacéna n'a plus de confiance dans les charmes. C'est autre chose.... C'est un remède plus sûr qu'elle vous prie de lui accorder.

Ces derniers mots, prononcés d'une voix sourde, indiquaient un violent combat intérieur.

— Pas de charme pour Aguara? reprit la sorcière étonnée ; mais alors que veut Nacéna? Peut-être un breuvage pour calmer le sommeil de ses nuits?

— Non, reprit la jeune Indienne. Dormir la nuit pour souffrir le jour, c'est inutile.

— Qui voudrais-tu donc endormir? demanda la sorcière avec lenteur; est-ce Aguara?

— Ce n'est pas lui.

— Qui donc? Serait-ce la jeune fille au visage pâle ?

— C'est elle, répondit Nacéna.

— Elle a fait un bien long voyage; son corps et son âme doivent être épuisés, reprit la sorcière. C'est d'un long repos qu'elle a besoin sans doute. Pour combien de temps Nacéna veut-elle la faire dormir ?

L'Indienne sembla comprendre instinctivement le sens caché de cette question si simple. La violence de sa passion l'emporta un moment; ses yeux lancèrent des éclairs sous les pâles clartés de la lune.

— Pour toujours ! murmura-t-elle sourdement.

— Le breuvage qui donne le long sommeil est difficile à préparer, répondit la sorcière. Il faut à Shebotha beaucoup de choses qui ne se trouvent pas près d'ici. Puis il y a du danger à courir, si Aguara a résolu de nous donner pour reine la jeune fille au visage pâle. Maintenant il est le chef de la tribu ; sa puissance est grande, et, sur un soupçon, il ferait mettre à mort la pauvre vieille Shebotha.

Un silence suivit ces paroles ; la jeune fille ne répondit rien.

— Cependant, que donnerait Nacéna pour voir sa rivale endormie si tranquillement, que ses yeux ne se rouvrent jamais au soleil du Chaco ?

— Qu'exige Shebotha ?

— Nacéna est la fille d'un grand chef. Son père lui a laissé beaucoup de richesses. Elle a dans son toldo plusieurs *mantas* de plumes et des *hamacas* très habilement tressés. Elle a de grands troupeaux qui paissent dans la pampa et des chevaux agiles qui hennissent dans la plaine. Elle possède de plus tous les biens qui peuvent rendre la vie heureuse. Elle est jeune, elle est belle. Shebotha est pauvre et vieille ; mais il est en son pouvoir de rendre la joie au cœur de Nacéna. Que donnerait donc Nacéna pour que son désir fût satisfait ?

— Tout ce qu'elle possède ! Et cependant non, mama Shebotha, il n'y a plus de bonheur pour Nacéna sur la terre. Aguara ne tient plus à elle. Il est loin, loin, bien loin d'elle !

— Les charmes de Shebotha peuvent donner la vengeance, et la vengeance est un bonheur.

— Oui, murmura la jeune Indienne avec une sombre violence, je veux me venger, je me vengerai. Endors-la pour toujours, l'étrangère... ; puis, prends tout ce que je possède, entends-tu bien, tout, même ma vie !

— Shebotha fera ce que Nacéna demande. Ce qu'elle entreprend, elle l'achève. Mais Nacéna promet de la récompenser, sa promesse doit être un serment.

En parlant ainsi, elle la conduisit sous une tombe et l'y fit agenouiller.

— Les os de ton père sont déposés là-haut et son esprit te voit. Il te sourira. Lui vivant, n'aurait point pardonné à Aguara l'injure faite aux filles des Tobas et à sa propre fille. Jure donc par ses restes que tu seras fidèle à ce que tu as promis !

Nacéna obéit.

L'ombre de l'échafaudage couvrait ses traits ; cependant les spectateurs invisibles de cette scène, maintenant couchés sous l'arbre, pouvaient encore distinguer la jeune Indienne prosternée devant la hideuse sorcière. Celle-ci, les mains levées au-dessus de la tête de Nacéna, ressemblait à une pythonisse de la Thessalie dictant ses volontés à une infortunée créature livrée par le désespoir à sa criminelle influence.

XIX.

LA SORCIÈRE PRISONNIÈRE.

On comprend avec quel poignant intérêt Gaspardo et ses jeunes compagnons écoutaient cet affreux entretien.

Il était temps qu'il se terminât, leurs cheveux se dressaient d'horreur ; car il ne pouvait y avoir pour eux d'incertitude sur la personne à laquelle devait être administré le funeste breuvage. C'était la mort de Francesca qui venait d'être ainsi résolue en leur présence.

Toutefois n'était-ce pas la Providence elle-même qui leur venait en aide, en permettant que ce dessein infernal leur fût révélé à temps ?

Ils se demandèrent aussitôt à quelle ligne de conduite ils devaient s'arrêter pour s'opposer d'une manière efficace à son accomplissement.

Les minutes étaient comptées; quelques secondes encore, et les deux femmes se seraient éloignées, et, avant l'aube nouvelle, l'innocente victime de cette machination aurait peut-être succombé aux atteintes du poison.

Shebotha, sorte de prêtresse, possédait dans la tribu une influence toute-puissante. Elle n'éprouverait aucune difficulté à pénétrer auprès de la captive. Qui pouvait répondre même que le soin de veiller sur elle ne fît pas partie de ses attributions religieuses? Cette nuit même le noir projet pouvait donc s'accomplir, et, avant le retour du soleil, rendre toute intervention inutile.

A cette pensée, Cypriano, incapable de se contenir plus longtemps, allait s'élancer pour s'emparer des deux complices et peut-être les frapper de son machété. Mais il fut arrêté par le bras vigoureux de Gaspardo, qui avait deviné sa pensée.

— Attendez, lui dit-il à voix basse; ne voyez-vous pas qu'elles sont forcées de repasser par ici? Si nous nous risquons vers la lumière, elles pourront nous voir, donner l'alarme et peut-être nous échapper. Shebotha est rusée comme un *iribu* (1) et aussi agile qu'une autruche, en dépit de ses vieilles jambes; elle disparaîtrait dans les broussailles, et bien malin serait celui qui la rattraperait. Non, muchachos, point d'imprudence, mais tenons-nous prêts. Dès qu'elles seront à portée, vous, enfants, saisissez-vous de la jeune fille; moi je fais mon affaire de la vieille. Mais, attention! ce qu'il faut avant tout, c'est étouffer leurs cris.

---

(1) Nom donné dans ces régions aux vautours à vue perçante.

Celui-là n'était pas mort, mais bien vivant, dardant de grands yeux fixes sur la lumière qui avait jailli des ténèbres.

(*Peaux Rouges.* — Ch. VIII.)

Nacéna s'était relevée, et les deux femmes sortaient maintenant de l'ombre projetée par l'échafaudage. Comme elles dépassaient les racines du figuier, elles se sentirent brusquement assaillies; et, avant qu'elles pussent donner l'alarme, un mouchoir vivement appliqué sur leur bouche leur avait ôté la possibilité de pousser un seul cri.

La sorcière, qui marchait un peu en avant, avait été terrifiée à la vue de trois hommes appartenant à la race abhorrée des visages pâles, surgissant ainsi à l'improviste dans un lieu où pas un peut-être n'avait pénétré avant eux. Maintenue par le bras vigoureux du gaucho, elle n'avait pas eu le temps de faire un seul mouvement et avait senti que toute résistance serait vaine, lorsque celui-ci, appuyant sur sa poitrine la pointe de son couteau, lui eut dit d'un ton menaçant :

— Pas un geste, pas une parole, ou tu es morte !

Cypriano et Ludwig s'étaient saisis de Nacéna avec non moins de dextérité. La jeune fille pourtant s'était débattue énergiquement et avait essayé de crier, mais on ne lui en avait pas laissé le loisir. Non content de l'avoir bâillonnée, Cypriano lui avait en outre jeté son poncho sur la tête, et en un clin d'œil les deux avaient été garrottées de façon à leur ôter tout espoir d'échapper par la fuite.

Shebotha avait compris toute la gravité de la situation, et quoique ses yeux de hibou, brillant dans leur orbite d'une flamme infernale, n'annonçassent rien de bon, néanmoins elle ne tenta aucune résistance.

— Il s'agit maintenant, dit le gaucho, de mettre nos prisonnières à l'abri des regards indiscrets, et de ne pas demeurer au milieu de ce sentier. Les passants sont rares, il est vrai, mais le lieu est cependant moins sûr, plus fréquenté qu'on ne le supposerait, ainsi que pourrait l'affirmer la sorcière. Allons, amis; à chacun sa tâche : imitez-moi.

Ce disant, Gaspardo saisissait la vieille femme, et, l'enlevant de terre comme une plume, se dirigeait avec elle du côté du banian, sous les branches entrelacées duquel ils trouvaient une retraite assurée pour la tranquillité de leurs délibérations.

Cypriano et Ludwig agirent de même pour Nacéna et s'avancèrent sur les pas du gaucho, portant avec mille précautions leur léger fardeau. Le trajet du reste n'était pas long.

En quelques minutes les prisonnières furent déposées sous l'ombre épaisse du figuier. Dès que la jeune fille, rassurée maintenant par les paroles du gaucho, qu'elle avait reconnu, et par les procédés des deux jeunes gens, eut promis de garder le silence, on enleva le manteau qui lui couvrait le visage.

Une ardente curiosité succéda à son effroi, quand elle se fut assurée de l'identité de tous ces visages pâles qui s'étaient emparés d'elle avec si peu de cérémonie.

Comme nous l'avons dit, elle avait eu maintes fois l'occasion de voir les deux jeunes Paraguayens, soit à l'*estancia*, soit dans les excursions d'Halberger. Elle connaissait donc Ludwig mieux que Cypriano, et, sans avoir pour aucun d'eux une amitié réelle, du moins n'éprouvait-elle point de haine à leur égard.

En outre, elle savait qu'elle n'avait à redouter des blancs civilisés aucune des violences qui auraient pu l'atteindre, si elle fût tombée entre les mains des hommes de certaines tribus ennemies des Tobas. Ce qui l'étonnait, c'était de voir ces jeunes gens en ce lieu et de les avoir rencontrés d'une façon si imprévue.

Mais en songeant que sa rivale était la sœur de Ludwig et la cousine de Cypriano, elle s'expliqua facilement leur présence et le but qu'ils s'étaient proposé en pénétrant jusque-là.

Avant même qu'un seul mot eût été prononcé par les visages pâles, l'Indienne avait deviné qu'elle trouverait en eux, sinon des amis, du moins des auxiliaires, arrivés en temps bien opportun ; que si leurs intérêts n'étaient pas identiques aux siens, cependant ils ne leur étaient pas contraires, et c'était tout ce qu'elle pouvait désirer.

Son incertitude, du reste, ne devait pas être de longue durée : dès qu'on fut établi sous le figuier, la voix de Gaspardo rompit le silence.

— Vous devez comprendre, dit-il aux prisonnières, qu'il serait inutile de chercher à nous tromper. Nous savons vos projets, nous avons entendu toute votre conversation ; vos secrets sont à nous.

Pour toi, Shebotha, il te faut dès à présent faire ton deuil de la magnifique affaire que tu te félicitais d'avoir traitée. Elle aurait été sans contredit fort avantageuse. Ta drogue t'était payée un prix assez élevé, mais elle n'était cependant pas sans danger pour toi, grâce même à l'usage que tu voulais en faire.

Quant à vous, Nacéna, c'est le grand Esprit qui nous a mis sur votre chemin, pour vous épargner un crime inutile et vous affranchir de la dépendance de cette exécrable sorcière. Rien de ce que vous avez combiné ensemble n'est nécessaire, et nous arriverons au même but, à l'entière réalisation de vos désirs, sans faire le moindre mal à personne.

Je me résume : Si vous comprenez bien vos intérêts, vous nous aiderez à vous débarrasser de votre rivale. Ai-je besoin de vous affirmer que ma jeune maîtresse Francesca n'a pas suivi de son plein gré votre fiancé ? La chère enfant n'a de sa vie songé à devenir la femme d'un cacique. D'ailleurs Aguara est le meurtrier de son père ou le complice du meurtrier, ce qui est tout un. Il ne peut donc être pour elle autre chose qu'un objet d'horreur. Je suis certain qu'elle préférerait mourir plutôt que de lui être unie.

S'il est une chose dont vous ne devez pas douter, c'est qu'elle n'a qu'un désir : lui échapper, s'en éloigner à une telle distance, qu'elle soit certaine de ne le revoir jamais.

Au lieu de tuer une rivale qui ne songe nullement à vous nuire, aidez-nous à la délivrer et à l'emmener dans un lieu où elle soit à l'abri des tentatives faites pour la reprendre par le jeune chef, votre futur époux.

En d'autres termes, si vous le voulez, nous sommes vos amis et vos alliés naturels pour séparer à jamais Francesca d'Aguara.

— En quoi puis-je servir vos desseins ? dit Nacéna ; que me proposez-vous de faire ?

— Il s'agit simplement de nous jurer que vous n'emploierez la liberté que nous pouvons vous rendre qu'à délivrer Francesca et à nous l'amener ici même, saine et sauve.

La jeune Indienne jeta un regard inquiet sur la sorcière.

— Ne craignez rien de cette misérable, ajouta Gaspardo, qui surprit ce regard. Shebotha restera avec nous jusqu'à ce que vous nous ayez ramené notre enfant. Soyez tranquille, elle ne bougera pas. Si elle n'a pas encore compris que sa vie dépend du succès de notre entreprise, je me charge de le lui apprendre. Qu'elle nous contrecarre par un mot, par un geste, et la main que voici la mettra pour toujours hors d'état de reprendre son métier d'empoisonneuse.

Puis, se tournant vers la sorcière avec une bonhomie qui ne l'abandonnait jamais complètement :

— N'est-il pas vrai, la vieille, que tu vas être sage, et que Nacéna n'a rien de mieux à faire que ce que nous lui demandons ?

La sorcière fit entendre un grognement affirmatif.

— Voilà qui est bien ; maintenant donne à cette jeune fille la permission de s'en aller, si cela lui convient, ajouta Gaspardo avec autorité, en soulevant à demi le bâillon de la sorcière. Dis-lui de suivre toutes mes instructions ; sinon, avant dix minutes tu te balanceras à l'une de ces branches. Allons, parle, hâte-toi, le temps est précieux.

— Elle peut partir, que m'importe ? dit Shebotha.

En même temps elle lançait à l'Indienne un regard qui pouvait se traduire ainsi :

— Fais ce qu'il t'ordonne, mais ensuite compte sur ma vengeance.

Gaspardo surprit ce regard à la lueur fugitive des cocuyos.

— Tu te trompes, il t'importe plus que tu ne sembles le croire, dit-il en lui frappant sur l'épaule. Tu supposes que la mise en liberté de la captive te fera perdre la récompense que Nacéna a juré de te donner. Eh bien ! c'est en cela que tu te trompes : ces jeunes seigneurs te donneront le double de ce que ta mauvaise action t'aurait rapporté. Consens donc sans réserve à ce que nous attendons de toi.

Cypriano et Ludwig avaient déjà tiré de leurs ceintures des bourses respectablement garnies, qu'ils avaient emportées pour le cas assez probable où l'on exigerait une rançon pour la délivrance de Francesca.

Les yeux de Shebotha étincelèrent à la vue de tout cet or. Elle lança sur les deux bourses un regard de cupidité qui témoignait que cet argument irrésistible la ralliait à la cause de Francesca.

— Allons, conviens que tu es trop sensée pour ne pas comprendre que c'est tout profit d'être bien payée pour une bonne action plutôt que pour une mauvaise. Eh bien ! ton choix est-il fait? lui demanda le gaucho.

— J'ai répondu : Que m'importe? Et que m'importe, en effet, que la jeune fille au visage pâle vive ou meure? Cela regarde Nacéna, cela vous regarde ; Shebotha n'a rien à y voir.

— Allons, *tia* (1), c'est trop de finesse, reprit Gaspardo impatienté ; il s'agit d'être claire et surtout sincère. Nous ne te demandons pas un oracle, mais un ordre précis donné à Nacéna, avec le serment que

---

(1) Tante. Appellation en usage quand on s'adresse à une vieille femme.

tu ne trahiras pas le secret du concours qu'elle va nous prêter. Que diable ! ce qu'on te propose est bien simple : si tu nous aides, tu as la vie sauve et deux bourses bien remplies ; si tu nous trompes, la mort !

Le parti de Shebotha était pris.

— Pars, Nacéna, dit-elle ; rends la captive blanche à sa famille, rends-la à celui qui l'aime.

Et, de son doigt crochu, elle désignait Cypriano confondu.

— Shebotha lit dans les cœurs, reprit la vieille femme avec dignité.

Et, se tournant vers Nacéna :

— Sois sans crainte, ajouta-t-elle d'un ton énigmatique, entre ta rivale et Aguara, il existera désormais quelque chose de plus sûr encore que la mort.

Puis elle donna à la jeune Indienne des instructions fort précises qui devaient lui permettre d'arriver jusqu'à la captive. Elle lui nomma la femme préposée spécialement à sa garde, et, détachant de sa coiffure une plume, elle lui dit de la présenter de sa part à la gardienne, afin de gagner sa confiance; après quoi elle termina par ces mots :

— Pars et reviens, Shebotha t'attend ; elle croit en toi, crois en elle.

Ces paroles de la sorcière avaient un double but : celui de relever son prestige aux yeux des étrangers et de fortifier Nacéna dans sa résolution.

Celle-ci n'en avait pas besoin. Il y avait au fond de son cœur, pour l'engager à rester fidèle à sa promesse, un motif plus fort que la crainte et que la toute-puissance de la superstition.

— Je ne hais plus Francesca, dit-elle avec un sourire, en posant sa main sur celle de Cypriano.

Pour toute réponse, le jeune homme, troublé, s'inclina respectueusement devant elle.

Nacéna prit alors le sentier de la montagne, bien décidée à ramener dans les bras de ses amis, en l'entourant de soins et de sollicitude, la jeune fille qu'une heure auparavant elle avait vouée à la mort.

La captive blanche était gardée dans une hutte appartenant à un chef inférieur de la tribu. Ce chef étant une de ses créatures, Aguara avait cru cette demeure plus sûre que toute autre pour conserver sa proie. Comme il s'y était attendu, le meurtre du naturaliste et l'enlèvement de sa fille avaient soulevé l'indignation des anciens, et l'on avait ouvert une enquête sur l'expédition d'Aguara et sur ses motifs.

Le renégat avait assumé toute la responsabilité de l'affaire. Halberger, racontait-il, s'était autrefois rendu coupable de violence à son égard ; en cette circonstance, il n'avait usé que du droit de justes représailles.

La vendetta n'étant pas regardée comme un crime par les gauchos et les Indiens du Chaco, il ne fut pas molesté.

Cependant, en dépit de ses allégations, les Tobas mettaient grandement en doute la véracité de son histoire, les vieux guerriers surtout, qui, ayant connu et apprécié le caractère du naturaliste, le jugeaient incapable d'avoir pu commettre l'acte de violence imputé à sa mémoire par le renégat.

Depuis le retour de l'expédition, Rufino Valdez n'avait point de peine à s'apercevoir qu'il était mal vu dans la tribu ; aussi avait-il résolu d'abréger son séjour autant que possible. Il n'attendait pour partir que le moment où son cheval serait assez refait de ses fatigues passées pour affronter celles du long voyage qu'il lui restait à faire. Du reste, il ne s'inquiétait pas outre mesure de la malveillance des principaux Tobas à son égard.

Il avait maintenant de bonnes nouvelles à rapporter à Francia. Le dictateur ne manquerait pas d'accueillir son retour avec joie, et de lui donner la récompense promise depuis si longtemps. Savourant à l'avance ces agréables perspectives, le traître se proposait de se mettre dès le lendemain en route pour traverser le Chaco.

Il était minuit ; on n'entendait plus que le vol des oiseaux de nuit et les cris des oiseaux aquatiques parmi les roseaux du lac. Tous les habitants de la tolderia étaient endormis. Une seule personne veillait encore peut-être : c'était la pauvre captive au visage pâle. Toute seule dans le petit toldo qui lui servait de demeure, elle était assise près d'un lit en bambou recouvert de peaux de bêtes. Une chandelle fabriquée avec la cire de l'abeille *tosimi* jetait autour de la jeune fille une clarté lugubre, qui permettait d'apercevoir ses traits désolés et ses vêtements en désordre.

Pauvre enfant ! arrachée à la tendre sollicitude de parents adorés, comment aurait-elle pu dormir après tout ce dont elle avait été témoin ? Ses yeux pouvaient-ils se fermer sous l'action d'un bienfaisant sommeil, avec les cruelles incertitudes de sa situation présente ? Chaque fois qu'elle avait essayé d'abaisser ses paupières, elle les avait rouvertes avec effroi au ressouvenir de la scène tragique du bosquet d'algarrobas, et de son père tombant mortellement frappé par la lance du perfide Valdez. Elle revoyait la douce physionomie de ce père bien-aimé, qui contrastait si vivement avec le visage de son misérable assassin.

Puis, comme si ce n'était point assez de ces cruelles réminiscences, sa pensée se reportait avec une nouvelle angoisse sur sa mère et sur son cher Ludwig. Elle songeait aussi au compagnon de son enfance, à son courageux cousin Cypriano. Que faisaient-ils, ces êtres chéris dont elle était à jamais séparée? Quel pouvait être leur sort? Que devaient-ils penser de son absence?

Assise près de sa couche, qui s'étonnera qu'elle n'eût pas même songé à s'y étendre?

Epuisée de fatigue, elle avait, il est vrai, reposé quelques moments la nuit précédente; mais alors sa force et son énergie étaient brisées par le voyage et les événements qui l'avaient précédé. Mais cette nuit elle veillait encore longtemps après que les Indiens s'étaient retirés dans leurs hamacs ou sur leurs couches de roseaux (1).

Aucun gardien n'était resté près du toldo pour surveiller Francesca. A quoi bon? Comment une jeune fille, presque une enfant, éloignée de plusieurs centaines de lieues de tout refuge, de toute protection, chercherait-elle à s'enfuir?

---

(1) Pour les blancs comme pour les Indiens, dans toute la partie tropicale de l'Amérique du Sud, un lit se compose d'une plate-forme faite au moyen des tiges fendues et tressées de l'*arundo gradua*, le bambou américain, qui remplace parfaitement nos meilleurs sommiers en raison de son élasticité.

Elle n'y songeait pas elle-même. Et si par hasard une pareille idée traversait son esprit, elle la repoussait comme un projet trop insensé pour qu'elle pût s'y arrêter.

A vrai dire, il y avait bien une femme préposée à sa garde; mais, apitoyée par sa jeunesse, cette femme la laissait à elle-même et se retirait dans le compartiment du toldo qui précédait celui occupé par Francesca.

Celle-ci appréciait cette délicatesse de sa gardienne, et éprouvait une sorte de soulagement en se sentant libre de se plonger dans sa douleur, loin de tout regard humain. Elle lui savait gré de respecter son infortune et de la laisser seule avec Dieu, ses souvenirs et son malheur. Du reste, elle n'avait point à se plaindre d'elle ni de la manière dont jusqu'alors elle avait été traitée.

Grand fut donc son étonnement, lorsque soudain, sans qu'aucun bruit l'eût mise sur ses gardes, en relevant sa tête qu'elle avait tenue inclinée sur sa poitrine, elle aperçut une belle jeune fille, légèrement penchée vers elle dans l'attitude de la pitié, et qui, le doigt sur les lèvres, semblait lui recommander le silence.

Elle pouvait à bon droit se demander comment cette jeune fille avait pu pénétrer jusqu'à elle, sans que rien l'eût avertie de sa présence? Quelle était donc cette inconnue? et quel pouvait être son dessein?

Cette apparition inattendue lui faisait l'effet d'un rêve. Mais Francesca était au-dessus de la crainte. Son âme aguerrie ne connaissait pas ce sentiment; d'ailleurs, dans sa situation, la mort elle-même lui eût paru un bienfait.

Quelques secondes s'écoulèrent dans un mutuel et involontaire examen.

La belle Indienne semblait se demander en quoi elle différait de l'autre. Elle était un peu plus grande que la captive, et semblait son aînée de deux ans tout au plus. Voilà pour le physique.

Mais au moral, le contraste entre l'une et l'autre était aussi marqué qu'il était possible entre deux personnes du même sexe et presque du même âge. Francesca était l'image de la candeur, de l'innocence et de la dignité. L'Indienne, presque aussi belle, offrait le type d'une nature énergique fortement trempée, à laquelle s'unissait un mélange de ruse et de prudence.

Le lecteur a reconnu Nacéna.

XX.

DÉLIVRANCE.

Francesca se disait que ce beau mais sombre visage tourné vers elle ne lui était pas inconnu. Naturellement elle aussi avait vu maintes fois Nacéna, à l'époque quelque peu lointaine où la tribu des Tobas demeurait dans le voisinage de l'*estancia*, sur la rive du Pilcomayo.

Cependant les rapports entre elles n'avaient pas été très intimes. Nacéna connaissait mieux la jeune Paraguayenne, parce que, moins jeune, plus curieuse et l'ayant beaucoup entendu vanter, elle l'avait plus attentivement observée. Pendant leur silence, les souvenirs des deux jeunes filles s'étaient ravivés.

— Francesca a-t-elle, en grandissant, perdu les souvenirs de son enfance? ne reconnaît-elle donc plus Nacéna? demanda l'Indienne.

— Oh! oui, Francesca reconnaît Nacéna, répondit la captive dans la langue des Tobas. Nacéna est devenue grande et belle.

Un étrange sourire, auquel se mêlait une nuance d'amertume, accueillit tout d'abord ce compliment de Francesca. Mais bientôt, prenant le dessus de cette émotion momentanée, Nacéna répondit :

— Francesca est devenue belle entre toutes.

Le regard de l'Indienne, fixé sur le pur et séduisant visage de Francesca, s'était voilé d'une sorte de tristesse sombre en prononçant ces paroles, qui firent monter une légère rougeur sur les joues pâles de celle à qui elles étaient adressées.

La fille des Tobas reprit :

— Nacéna connaît les malheurs de Francesca. Elle vient lui offrir la liberté.

— La liberté ! répondit Francesca, la liberté !... Et qu'en ferais-je ? Mon père est mort, le désert me sépare de ma mère et des miens. S'ils voulaient me rendre la liberté, pourquoi les Tobas me l'ont-ils ravie ? Ne le sais-tu pas, Nacéna ? les tiens sont les meurtriers de mon père....

— Les miens ! non. Le meurtrier est un visage pâle, c'est Valdez.

— Le fils de Naraguana, l'ami de mon père, accompagnait le meurtrier, l'assistait sans doute, puis il m'a entraînée jusqu'ici.... Celui-là n'est pas un visage pâle, mais bien Aguara le traître, le félon ! reprit avec une soudaine énergie la jeune fille, en se redressant de toute sa hauteur.

— Francesca calomnie Aguara, murmura l'Indienne ; elle l'accuse d'un crime dont il est innocent.

— Aguara me fait horreur, répliqua Francesca avec véhémence. Puisse-t-il être à jamais maudit !

Les yeux brillant à la fois d'un mélange de colère et de joie, la jeune Indienne s'avança rapidement vers la fille d'Halberger et, sans autre préambule, lui dit :

— Ton frère, le jeune homme aux cheveux d'or, le Paraguayen que tu appelais ton cousin, l'ami et serviteur de ton père, le gaucho, qui leur sert de guide, t'attendent près d'ici. J'ai promis de leur ramener Francesca ; suis-moi.

— Serait-ce vrai !... Mon Dieu ! serait-ce possible !... balbutia la malheureuse enfant, d'une voix entrecoupée par l'émotion.

— Pourquoi Nacéna te tromperait-elle ? Nacéna donnerait sa main droite pour que Francesca fût dans l'*estancia* de sa mère, pour qu'elle n'eût jamais connu les Tobas, pour que le Chaco ne la revît jamais ! Nacéna était la fiancée d'Aguara. Viens, oh ! viens, Francesca ; quitte ce pays pour toujours.

Elle saisit alors la jeune fille interdite et l'entraîna avec une sauvage énergie jusqu'à la porte du toldo, sans attendre ni solliciter de réponse.

Mais, une fois là, la prudence de l'Indienne reprit le dessus ; elle s'arrêta. Puis, entr'ouvrant la porte avec des précautions infinies, comme si elle avait à redouter un ennemi invisible, elle promena un regard d'investigation tout autour d'elle. Après quoi, revenant sur ses pas, elle éteignit vivement la lumière, plongeant l'habitation dans les ténèbres les plus profondes.

Alors elle poussa la captive au dehors, et, la saisissant par la main, la guida au milieu de l'obscurité à travers les toldos de la ville endormie.

Francesca se laissa emmener sans résistance. Si faible, si incertain qu'il pût être, elle sentait devant elle un espoir ; derrière, elle n'en laissait aucun.

Qui se chargera de dépeindre les sentiments qui agitaient Gaspardo et ses deux compagnons, tandis que, debout au sommet de la montagne, ils attendaient le retour de Nacéna ? Tous trois étaient remplis d'anxiété ; mais pour Cypriano l'attente était intolérable.

Cependant tous, plus ou moins, comptaient sur le succès de l'entreprise et avaient bon espoir. Il leur paraissait impossible que la jeune Indienne ne réussît pas à leur rendre le service qu'ils attendaient d'elle.

Certes personne de son peuple ne pouvait lui supposer l'intention de délivrer la prisonnière ; et les jeunes gens, instruits du secret motif qui l'engageait à les servir, en appréciaient tacitement la valeur. Aussi étaient-ils moins inquiets de sa loyauté que tourmentés par la peur des dangers auxquels elle serait exposée, si elle était découverte dans l'accomplissement de son dessein.

Personne n'avait songé à parler à la sorcière depuis que Gaspardo l'avait mise dans l'impossibilité de se livrer à aucune tentative d'évasion. Pour cela, il l'avait attachée à l'une des racines du banian qui leur servait de refuge. Il avait même poussé la précaution jusqu'à lui passer un mouchoir entre les dents pour s'assurer de son silence complet.

Pour elle la position était certainement pénible ; mais un excès de confiance qu'elle n'eût pas justifiée aurait produit un mal irréparable et rendait par conséquent ces précautions indispensables.

A la lueur des mouches à feu, il était facile de voir que du fond de leurs orbites creux, les yeux de la malheureuse lançaient sur le gaucho de sinistres éclairs. Lui, du reste, ne s'en inquiétait guère. Et puisqu'elle était en son pouvoir, il prétendait la garder ainsi jusqu'au retour de Nacéna, et, s'il était nécessaire, plus longtemps encore. Sa vie dépendait absolument de la délivrance de Francesca. Shebotha le savait. On pouvait donc espérer qu'elle ne crierait pas ; mais, avec une semblable créature, deux précautions, au lieu d'une, étaient toujours bonnes à prendre. Aussi Gaspardo montait-il une sorte de garde autour d'elle, pour éviter que par quelque tour d'adresse elle n'arrivât à se débarrasser de ses liens et à leur échapper à la faveur des ténèbres.

Ludwig se tenait auprès de lui ; mais, dans son impatience, le bouillant Cypriano s'était avancé jusqu'au bord du plateau à l'endroit où débouchait le sentier, et là il prêtait une oreille attentive à tous les sons apportés par la brise.

Quand il lui sembla que Nacéna ne pouvait plus tarder à revenir, Ludwig alla rejoindre son cousin. Dans cette fiévreuse attente, les minutes prenaient pour nos amis des proportions incalculables. Vingt fois dans l'espace d'un moment ils passaient de l'espérance à la crainte, de la confiance au désespoir. Cypriano voyait alternativement tout perdu ou tout sauvé. Un instant il parlait de mettre le feu au village, et l'instant d'après d'aller supplier les chefs des Tobas de leur rendre Francesca.

Non moins inquiet que son cousin, mais d'un tempérament plus calme en apparence, Ludwig se reprochait de n'avoir pas suivi, ne fût-ce que de loin, la jeune Indienne, non seulement pour la surveiller, mais pour la protéger au cas où le besoin s'en serait fait sentir.

Naturellement leur entretien reproduisait toutes les phases de leurs multiples impressions.

Tout à coup Cypriano tressaillit et recommanda le silence. Son oreille, tendue pour recueillir les moindres bruits, venait d'en percevoir un qui n'était produit ni par les chauves-souris ni par les oiseaux de nuit, encore moins par les grenouilles ou les grillons. C'était comme le murmure d'une voix humaine, d'une voix de femme.

— Entends-tu ? dit-il à Ludwig.

Celui-ci écoutait attentivement.

— Oui, c'est Nacéna ; elle vient. Elle parle, donc elle n'est pas seule.

Par un effet d'acoustique assez commun dans les montagnes, les voix semblaient ne plus être qu'à quelques pas des deux jeunes gens.

Très émus, et le corps incliné pour ne perdre aucune des intonations, ils se demandaient quelle voix allait répondre à celle de la jeune Indienne. Mais leur attente fut déçue, la même voix se fit entendre de nouveau. Son murmure était continu comme si elle faisait un récit.

Enfin elle se tut. Un silence complet se produisit. Les deux cousins retenaient leur souffle, ils tremblaient qu'une voix d'homme répliquant à Nacéna ne vînt détruire toutes leurs espérances.

Par bonheur cette crainte ne se réalisa pas. Une voix fraîche et suave, une voix qu'il leur eût été impossible de ne pas reconnaître entre toutes, se fit entendre.

— Dieu soit loué ! s'écrièrent-ils en se précipitant dans les bras l'un de l'autre, c'est la voix de Francesca.

Plus de doute ! Nacéna, fidèle à sa promesse, ramenait la prisonnière.

Emu au delà de toute expression, emporté par sa bouillante ardeur, Cypriano voulait descendre le sentier et courir au-devant d'elle.

Ludwig, plus prudent et plus sage, l'arrêta. Une rencontre trop soudaine au milieu de ce sentier couvert de l'ombre épaisse des arbres, pouvait surprendre Francesca et lui arracher un cri. Sa conductrice avait dû certainement l'avertir du lieu où elle allait les retrouver. Mieux valait ne rien changer à ce qui avait été convenu, ne rien livrer aux hasards de l'imprévu. Dans quelques minutes d'ailleurs ne serait-elle pas auprès d'eux ?

Et elle y fut en effet, passant des bras de son cher Ludwig dans ceux de son cousin Cypriano.

Trois noms s'échappaient de leurs lèvres, accompagnés des expressions de la plus vive tendresse : Francesca, Ludwig, Cypriano.... Celui de Gaspardo ne tarda pas à s'y joindre, lorsqu'ils se furent rapprochés du digne homme qui continuait toujours à faire sentinelle.

On ne pouvait juger de ce que pensait Nacéna : elle regardait sans prononcer une parole. Il en était de même de la sorcière, dont le silence du moins était forcé. A tout prendre, l'Indienne ne paraissait pas mécontente de son œuvre ; quant à Shebotha, elle était dévorée de rage et brûlait de tous les feux de la vengeance.

Cependant les félicitations ne pouvaient être de longue durée, car il n'y avait pas un instant à perdre.

Le gaucho était impatient de partir. La nuit allait bientôt finir, l'aube approchait. Une fois le soleil levé, on ne pourrait plus se remettre en route. Les pentes de la montagne seules étaient boisées. Toute la plaine à bien des lieues à la ronde était presque sans arbre; à peine s'il s'y trouvait quelques bouquets de palmiers et de rares taillis qui ne pouvaient les dérober à la vue des Tobas, quand ceux-ci, prévenus de la fuite de Francesca, se mettraient à leur poursuite.

Au point du jour rien ne pourrait dissimuler leur marche. Gaspardo et ses jeunes compagnons le savaient parfaitement. Il fallait qu'ils eussent, si c'était possible, franchi la plaine avant l'aurore.

Le fait seul d'avoir laissé la captive à peu près sans garde pendant la nuit, permettait de supposer qu'on ne s'apercevrait de son absence que dans la matinée.

— Qu'allons-nous faire de Shebotha? demanda Cypriano. Si nous la laissons ici, elle ne manquera pas d'avertir les Indiens et de les lancer à nos trousses.

— Supposes-tu donc, demanda naïvement Ludwig, qu'après ses serments, après ce qu'elle a reçu de nous, elle soit capable de nous trahir?

— Pour ma part, non seulement je le suppose, s'écria le gaucho, mais j'en suis convaincu. Elle n'est pas femme à nous pardonner les précautions que nous avons dû prendre contre elle — ce bâillon et ces cordes. — Regardez plutôt, mon enfant, l'expression de ses yeux. Du reste, c'est mon affaire d'empêcher que nous n'ayons à la redouter, et je m'en charge.

— Mais, dit Cypriano, tu n'as du moins aucun doute sur Nacéna ?

— Je réponds d'elle, dit vivement Francesca en embrassant la jeune Indienne.

— Je ne soupçonne nullement ses intentions, reprit le gaucho. Ce que je crains, c'est qu'après notre départ, cette vieille diablesse ne reprenne sur elle son empire ; qu'elle ne la menace, ne la dénonce à Aguara, et que la pauvre enfant ne soit plus en sûreté parmi les siens. Ne serait-il pas plus sage qu'elle vînt avec nous ? En retour de ce qu'elle a fait pour Francesca, votre mère lui ouvrirait ses bras comme à une seconde fille.

— C'est vrai, dirent les deux jeunes gens.

Francesca entraîna la jeune Indienne à l'écart, et un dialogue rapide s'engagea entre elles.

— Elle ne veut pas nous suivre, dit-elle. Elle ne veut abandonner ni ses parents ni sa tribu. Elle prétend, avec raison peut-être, que si, comme vous le craignez, Shebotha a de mauvaises intentions, il est indispensable qu'elle soit ici, pour leur opposer son influence et celle de sa famille, afin d'empêcher que nous ne soyons poursuivis.

— Tout cela est bel et bien, dit le gaucho, visiblement embarrassé ; mais… mais le plus prudent serait d'emmener ces deux femmes avec nous, au moins pendant notre première journée de marche. Si vous imaginez quelque chose de mieux pour nous assurer leur silence, dites-le.

— Je ne laisserai pas faire violence à Nacéna, reprit Francesca en passant un bras caressant autour de la taille de la jeune Indienne. Il ne sera pas dit qu'une chrétienne payera par une noire ingratitude le service que lui a rendu la fille des Tobas.

Nacéna avait écouté en silence.

— Merci, dit-elle à sa jeune amie ; Francesca a raison, parce qu'elle a compris Nacéna. Je pardonne à ces hommes de penser à elle plus qu'à la justice.

— Soit, ce point est accordé, reprit Gaspardo. Pour ce qui concerne Nacéna, je suis sans crainte ; moi aussi j'ai confiance en elle. Mais Aguara, mais Valdez — ce misérable ! — ne m'inspirent aucune confiance. Je n'en ai pas davantage non plus dans les reliques de cette vieille sorcière. Voyons, Nacéna, soyez franche, obligez-nous jusqu'au bout. Que fera cette femme, si nous lui rendons la liberté ?

— Elle ?... répondit la jeune fille ; d'un bond elle gagnera le village, ira droit au toldo d'Aguara, lui commandera au besoin de monter à cheval avec ses meilleurs cavaliers et de se mettre à votre poursuite. Elle lui dévoilera la manière dont j'ai déjoué ses projets et me dénoncera à sa vengeance.

Shebotha avait tout entendu. Son regard infernal lançait des éclairs ; de sa gorge sortait un sifflement sourd, indice de sa rage impuissante. En même temps, par un violent soubresaut, elle cherchait à se débarrasser de ses liens, qui, moins solides, eussent certainement été brisés.

— Ai-je lu dans ton âme, Shebotha ? lui demanda la belle Indienne, toujours impassible.

Par trois fois la sorcière baissa la tête et la releva en signe d'assentiment.

— C'est une affaire entendue, s'écria Gaspardo. Allons, tia, il me serait trop dur de me séparer de toi, ma toute belle. Avec ou sans ta permission, je t'enlève ; et ce soir, quand je te laisserai après ma journée de marche, je pourrai me vanter d'avoir eu le diable lui-même à mes trousses. A présent, mes enfants, vite en route ! Nous n'avons pas un instant à perdre. Ludwig, votre cheval est solide, vous prendrez votre sœur en croupe. Je me charge de la belle sorcière ; et vous, Cypriano, mon garçon, vous n'aurez à penser qu'à vous.

Les rôles ainsi distribués, le gaucho, ayant délié la sorcière, l'entortilla dans son poncho et la ligota de façon à ne lui permettre aucun mouvement ; puis, la saisissant de son bras vigoureux, il descendit avec elle le sentier qui devait les mener à l'endroit où leurs chevaux étaient cachés. En un clin d'œil la dernière main fut mise au harnachement de ceux-ci.

Le moment des adieux était arrivé. Les deux jeunes filles se tenaient par la main. Les yeux pleins de larmes, Francesca dit encore à sa compagne :

— Viens avec nous, Nacéna, tu seras ma sœur.

L'Indienne l'attira brusquement sur sa poitrine, l'y retint un instant étroitement serrée ; un sanglot accompagnait cette étreinte passionnée ; après quoi, reprenant son calme, et d'une main montrant la tolderia :

— Mon peuple est là, dit-elle, adieu !

Néanmoins elle ne s'éloigna pas tout de suite. Elle enleva Francesca avec une vigueur qu'on n'eût pas attendue même de son bras nerveux, et l'assit sur le cheval de Ludwig. Après quoi la fille du désert s'enfuit comme l'eût fait une gazelle.

Les deux jeunes gens étaient en selle ; toujours chargé de son précieux fardeau, le gaucho ne tarda pas à s'y trouver aussi. Ils s'éloignèrent alors, non sans jeter un dernier regard sur la cité des morts, dont les échafaudages disparurent bientôt à leurs yeux.

Renseignés par Nacéna, ils avaient pris cette fois une route qui abrégeait de beaucoup la descente de la montagne. Bientôt le galop régulier de leurs chevaux indiqua qu'ils étaient dans la plaine.

Cependant, par un autre sentier, Nacéna avait regagné celle où s'élevait la ville des Tobas, encore plongée dans le sommeil. A mesure qu'elle s'en rapprochait, sa course devenait moins rapide ; son pas devint même si lent, qu'on l'eût dite absorbée par une préoccupation dominante.

XXI.

LE RÉVEIL DES TOBAS.

Ce fut vers le toldo de son frère que la jeune Indienne dirigea sa marche furtive.

Elle le trouva debout. Deux guerriers influents de la tribu tenaient avec lui une sorte de conseil.

Nacéna demanda à être entendue sans retard, et raconta en détail tout ce qui venait de se passer.

— Tu as bien fait, lui dit son frère.

— Nacéna a sagement agi, lui dirent à leur tour les deux chefs.

Il fut décidé que dès le jour venu ils rassembleraient le conseil des vieillards, pendant que, de son côté, Nacéna convoquerait l'assemblée des matrones.

Là on demanderait qu'Aguara fût appelé pour avoir à s'expliquer devant la tribu tout entière. Il n'y avait pas une femme qui ne fût indignée que le jeune chef eût pensé à leur donner pour reine une étrangère. C'était non seulement un affront fait à Nacéna, mais ressenti par toutes les femmes de la tribu.

Quant aux vieillards, en souvenir de Naraguana, ils ne voulaient pas condamner son fils sans l'entendre. D'ailleurs, Aguara n'était pas sans partisans. Il fallait compter avec un certain nombre de jeunes guerriers, ses compagnons de chasse et de plaisir, qui naturellement tenaient pour lui.

En outre, Valdez le renégat était à ménager aussi. Son esprit souple et fertile pour le mal, son humeur farouche qui ne reculait devant aucune extrémité, un certain courage naturel, lui donnaient un ascendant qui ne laissait pas que d'être redoutable, et grâce auquel il eût pu susciter dans la tribu des dissensions intestines, qu'il fallait à tout prix éviter, si l'on voulait conjurer les dangers d'une guerre civile.

La nuit s'était achevée dans ces graves conciliabules. Déjà le soleil se montrait à l'horizon, et la disparition de Francesca ne pouvait plus rester longtemps secrète. Il n'y avait pas de temps à perdre.

Il fut décidé qu'une députation de vieillards se rendrait à la demeure d'Aguara.

Au grand étonnement des guerriers, ils trouvèrent la ville sens dessus dessous. Les Tobas sortaient de leurs toldos avec autant de précipitation et d'émoi que si leurs éclaireurs fussent venus signaler l'apparition subite d'un ennemi redoutable.

D'où provenait cette soudaine émotion ?

Vous vous demandez, vous aussi, ce qui l'avait produite....

C'était Shebotha, la hideuse sorcière, échappé évidemment des mains de Gaspardo.

Elle avait traversé la ville en poussant des cris sauvages pour venir devant la demeure d'Aguara, qu'elle avait à plusieurs reprises interpellé par son nom.

Aguara n'avait pas tardé à paraître.

— Qu'y a-t-il? que se passe-t-il? pourquoi ce tumulte? s'était-il écrié.

— Ce qui se passe! répondit Shebotha. C'est que tu es joué, toi le cacique de notre tribu. Va donc au toldo que tu as assigné pour demeure à ta prisonnière, et alors tu sauras ce qu'il y a, Aguara.... Tu le trouveras vide.... Aidé par des traîtres, l'oiseau blanc s'est envolé!

Aguara n'attendit pas la fin de ce discours. Il pressentit la vérité.

Il s'élança hors de son toldo et courut vers celui que devait occuper Francesca. Quand il se fut assuré qu'elle n'y était plus, que celle pour la conquête de laquelle il avait tant risqué avait disparu, un cri sourd, cri de rage et de douleur, sortit de sa poitrine.

Il se tourna vers les quelques Indiens qui l'avaient suivi, les convia à la vengeance, et se mit à leur tête pour parcourir en tous sens les rues de la tolderia. Shebotha marchait à ses côtés, racontant l'évasion, soufflant encore plus de haine dans tous ces cœurs si bien faits pour la ressentir.

De son côté, Valdez était devenu le centre d'un groupe qui n'était pas le moins animé.

En moins de temps qu'il n'en eût fallu à la plus habile cavalerie du monde, ces centaures de la pampa avaient rassemblé leurs chevaux et se tenaient prêts à partir. C'était Shebotha qui devait leur servir de guide. L'espoir d'une revanche décuplait l'activité de l'horrible vieille.

D'une voix stridente elle commentait la honte qui rejaillirait sur une tribu assez simple pour s'être laissé duper si aisément.... pour n'avoir pas su garder une enfant !

D'autre part, Valdez démontrait que le succès ne pouvait être douteux.

Shebotha avait nommé les sauveurs de la jeune fille. Deux adolescents et un homme seul, embarrassés dans leur marche par une femme, n'étaient sans doute pas assez pour faire reculer les Tobas ! Au lieu d'un prisonnier, on en ramènerait quatre.

Sous cette double impulsion, et enflammés par leurs chefs, les plus jeunes parmi les guerriers se dispersaient déjà autour de la montagne des morts, dans l'espoir de couper aux fugitifs le chemin de la plaine. Montée sur un cheval, Shebotha courait en avant.

Aguara n'avait pas été long à grouper autour de lui une centaine de lances ; c'était suffisant comme troupe d'expédition, et il s'était mis à leur tête.

Au moment où cette troupe allait franchir les limites de la ville, on aurait pu voir une figure sombre et résolue, celle d'une jeune femme qui coupait au court et se glissait au milieu des arbres.

Un jeune Indien armé la suivait.

Bientôt les deux jeunes gens s'arrêtèrent et examinèrent le terrain en silence.

C'était une gorge étroite par laquelle la troupe commandée par Aguara devait passer sous peu. Le lieu était propice à leur dessein.

Sans échanger une parole, l'Indien se mit en embuscade derrière un des rochers dont la cime dominait le passage, tandis que la jeune fille gravissait lentement cette cime et s'y postait droite, belle et immobile comme une statue.

Un quart d'heure se passa dans ce morne silence.

Puis on entendit comme le galop lointain d'une troupe de cavaliers. Ni la figure d'en haut ni celle d'en bas ne parurent s'en émouvoir. Aucun geste, aucun tressaillement ne donna à penser que le bruit fût parvenu jusqu'à eux, ou qu'il les intéressât aucunement.

Cependant le bruit se rapprochait. La gorge trop étroite ne permettait plus sans doute de laisser aux chevaux une allure si rapide. Ils avançaient beaucoup plus lentement, et l'on comprenait même au bruit de leurs pas cadencés qu'ils devaient déjà s'être engagés dans le défilé. C'était le son monotone et régulier de chevaux qui se succèdent dans un sentier resserré.

Bientôt un cavalier parut.

A ses insignes, à sa mine altière, on reconnaissait en lui un chef, le chef sans doute de la troupe qui approchait. C'était Aguara. Il allait dépasser le rocher où, sentinelle attentive, se tenait le jeune Indien dont nous avons tout à l'heure signalé la présence, quand soudain on vit un second cavalier s'élancer sur l'étalon du jeune cacique. La lame d'un poignard brilla comme un éclair, et, sans pousser un cri, Aguara tomba précipité comme une masse inerte sous les pas de son cheval, qui se trouvait avoir changé de cavalier.

Cependant l'animal, violemment éperonné sans doute, s'était par un sursaut rapide jeté de quelques pas en avant, en franchissant le cadavre de son maître. La gorge qui s'élargissait en cet endroit avait permis au nouveau cavalier de lui faire faire volte-face.... La lame d'Aguara était maintenant entre ses mains. Il fondit comme un trait sur le second cavalier, venant en sens inverse, auquel la configuration du chemin avait à peine permis de se rendre compte de ce qui se passait, et lui plongea cette lance dans la poitrine.

Aguara n'était plus, et Rufino Valdez, le meurtrier d'Halberger, le renégat, venait de recevoir la punition de ses crimes.

La nouvelle se transmit, rapide comme la pensée, du troisième cavalier jusqu'au dernier.

La troupe tout entière avait fait halte, ne sachant au juste à combien d'ennemis elle avait affaire. Quand elle se fut assurée qu'elle n'en avait qu'un, ses deux chefs étaient morts, et dans le jeune homme qui revenait vers elle calme et digne, elle reconnaissait le plus redouté et jusque-là le plus respecté des guerriers de la tribu.

C'était le frère de Nacéna.

Sur son ordre, qu'on ne songea même pas à contester, tous passèrent le défilé et se rangèrent en cercle autour de lui.

Là, il leur expliqua comment il avait vengé à la fois l'honneur de sa sœur trahie par Aguara, et celui de toutes les matrones de la tribu. Le fait seul de la recherche d'une femme au visage pâle par leur chef n'était-il pas pour elles un outrage irrémissible?

Passant alors au meurtre de Valdez, il leur dit qu'il avait fait justice de l'assassin d'Halberger, l'ami de leur grand chef, celui qui avait autrefois été leur hôte à tous; qu'il les avait débarrassés d'un traître dont la présence parmi eux et les agissements étaient un opprobre pour la tribu tout entière.

Il termina cette partie de son discours en ajoutant qu'il en appelait au conseil des vieillards et s'en remettait au jugement public.

Ce n'est pas tout.

Il leur démontra ensuite que poursuivre une innocente jeune fille, lâchement ravie à sa mère, défendue à bon droit par son frère et son parent, protégée par un fidèle serviteur dont ils connaissaient tous la bravoure et la loyauté, c'était une honte pour des guerriers comme eux, accoutumés à ne combattre que de véritables ennemis.

Il n'hésita pas à leur déclarer, en finissant, qu'en les engageant dans une semblable voie, Aguara avait démérité et prouvé hautement qu'il n'était pas digne de succéder à son père. Par conséquent, la mort qu'il venait de lui donner n'était qu'un juste châtiment.

Son allocution, interrompue d'abord par des murmures hostiles, s'acheva au milieu des applaudissements de toute la troupe, enlevée par sa généreuse et mâle indignation, et ce fut au milieu d'une ovation spontanée que le frère de Nacéna rentra dans la ville des Tobas.

Il est bon de dire ici que les vieillards, réunis en conseil suprême, avaient, pendant ce temps, pris la résolution d'entraver Aguara sur la pente fatale où il glissait.

Pour cela, l'un d'entre eux avait pris le commandement de deux cents guerriers, et cette armée, déjà réunie, était sur le point de se mettre à la poursuite de la troupe d'Aguara, quand on la vit reparaître ramenant en triomphe le frère de Nacéna.

La mort d'Aguara et celle de Valdez avaient de beaucoup simplifié les choses. La justice étant sommaire et dépourvue de formalités superflues chez les Indiens, le frère de Nacéna fut élu cacique à l'unanimité des guerriers de sa tribu, et la misérable sorcière fut expulsée de la tolderia.

Nul n'aurait pu dire ce qui se passait dans l'âme de Nacéna, tandis que ces événements se succédaient si rapidement. Pas une plainte, pas un soupir ne sortit de ses lèvres et ne vint révéler ses secrètes douleurs ; seulement on la rencontrait plus souvent dans le sentier qui conduisait à la montagne sacrée.

Presque tous les jours elle s'y rendait, chargée de fleurs qu'elle allait déposer sur la tombe du grand chef Naraguana, père de celui qui avait été son fiancé. En mettant, même par la mort, un terme à la vie déshonorée à laquelle Aguara s'était voué sous l'inspiration de Valdez, son mauvais génie, Nacéna croyait avoir bien fait. Dans sa conviction, elle avait accompli un acte de haute justice, devant lequel, s'il eût vécu, le sévère et juste vieillard n'eût pas reculé et dont il devait lui savoir gré.

Pendant que tout ceci se passait à la tolderia, nos fugitifs, qui n'en pouvaient rien savoir, couraient la poste avec une recrudescence d'anxiété et un redoublement de célérité.

La disparition de la sorcière, qui avait trouvé le moyen de glisser comme un serpent entre les liens par lesquels Gaspardo avait si bien cru s'assurer de sa personne, était pour eux un motif bien grave de ne s'accorder ni trêve ni repos.

— Carambo ! s'écriait le brave gaucho, en s'arrachant les cheveux avec colère. Ai-je été assez fou, en vérité, de ne pas étrangler cette horrible vieille, pendant que je la tenais entre mes bras !... Ça n'aurait pu être un grand crime assurément, et maintenant nous ne serions pas dans la peine !... Parlez-moi d'une semblable maladresse !... Grâce à elle, il faut convenir que nous avons plus de chances contre nous que nous n'en avions pour nous au moment du départ.

Il s'agit pourtant d'échapper à ces forcenés ; ce n'est pas après le tour que nous leur avons joué qu'ils seraient d'humeur bien clémente, si nous nous retrouvions à leur merci.... Voyons un peu. Nous avons au moins trois bonnes heures d'avance, en admettant que cette sorcière du diable ait eu des ailes pour aller les rejoindre, ce qui ne m'étonnerait pas.... C'est Lucifer lui-même !

Il nous faut à tout prix conserver ce petit avantage et tâcher surtout de leur faire perdre notre piste, que la sorcière doit avoir eu le soin de leur indiquer complaisamment. Pourvu que cette fois les éléments ne se mettent pas de la partie, que le ciel reste pur et que quelque obstacle inattendu ne surgisse pas tout à coup sous nos pas !

Comme il achevait cette série de réflexions qui lui permettaient d'épancher sa bile, l'obstacle qu'il redoutait se présenta comme à point nommé.

Leurs montures, qui n'avaient pas quitté le galop, s'arrêtèrent simultanément en reniflant et en soufflant bruyamment.

Quelle pouvait être la cause de ce brusque effroi ?

L'air était frais et humide comme dans le voisinage d'une vaste nappe d'eau. Mais l'obscurité encore profonde les empêchait de rien distinguer.

C'était en effet de l'eau qu'il y avait là, et sur le bord de laquelle leurs chevaux s'étaient arrêtés; mais elle était tellement couverte de hautes herbes, que même en plein jour il eût été difficile de la voir à cent mètres.

— Une lagune! Il ne nous manquait plus que cela! s'écria Gaspardo, penché sur le cou de son cheval et essayant de sonder du regard l'obscurité.

C'était plutôt le sens de l'odorat qui guidait le gaucho vers cette conclusion que celui de la vue; mais, en outre, l'action de son cheval, qui tirait maintenant sur la bride en cherchant à avancer, lui indiquait d'une manière certaine que l'eau était proche.

Les trois chevaux avaient grande soif. Leur station sur le sommet de la colline et le temps de galop qui y avait succédé, les avaient fort altérés, et ils tendaient leurs brides si violemment, que nos amis ne purent leur résister. Il fallut leur rendre la main, et ils en profitèrent pour se plonger dans la lagune, dont ils aspirèrent l'eau avec avidité.

Pendant ce temps, le gaucho avait examiné l'endroit autant que les ténèbres le lui permettaient. Tout ce dont il avait pu s'assurer, c'était que la surface de l'eau s'étendait de chaque côté bien au delà de la portée de la vue; mais conjecturer d'une manière certaine quelle étendue de pays elle couvrait, lui était matériellement impossible.

C'était une de ces lagunes herbeuses, appelées *cienegas* dans le pays, que l'on rencontre fréquemment au milieu des pampas et particulièrement dans le Grand-Chaco.

Tout dépendait pourtant de l'étendue de cette lagune. En se dirigeant vers la ville des Tobas, ils ne l'avaient point rencontrée, parce qu'ils suivaient alors la piste d'Aguara et de sa troupe. Mais dans cette obscurité, et dans leur hâte de se dérober par la fuite à toute entreprise tentée contre eux, ils n'avaient point songé à reprendre la même route, ou s'en étaient peut-être déjà écartés de plusieurs milles.

Cet obstacle inattendu mettait à une rude épreuve le sang-froid du gaucho, déjà fort ébranlé par la disparition de sa maudite compagne de route.

Le tourner, c'était s'exposer à une perte de temps dont les conséquences pouvaient être incalculables. Il n'y avait pas à hésiter : il fallait le franchir. Il chercha son briquet pour tâcher de voir l'heure à sa montre, et, un peu rassuré par cette inspection, il reprit :

— L'aube ne peut tarder longtemps, maintenant; attendons-la. Du reste, un peu de repos ne fera pas de mal à nos montures; et il ne sera pas mauvais d'y voir clair pour la besogne que cette rencontre-là nous ménage.

La lueur blafarde qui illuminait déjà l'horizon et annonçait l'approche du jour leur montra un spectacle plus désespérant qu'ils ne s'y étaient attendus.

La cienega était si large, qu'il ne fallait pas songer à la tourner, à moins d'entreprendre un immense circuit.

— Carraï ! grommela le gaucho entre ses dents, ce maudit marais est un véritable lac. *Maldita !* Ne le voilà-t-il pas qui tourne du mauvais côté, comme s'il avait intérêt à nous ramener entre les griffes de ceux qui nous poursuivent ?

Tandis que notre digne ami se désolait ainsi, ses yeux tombèrent sur la surface de l'eau, miroitant à la douteuse clarté de l'aube. Aussitôt une pensée nouvelle se fit jour dans son cerveau enfiévré, et une exclamation bien différente de toutes celles qui l'avaient précédé s'échappa de ses lèvres.

Pauvre homme ! c'était une exclamation d'espérance !

Pendant que les chevaux se désaltéraient à longs traits, il avait remarqué que le fond de la lagune était solide sous leurs pieds, caractère assez commun de ces réservoirs de la pampa. Pourquoi celui qu'ils avaient sous les yeux ne serait-il pas, comme tant d'autres, peu profond et guéable ? Et dans ce cas, pourquoi ne le traverseraient-ils pas ?

Il ne perdit pas de temps à approfondir cette sage suggestion. Il fit face à la cienega, et, criant à ses compagnons de le suivre, il poussa résolument sa monture dans l'eau.

XXII.

COMMENT ON DISSIMULE UNE PISTE.

On n'avança d'abord que pas à pas, avec la plus extrême prudence. Le gaucho se maintenait à une bonne distance en avant, sondant la route et dirigeant ses compagnons.

Bientôt la surface de l'eau réfléchit une plus vaste étendue de l'azur. Les joncs devenaient moins épais et encombraient moins la marche des chevaux, et peu de temps après nos amis se rapprochaient les uns des autres et pouvaient échanger quelques paroles au milieu d'une eau peu profonde, claire et libre de végétation, recouvrant un terrain solide.

Les chevaux allaient avec une parfaite assurance, comme s'ils sentaient qu'il n'y avait point de vase et par conséquent pas de danger d'enfoncer.

La lueur de l'aurore à l'horizon n'était guère accentuée encore; on y voyait néanmoins assez pour distinguer la superficie de la nappe d'eau. Elle avait bien un kilomètre et demi de largeur du point où était le petit groupe jusqu'à la ligne sombre qui leur indiquait où recommençait la terre sèche.

Gaspardo était rassuré. La cienega n'était qu'une inondation, sans doute causée par la tormenta récente. Tout portait à le croire ; et dans ce cas, elle ne serait nulle part assez profonde pour être dangereuse.

La traversée se continua en ligne directe, et l'on était arrivé à moins de cent mètres de la rive opposée, quand le gaucho s'arrêta court en faisant signe aux autres de l'imiter.

Gaspardo, debout sur ses étriers, examinait si minutieusement le bord de la lagune, que ses compagnons se persuadèrent qu'il cherchait un endroit pour aborder.

Mais ils se trompaient. Après quelques secondes de cet examen attentif, il fit au contraire obliquer son cheval vers la gauche, et commença, toujours fidèlement imité par les deux jeunes gens, à suivre parallèlement le bord.

Sans prononcer une parole, le gaucho conserva la même direction pendant douze à quinze cents mètres. Il avait soin de toujours diriger sa course d'après les inflexions du rivage, dont tous les contours devenaient peu à peu de plus en plus distincts. Il cheminait aussi rapidement que possible, jetant un regard inquiet derrière lui, chaque fois qu'il s'imaginait entendre au loin les cris sauvages des Indiens. En tout cas, il ne risquait pas de se laisser surprendre à l'improviste, car son oreille, toujours tendue, s'inquiétait des sons les plus inoffensifs.

Enfin, sans raison apparente, il tira sur la bride et fit arrêter son cheval, qui resta immobile, ayant de l'eau jusqu'aux jarrets.

Sans bruit, Gaspardo descendit alors de sa selle, passa les rênes à Cypriano, qui était le plus proche, et lui recommanda de les tenir ferme et d'empêcher son cheval de le suivre.

Ceci fait, il passa auprès de chacun de ses jeunes amis, leur demandant leurs ponchos et leurs caronas, qu'il allait à mesure déposer sur le bord, en les y étendant comme autant de tapis, les uns à la suite des autres.

Je vous laisse à penser l'étonnement des jeunes gens et de Francesca. Tous se demandaient en l'honneur de quel saint Gaspardo se préparait à donner une fête, et depuis quand il s'imaginait que la terre nue fût indigne de les porter.

Il ne les laissa pas trop longtemps en suspens.

Bientôt il vint reprendre son cheval des mains de Cypriano et le conduisit sur la route ainsi tapissée, veillant avec soin à ce qu'il ne posât pas les sabots par terre.

Ce n'est pas tout; une fois là, il dépouilla les recados du luxe de jerga, de cojinillos et autres tapis ou peaux souples qui en constituent la richesse, et se mit à en envelopper chacun des pieds de sa monture, formant ainsi une sorte de bottines qu'il assujettit avec des cordes à chacune de ses jambes ; puis, toujours avec le même sang-froid exemplaire, il renouvela cette opération au profit des autres chevaux, et les conduisit l'un après l'autre, avec les mêmes précautions, au delà de la garniture de ponchos et de caronas.

Après quoi il ramassa tranquillement ses tapis improvisés, et, montrant à ses amis la forêt qui commençait à quelques centaines de mètres de là, il leur dit avec un joyeux sourire :

— Quand nous serons là, après ces précautions prises, nous commencerons à respirer. Bien malins seront les sauvages qui retrouveront notre piste !

Le récit qui précède nous a dès longtemps rassurés. Tous ces soins étaient superflus.

CONCLUSION.

Il serait oiseux de continuer à suivre nos voyageurs pas à pas.

Qu'il nous suffise de dire qu'ils passèrent la nuit suivante au milieu de la forêt, et que ce fut une nuit réparatrice, dont Francesca et les deux jeunes gens avaient le plus grand besoin.

Autant Ludwig et Cypriano avaient été tourmentés de l'issue de leur première expédition, autant, dans celle qui avait pour but leur rapatriement, ils se montraient — assez naturellement, du reste — confiants et rassurés.

Pauvres enfants! Il leur paraissait désormais impossible que le Dieu qui leur avait rendu Francesca par une succession d'événements si extraordinaires, si providentiels, voulût les abandonner, alors qu'ils approchaient du but et la ramenaient à sa mère.

Pendant trois jours, leur épreuve la plus inquiétante fut la difficulté de se nourrir, le gibier se montrant rarement à portée de leurs armes.

Le premier jour, ils se contentèrent avec un dédain — mal justifié, du reste — d'une armadille dont Cypriano, après une lutte épique, était arrivé à s'emparer, et que Gaspardo avait fait rôtir dans sa carapace. Mais le soir du second jour, ils s'estimèrent fort heureux de souper aux dépens d'un tamanoir, que Ludwig avait abattu d'un coup de carabine, mets peu savoureux s'il en fût, dont les grillades toutefois furent les bienvenues et entretinrent leurs forces.

Après ces trois jours, les plus difficiles en somme, ils parvinrent sur une rive plus hospitalière, qui était pour Gaspardo une ancienne connaissance.

En la reconnaissant, et en pouvant s'orienter pour la première fois, le gaucho ne put retenir un cri de joie. Il était enfin en pays connu et pouvait se dire qu'à moins d'éventualités peu probables, quelques jours de marche suffiraient à les ramener à l'estancia de son ancien maître.

Grâce à Dieu, il pouvait se flatter de l'espoir de remettre bientôt Francesca entre les mains de sa mère. Certes ce n'était pas le bonheur qu'il rapportait à cette veuve désolée ; mais en lui rendant l'enfant qu'elle avait cru perdue, en lui ramenant sains et saufs Ludwig et Cypriano, qu'elle avait confiés à sa garde, le brave garçon se rendait le témoignage qu'il donnait à sa chère maîtresse les seules consolations qui pussent l'aider à supporter la vie.

Il éprouvait également un légitime orgueil à se dire, en pensant à celui qui n'était plus, qu'il avait fait pour le maître, pour l'ami défunt, tout ce que le serviteur le plus fidèle, le cœur le plus dévoué eussent pu accomplir pour lui de son vivant.

Dieu se montra miséricordieux. Il permit enfin la réunion de ceux qui avaient tant souffert d'être séparés. Un soir, leurs regards émus se reposèrent sur un paysage ami. C'était bien l'estancia qui était sous leurs yeux, et sous la vérandah où l'épouse avait naguère attendu son mari et sa fille, la mère attendait encore, et bientôt Francesca, Ludwig et Cypriano se précipitaient à l'envi dans ses bras.

Après les premières ivresses du revoir, après ces joies ineffables qui peuvent seules faire oublier les tortures de l'absence, chacun se retourna. Il manquait à cette fête du cœur quelqu'un qui ne pouvait pas être oublié.

Où donc était celui qui avait été une providence pour tous et pour chacun dans cette double expédition? Où donc était le gaucho?

Le brave et digne garçon, si calme devant le péril, si fort et si maître de lui, était resté adossé à un arbre, à quelques pas de la vérandah. Son visage était caché dans ses mains bronzées, et de grosses larmes perlaient entre ses doigts. Ce fut la petite main caressante de Francesca qui, en écartant les siennes, le força à montrer ces pleurs dont, certes, il n'avait pas à rougir.

La senora Halberger, que les enfants avaient rapidement mise au courant de tout ce qu'il avait fait pour eux, avait descendu les marches du perron.

Elle s'avançait vers lui, les bras ouverts.

— Je ne puis vous remercier, lui dit-elle, qu'en vous pressant, vous aussi, sur mon cœur bien reconnaissant, mon ami, et en vous disant que, pour les enfants comme pour moi, vous êtes désormais plus qu'un ami, si c'est possible. Vous êtes notre parent. D'aujourd'hui, Gaspardo, vous faites à jamais partie, non plus de la maison, mais de la famille.

C'est pour le coup que notre brave gaucho n'y put plus tenir. Incapable de parler, il se mit à pleurer, à sangloter comme un enfant. Cette joie, dont l'explosion avait une telle ressemblance avec la douleur, avait mouillé tous les yeux.

Dès qu'il fut suffisamment remis, le gaucho, tout rougissant encore, demanda à la senora Halberger la permission d'émettre un dernier avis. Il suppliait qu'on voulût bien, pour quelques jours encore, le considérer comme le chef d'une expédition qui lui paraissait indispensable.

Il fit alors valoir à la senora que, tant que, d'une part, le dictateur Francia vivrait, et que, de l'autre, Aguara et Valdez conserveraient la haute main dans la tribu des Tobas, l'*estancia* ne serait pas un lieu sûr pour elle et pour les siens.

Instruit par la triste expérience du passé, Gaspardo savait qu'on ne les y laisserait jamais en repos.

Le lieu de la retraite d'Halberger, une fois connu de Valdez, ne pouvait demeurer longtemps un mystère pour le dictateur. Il n'était pas sage non plus de supposer qu'Aguara renoncerait si facilement à ses projets sur Francesca, et ne chercherait pas à tirer vengeance de sa fuite. Il n'y avait donc pas un jour, pas une minute à perdre pour échapper aux Indiens et les dépister.

Ils avaient dû, eux, bien à contre-cœur assurément, s'attarder en un énorme circuit pour dérouter les poursuites. A vrai dire, Gaspardo ne s'était point approché de l'estancia sans un pénible serrement de cœur; il avait craint de la trouver au pouvoir d'Aguara. Il avoua même qu'il ne s'expliquait pas que, depuis trois jours, la senora n'eût pas été inquiétée; car Valdez et Aguara, parfaitement au fait de la topographie de la plaine, auraient dû les avoir devancés, en coupant au court et en suivant la ligne droite entre la tolderia et l'estancia. Mais qui sait? Peut-être étaient-ils déjà dans le pays. Peut-être n'avaient-ils pas jugé à propos de s'y montrer, préférant dissimuler leur présence pour épier le retour de Francesca et de son escorte, et captiver du même coup toute la famille.

La senora Halberger félicita Gaspardo du sens et de la sagesse de tout ce qu'il venait de dire, ajoutant qu'elle n'hésiterait pas à suivre son conseil, si les choses étaient telles qu'il devait nécessairement le supposer, mais que, grâce à Dieu, elle était en mesure de le rassurer sur tous les points.

— Le lendemain même de votre départ avec Ludwig et Cypriano, lui dit-elle, la nouvelle de la mort du dictateur Francia a été apportée dans le pays, et j'ajoute bien vite qu'elle a été heureusement confirmée depuis. Un exprès envoyé par un ancien ami de mon mari est venu m'apprendre que le Paraguay nous était rouvert au cas où notre famille désirerait y rentrer; mais j'ai plus et mieux encore à vous apprendre.

L'avant-veille de votre retour, un messager de la tolderia des Tobas, messager de paix et de bonnes nouvelles, m'est arrivé, pour me prévenir que l'expédition tentée en faveur de ma fille avait eu un plein succès, que la chère enfant était entre vos mains, que vous ne seriez pas inquiétés, et que, d'heure en heure, je pouvais compter vous voir arriver tous, mes amis.

C'est pourquoi, continua-t-elle, vous m'avez trouvée sous la vérandah, non plus désespérée, mais vous attendant, avec la certitude que vous ne tarderiez pas à m'être rendus.

Gaspardo, Ludwig et Cypriano pouvaient à peine en croire leurs oreilles.

— Qui donc, se demandaient-ils, avait pu, parmi les Indiens, concevoir la généreuse pensée d'envoyer à l'*estancia* Halberger, un messager de paix, pour calmer les alarmes d'une mère affligée? et qu'avait-il pu se passer à la tolderia pour que l'envoi de ce messager fût possible?

— Nous sommes des ingrats! s'écria tout à coup Francesca. Nous oublions Nacéna!

Et, s'adressant à la senora Halberger :

— N'est-ce pas, mère chérie, que l'Indien dont tu parles te venait surtout d'une jeune Indienne nommée Nacéna?

— C'est très vrai, lui fut-il répondu. Ce messager était en outre chargé de nous apprendre qu'Aguara et Valdez ont enfin reçu le châtiment de leurs forfaits, qu'ils sont morts, et que le frère de Nacéna a été élu cacique des Tobas.

Et pour nous délivrer de toute inquiétude, le messager a ajouté que la sœur du nouveau chef tenait à nous donner l'assurance que son frère et elle seraient désormais pour toute notre maison ce que Naraguana était pour mon mari. Elle nous engage à vivre en paix dans l'estancia construite par votre père, et espère voir luire le jour où, les Tobas se rapprochant de nous, Nacéna pourra revoir sa sœur Francesca.

C'était trop de bonheur à la fois. Gaspardo ne put se contenir en apprenant toutes ces bonnes nouvelles. En signe d'allégresse, il lança en l'air son chapeau et se mit à crier avec plus d'ardeur que de décorum :

— Vive Nacéna !

Vous plairait-il, ami lecteur, de jeter un dernier regard sur l'estancia Halberger et de savoir ce qui s'y passait six ou huit ans environ après les événements ci-dessus ?

Dans ce cas, je vous la montrerai singulièrement embellie et agrandie.

Deux autres estancias s'élèvent à côté de la maison principale, toujours habitée par la senora Halberger. Gaspardo est devenu l'intendant de cette dernière, et ses aptitudes singulières pour ce genre de travail, jointes à une activité infatigable, ont transformé la position aisée de la senora en une véritable opulence.

Un jeune et charmant ménage, uni, laborieux et paisible, occupe l'une des habitations adjacentes. Sa belle et ravissante compagne, dans laquelle vous n'aurez pas de peine à reconnaître Francesca Halberger, est entourée de trois beaux enfants.

Dans l'autre maison, même spectacle. Changez les noms, mais ne changez que cela. C'est la même union, le même bonheur. Ludwig Halberger, qui marche sur les traces de son père, et publiera bientôt de savants in-folio, s'est, lui aussi, marié. Il a épousé une douce et bonne Paraguayenne, fille d'une ancienne amie de sa mère, qui l'a rendu père de trois amours d'enfants.

De grands bâtiments de ferme, habités par une colonie industrieuse, s'étendent, non loin de là, révélant l'existence d'une exploitation agricole aussi vaste que prospère.

Mais si vos regards se portent plus loin encore, vous ne tarderez pas à apercevoir, au penchant d'une colline, une tolderia moins grande que celle que je vous ai décrite, mais à coup sûr plus jolie.

Les toldos s'y ressentent du voisinage de la civilisation. Des fleurs croissent à l'entrée et de nombreux troupeaux paissent à l'entour.

Ne demandez pas le nom de la reine de cette tolderia nouvelle ; vous la connaissez : c'est Nacéna.

Il est à croire qu'il existe plus d'une manière d'être heureux, puisque les habitants des estancias Halberger sont heureux — du moins ils ne se lassent pas de le répéter — et que les Indiens de la tolderia Nacéna semblent, eux aussi, fort satisfaits de leur sort.

Grâce à la jeune Indienne, toujours belle, mais d'humeur moins farouche, la civilisation a pénétré parmi les siens, et la tolderia Nacéna se glorifie d'être un village, que dis-je? une petite ville chrétienne.

Vous pouvez voir d'ici qu'une maison d'école et une église au clocher rustique en forment le centre ; et ces deux bâtiments principaux ont fait tomber la vieille rivalité entre Peaux Rouges et Visages Pâles.

FIN DE PEAUX ROUGES ET VISAGES PALES.

LES
MONTAGNES

… LES

MONTAGNES.

I.

On appelle montagne une masse de terrain qui domine de cinq cents mètres au moins le sol environnant. Une colline est une petite montagne; un coteau est une petite colline; et un monticule est encore moins élevé qu'un coteau.

Il est juste de dire cependant que, comme nous avons l'habitude de juger toutes choses par comparaison, une élévation de terrain qui passerait presque inaperçue dans un pays montagneux, est regardée comme une montagne par les habitants des grandes plaines.

A l'exception des volcans éteints ou en activité, on ne rencontre presque jamais des montagnes isolées. En général, les montagnes sont rapprochées par leur base, et, en suivant une ligne plus ou moins longue et plus ou moins régulière, elles forment ce qu'on appelle une chaîne.

Quand une suite de montagnes se détachent de la chaîne principale, dans une direction à peu près parallèle, elles prennent le nom de chaînon, de contrefort ou de rameau. Une chaîne de montagnes qui occupe à peu près autant d'espace en largeur qu'en longueur est appelée massif.

Toutes les montagnes d'une chaîne sont loin d'avoir les mêmes formes et la même élévation. Celles qui, en s'élançant au-dessus de la masse, prennent tout à coup une pente très rapide se nomment pics : ainsi le pic du Midi dans les Pyrénées, le pic des Écrins dans les Alpes. Plusieurs pics à pointe très effilée sont appelés aiguilles : l'aiguille du Dru, l'aiguille Verte, l'aiguille de Charmoz, dans les Alpes. Quelquefois cette pointe prend le nom de dent : la dent d'Oche, la dent de Jaman.

Le plus souvent les hautes montagnes qui surgissent d'une chaîne sont simplement appelées monts : ainsi le mont Blanc, le mont Rose, le mont Viso, dans les Alpes; le mont Perdu, dans les Pyrénées. Si le sommet d'une montagne est arrondi, c'est un dôme ou un ballon; s'il est aplati, c'est un plateau; s'il forme une espèce de toit, c'est une crête.

La base d'une montagne en est toujours la partie la moins inclinée, parce que les pierres et les terres qui se détachent de son sommet ou de ses flancs viennent s'y entasser. Les flancs se nomment aussi pentes ou versants, parce qu'ils servent de passage aux eaux qui se déversent dans les vallées.

Les deux versants d'une même chaîne offrent presque toujours une grande différence d'inclinaison : ainsi les Alpes présentent une pente beaucoup plus raide du côté de l'Italie que du côté de la France et de la Suisse. Les Pyrénées et l'Himalaya ont aussi les pentes méridionales plus escarpées que les pentes septentrionales.

On donne le nom de vallée à l'intervalle compris entre deux chaînes de montagnes. Les eaux qui descendent sur le flanc des montagnes se réunissent dans les vallées et y donnent souvent naissance à de grands fleuves.

Toutes les montagnes n'ont pas la même antiquité ; la plupart ont été formées par des soulèvements qui ont eu lieu à diverses époques, soulèvements qui ont tantôt percé, tantôt redressé les couches qui composent l'écorce terrestre de notre globe. Les savants assurent que les Apennins et les Pyrénées sont des chaînes de montagnes plus anciennes que les Alpes, et que, dans les Alpes mêmes, les chaînes centrales doivent leur origine à un soulèvement plus moderne que celui qui a fait surgir la chaîne occidentale, dont le sommet principal est le mont Blanc.

M. Elie de Beaumont, que ses études sur les montagnes ont rendu célèbre, pense que le déluge, dont l'histoire des anciens peuples nous a transmis le souvenir, peut se rattacher à ces convulsions du sol.

« Des crises violentes, dit-il, accompagnées de l'élévation de chaînes de montagnes, et suivies de mouvements impétueux des mers, capables de désoler de vastes étendues de la surface du globe, paraissent avoir, pendant un laps de temps probablement immense, fait partie du mécanisme de la nature ; il n'y a rien d'absurde à admettre que ce qui est arrivé à un grand nombre de reprises, depuis les plus anciennes jusqu'aux plus modernes périodes de l'histoire de la terre, soit arrivé une fois depuis que l'homme existe sur sa surface. »

Les montagnes ne sont pas jetées au hasard sur la croûte terrestre ; elles y forment des lignes ou des chaînes dont les principales se dirigent d'occident en orient ; celles qui vont du nord au sud ne sont que des ramifications de ces grandes chaînes.

Des hauts sommets couverts de neige glissent des ruisseaux ou bondissent des torrents qui descendent dans les vallées et y prennent un cours paisible. Ces eaux deviennent des rivières et des fleuves, artères vivifiantes qui, avant d'arriver à la mer, en suivant la pente du sol, répandent la fertilité dans les campagnes et enrichissent les villes, en offrant au transport des produits de l'agriculture et de l'industrie la route, sinon la plus courte, du moins la plus économique.

Sur les hauts sommets, la neige ne fond pas ; ou si elle fond en partie au souffle du vent du sud, qu'on appelle le mangeur de neige, elle est aussitôt remplacée par de nouvelles couches. La limite des neiges éternelles forme la séparation entre les régions où la vie habite encore et celles où le silence des plus affreuses solitudes n'est interrompu que par le bruit des vents ou par la chute des avalanches de neige et de cailloux.

La limite des neiges éternelles se rencontre à des hauteurs qui diffèrent surtout selon le climat des divers pays où sont placées les montagnes, et selon la direction des vents auxquels ces montagnes sont exposées. Dans l'Amérique méridionale, par exemple, les neiges persistantes se rencontrent entre 4,800 et 5,200 mètres seulement, tandis que dans les Alpes elles commencent à 2,700 mètres.

Les glaciers descendent bien au-dessous de la limite des neiges éternelles ; ils atteignent le pied des hautes montagnes, et s'avancent, pareils à des fleuves solidifiés, entre les forêts de sapins et les champs cultivés. Dans les Alpes, les glaciers ne sont pas seulement des fleuves immobilisés, ils forment au pied du mont Blanc une véritable mer de glace, qu'il faut avoir regardée de près pour s'en faire une idée.

« Si l'on se contente, dit Horace de Saussure, de voir de loin la mer de glace du mont Blanc, on n'en distingue pas les détails. Ses inégalités ne semblent être que les ondulations arrondies de la mer, après l'orage. Mais quand on est au milieu du glacier, ses ondes paraissent des montagnes, et leurs intervalles des vallées entre ces montagnes. Il faut d'ailleurs parcourir un peu le glacier pour voir ses beaux accidents, ses grandes crevasses, ses lacs remplis de la plus belle eau renfermée dans des murs transparents de couleur d'aigue-marine, ses ruisseaux d'une eau vive et claire qui coulent dans des canaux de glace et qui viennent se précipiter et former des cascades dans des abîmes de glace. »

Les glaciers ne sont autre chose que de la glace formée par la pression des masses de neiges, qui prennent de la consistance par leur propre poids, comme les flocons légers que les enfants pressent entre leurs mains, pour en faire des projectiles qu'ils se lancent joyeusement les uns aux autres. Une boule de neige fortement comprimée devient dure ; si la compression était plus énergique et plus prolongée, cette boule se transformerait en glace.

On a calculé qu'il tombe annuellement dans les Alpes une épaisseur de neige d'environ dix-huit mètres. Il est facile de concevoir, même en tenant compte de la quantité balayée par le vent, fondue par le soleil ou roulée sur les flancs de la montagne par les avalanches, qu'il en reste encore assez pour que les couches les plus rapprochées du glacier se transforment en une glace qui se soude fortement à l'ancienne, en vertu du phénomène connu sous le nom de regélation.

Si l'on prend deux fragments de glace et qu'on les tienne appliqués l'un à l'autre pendant quelques instants, ils n'en font plus qu'un seul. Cette regélation peut avoir lieu par un temps chaud, et même quand chacun des deux morceaux de glace a déjà commencé à fondre.

Quand la neige, tombée sur les glaciers et comprimée par le poids des couches supérieures, est à demi transformée en glace, on lui donne le nom de névé. Le névé se soude au glacier ; il prend la teinte et la dureté de la véritable glace, tandis que la neige nouvelle forme à son tour une couche de névé.

Mais, à force de s'entasser ainsi, les neiges chargeraient les montagnes d'un poids énorme et finiraient, avec le temps, par en doubler et en tripler la hauteur. Comment donc se fait-il que rien de semblable n'arrive et que leurs sommets s'abaissent plutôt que de s'élever ?

Cet abaissement est produit par l'influence de l'air ou la congélation de l'eau, qui désagrège les roches. Celles-ci alors tombent par fragments plus ou moins considérables, qui roulent sur les pentes et se réunissent à la base des montagnes.

Mais si les glaciers, dont les dimensions augmenteraient sans cesse, restent à peu près les mêmes, c'est que leur immobilité n'est qu'apparente. Entraînés par le poids qu'ils supportent, ils glissent lentement sur les pentes qu'ils recouvrent et s'avancent dans les vallées, où, sous l'influence d'une température plus clémente, ils fondent peu à peu par leur base et créent de bienfaisants cours d'eau.

Les glaciers se moulent avec une exactitude remarquable sur la pente qui les porte; ils en remplissent les cavités, s'introduisent dans leurs moindres fissures, et reproduisent toutes ces inégalités, qu'elles soient produites par quelque cause que ce soit.

Sur divers points de leur étendue, les glaciers sont entrecoupés de crevasses, qui parfois ont une énorme profondeur et constituent de véritables abîmes. D'autres, sans atteindre d'aussi effrayantes dimensions, n'en sont pas moins dangereuses, surtout quand la neige les recouvre, comme un pont suspendu dont les deux bouts seulement s'appuient à une masse solide.

Quelquefois ces ponts acquièrent assez d'épaisseur pour que les flocons de neige serrés les uns contre les autres finissent par se souder. Faute de trouver quelque passage moins périlleux, les guides se hasardent avec précaution sur ces arches; ils s'y avancent lentement, et, en comprimant sous leurs pieds ce sol factice, ils lui donnent la dureté qui lui manque. La neige se transforme en glace, et les voyageurs qu'ils conduisent peuvent ainsi franchir après eux de redoutables précipices.

On remarque de chaque côté d'un glacier une sorte de rempart formé de fragments ou de blocs de rocher, de morceaux de glace, de pierres, de cailloux, détachés des flancs de la montagne ou entraînés par les avalanches. Cet amoncellement forme ce qu'on appelle une moraine.

Quand deux glaciers viennent à se rencontrer, chacun d'eux rejetant sur ses bords les débris qu'il charrie, une moraine à la construction de laquelle ils concourent l'un et l'autre s'étend à leur point de jonction, et se nomme moraine médiane, tandis que les autres sont appelées moraines latérales. Les moraines frontales ou terminales sont celles qui s'accumulent à la base des glaciers.

Entre les glaciers et le sol des pentes, se trouvent aussi des pierres, des galets, des débris de toutes sortes, qui, dans le glissement imperceptible mais continu des glaces, polissent les rochers, les arrondissent, et, leur donnant de loin une vague ressemblance avec un troupeau de moutons, leur ont fait donner le nom de roches moutonnées.

Quelquefois, au lieu d'être moutonnées, les roches sont marquées de sillons ; on dit alors qu'elles sont striées. Quelquefois aussi elles prennent par le frottement un poli aussi brillant que celui d'une glace, et l'on est obligé de les entailler pour y poser sûrement les pieds.

Un glacier ne forme pas, comme on pourrait le croire, une masse compacte : entre les crevasses dont nous avons parlé, il présente des fissures innombrables ; aussi l'a-t-on comparé à une éponge.

Pendant les grandes chaleurs, la fonte de la neige ou des glaces fait courir à la surface des glaciers des ruisseaux qui s'engouffrent dans des trous qu'on nomme puits ou moulins. Ces ruisseaux ne coulent que pendant le jour ; dès que la nuit vient, ils gèlent, et l'on cesse d'entendre leur murmure.

Quand ils ne rencontrent point d'issue, leurs eaux se creusent lentement un lit dans quelque dépression du glacier, et elles y forment un lac.

Il arrive parfois que des touristes cherchent en vain quelqu'un de ces lacs, dont l'existence a été signalée par d'autres hardis explorateurs des montagnes. Ils auraient tort de supposer que leurs devanciers aient voulu les induire en erreur : quand l'eau, ainsi accumulée, exerce sur ses bords une trop forte pression, la glace se brise et leur ouvre un passage, par lequel le lac se vide rapidement dans quelqu'une des cavernes situées sous le glacier. Quelquefois ces cavernes ont une hauteur et une étendue très considérables, et souvent elles ne s'appuient au sol que par un petit nombre de piliers.

On remarque à la surface de certains glaciers ce qu'on appelle des tables. Ces tables sont formées d'un bloc de rocher, supporté par un amas de glace qui lui sert de piédestal et lui donne la forme d'un champignon. Le séjour de ce bloc sur le glacier l'ayant préservé des rayons du soleil, la glace n'a pu fondre qu'autour de l'espace qu'il recouvrait ; peu à peu un trou s'y est formé, et si un cône de glace est resté au centre de cette excavation, le bloc y demeure suspendu. Quand les dimensions de la roche sont assez restreintes pour que la glace fonde entièrement au-dessous, cette pierre s'y enfonce et y forme ce qu'on nomme un trou méridien.

On a trouvé, à de grandes distances des glaciers, des quartiers de roche qu'on appelle blocs erratiques, et que les savants reconnaissent comme tout à fait étrangers aux pays dans lesquels on les rencontre. Pendant longtemps on s'est demandé comment ils pouvaient y avoir été transportés. On disait que sans doute c'était par les eaux du déluge ; mais un habile géologue, occupé à étudier les glaciers des Alpes, ayant été forcé par un orage de se réfugier dans la cabane d'un guide, nommé Jean Perrandin, fut fort étonné lorsque ce brave homme, auquel il voulait expliquer comment ces masses énormes avaient été apportées si loin de leur lieu d'origine, lui répondit : « Je ne pense pas que les eaux aient pu charrier des rochers d'un poids semblable ; mais je croirais volontiers qu'ils ont été transportés par les glaciers ; car tous les jours ils en transportent sous mes yeux. »

Cette conversation avait lieu en 1817. Le savant y réfléchit jusqu'en 1834, tout en cherchant, par de nouvelles études, à reconnaître si l'opinion du guide était fondée. Alors, dans une réunion de géologues suisses, il l'exposa en l'appuyant de toutes les preuves que de si longs travaux lui avaient permis de rassembler.

La science moderne, consacrant l'opinion de Jean Perrandin, admet qu'à une époque très reculée, qu'on nomme époque glaciaire, d'immenses glaciers charriaient, dans leur progression continue, des blocs détachés des cimes des montagnes, dont la hauteur était peut-être double de celle que nous leur connaissons. Ce n'est pas seulement dans les pays voisins des Alpes qu'on rencontre ces blocs erratiques, mais dans la plupart des contrées de l'Europe.

La chute des avalanches est un des plus redoutables phénomènes qui aient lieu sur les montagnes couronnées de neiges éternelles.

Une avalanche est une masse de neige qui roule sur la pente des hautes montagnes, et dont le volume et la vitesse ne cessent de croître sur son parcours. Des pierres, des fragments de roches, des blocs de glace sont entraînés par l'avalanche ; elle se détache en faisant entendre le bruit d'une détonation, se précipite avec le roulement du tonnerre, broie les arbres comme des fétus de paille, renverse les habitations, écrase les troupeaux et les hommes, et détruit parfois des villages entiers.

La plus terrible avalanche dont on ait gardé le souvenir remonte à l'an 1720, et eut lieu dans le Valais. Cent vingt maisons furent détruites, quatre cents têtes de bétail et près de cent personnes y périrent.

Les avalanches, appelées aussi lavanges, sont surtout à craindre au printemps, dans les montagnes dont les versants sont terminés par des rochers à pic ou par des murailles de glace. La neige, après avoir glissé doucement sur les pentes, s'amoncelle au-dessus de ces murailles jusqu'à ce que son poids ou quelque vibration de l'air en détermine la chute.

Il est prudent, surtout quand on s'engage dans les montagnes avant que les avalanches du printemps soient tombées, d'y marcher sans bruit, en silence, et, autant que possible, quand le soleil n'est pas encore assez haut pour provoquer le dégel. Avant de s'engager dans les passages dangereux, le guide qui marche en tête de la caravane tire parfois un coup de pistolet, pour hâter la chute des avalanches.

Les hautes montagnes ne sont pas complètement nues et stériles.

Nos lecteurs savent que la végétation varie dans les différentes régions, selon les zones sous lesquelles ces régions sont situées. Les montagnes ont aussi des zones, dont les produits ne se ressemblent pas. S'il nous était permis de gravir une des hautes montagnes voisines de l'équateur, nous pourrions nous faire une idée de la distribution des végétaux sur notre globe tout entier.

Au pied de cette montagne nous admirerions la superbe famille des palmiers et la luxuriante végétation des forêts vierges. Plus haut, les plantes nous rappelleraient celles de nos latitudes tempérées; plus haut encore, celles qui prospèrent dans les pays du Nord; puis les gazons servant à la nourriture des troupeaux; enfin, vers la limite des neiges persistantes, les rares végétaux des contrées polaires.

« Supposons le spectateur au pied des Alpes, dit A. de Jussieu, vis-à-vis de ces grands massifs que couronnent les neiges éternelles. En portant ses regards sur la montagne, il remarquera facilement que cette végétation qui l'environne immédiatement et qui caractérise le centre et le nord de la France, disparaît à une certaine hauteur, pour faire place à une autre qui subit à son tour des changements successifs, à mesure qu'elle s'élève; et comme, à une certaine distance, son œil ne pourra saisir que les masses dessinées par les grands végétaux, au milieu desquels se cachent d'autres plus humbles, il verra comme une suite de bandes superposées les unes aux autres : d'abord celle des arbres à feuilles caduques, qui se distingue à sa verdure plus tendre; puis celle des conifères, à verdure plus foncée et presque noire ; puis enfin une bande dont le vert plus indécis est interrompu çà et là par des plaques d'autre couleur et va se dégradant jusqu'à la ligne sinueuse où commence la neige ; elle est due à ce que les arbres dont les cimes se confondaient, plus ou moins rapprochées, et coloraient ainsi uniformément les espaces recouverts par eux, ont cessé et ont fait place à des arbrisseaux ou à des herbes de plus en plus voisins du niveau du sol, et rabougris.

« Si, du point où les objets s'offraient ainsi massés, il s'avance vers la montagne et la gravit...., après avoir côtoyé des noyers, traversé des bois de châtaigniers, il aura vu ceux-ci cesser, et les bois se composer de chênes, de hêtres, de bouleaux ; mais les chênes cesseront les premiers (vers 800 mètres), les hêtres un peu plus tard (vers 1,000 mètres). Ensuite les bois seront formés presque exclusivement par les arbres verts (le sapin, le mélèze, le pin commun), qui s'arrêtent à des étages successifs (jusque vers 1,800 mètres). Le bouleau monte encore un peu plus haut (jusque vers 2,000 mètres). Une conifère, le pin cembro, s'observe encore quelquefois pendant une centaine de mètres. Au delà de cette limite, les arbres s'abaissent pour former d'humbles taillis, comme par exemple une espèce d'aune.

« C'est à peu près alors qu'il se verra entouré par cet arbrisseau qui caractérise si bien une région des Alpes, dont on l'appelle la rose : le rhododendron, qui cesse plus haut, à son tour, pour faire place à d'autres plantes plus basses encore, dépassant peu le niveau du sol, et qu'on désigne par l'épithète d'*alpines* : ce sont des espèces de quelques-unes des familles qu'il observait à son point de départ, des crucifères, caryophyllées, renonculacées, rosacées, légumineuses, composées, cypéracées, graminées, mais des espèces différentes. Ce sont aussi de nombreux et nouveaux représentants d'autres familles qui ne se montrent que plus rarement dans la plaine : des saxifrages, des gentianes, etc. Les plantes annuelles manquent presque entièrement, et c'est ce qu'on devait prévoir, puisqu'il suffit, pour détruire leur race, qu'une année défavorable ait empêché la maturation complète de leurs graines.

« Les plantes vivaces ou ligneuses se conservent sous le sol, maintenu à une température beaucoup moins basse, soustraites ainsi à l'influence mortelle de l'atmosphère et se développant toutes les fois qu'elle s'adoucit ou se réchauffe à un degré suffisant ; mais ce n'est que pendant une bien courte saison, et sur certains points, qu'une fois en plusieurs années. Il en résulte que les tiges s'élèvent à peine.... La physionomie propre à chaque famille s'efface en quelque sorte, remplacée par la physionomie générale de plante alpine, et on retrouve celle-ci jusque dans les genres à espèces arborescentes, comme dans les saules, qui ici rampent cramponnés au sol.

« Plus on s'élève, plus la végétation s'éparpille et s'appauvrit, jusqu'à ce qu'enfin les rochers ne montrent plus d'autre végétation que celle des lichens, dont les croûtes varient un peu la teinte monotone de leur surface. On est arrivé aux neiges éternelles, où les êtres organisés ne peuvent plus accomplir leur vie, mais ne se montrent qu'en passant. »

Il suffit de s'élever de 180 mètres pour trouver la température d'un degré plus basse que celle de la plaine ; et si l'on continue de gravir une haute montagne, on peut, en quelques heures, traverser des climats semblables à ceux qu'on rencontrerait en marchant vers le nord, jusqu'aux régions polaires, où l'on reconnaîtrait les tristes plantes, dernier effort de la végétation sur les sommets couverts de neige.

Les plantes sont encore plus nombreuses que les animaux sur les hautes montagnes. Tant qu'on n'atteint pas les froides zones, on peut voir se nourrir des beaux gazons émaillés de fleurs les nombreux troupeaux qui font la richesse des habitants des vallées, ou certains ruminants qui vivent en bandes à l'état sauvage. Dans les Cordillères, les lamas, les alpacas, les vigognes, passent l'été sur les cimes et l'hiver dans les vallées. Dans les contrées voisines des Alpes, les bestiaux paissent pendant toute la belle saison dans les montagnes.

« Si la grande cloche du voyage que l'on suspend au cou de la plus belle vache, et qui au retour fait entendre sa voix argentine, se met inopinément à tinter, dit M. Tschudi, il y a sensation générale et mouvement marqué dans tout le bétail. Les vaches se rassemblent, avec des bonds et des mugissements joyeux, et semblent attendre le signal du départ. Quand le moment est venu, en effet, et que la plus belle bête porte, attachée à un ruban, la clochette bien connue, avec l'ornement obligé d'un grand bouquet entre les deux cornes, il faut voir l'empressement, la joyeuse humeur avec laquelle ces bons animaux se rangent en ordre de départ et marchent à la file vers le sentier des montagnes. Souvent des vaches laissées exprès dans la vallée entreprennent seules, et à leurs risques et périls, le voyage lointain et vont rejoindre leurs compagnes.... »

La marmotte habite aussi les hautes cimes des Alpes, des Pyrénées et des Carpathes. Elle y vit heureuse, rongeant à belles dents, tout l'été, l'herbe et les jolies fleurs qui avoisinent sa demeure, se chauffant au soleil, jouant avec ses sœurs, ou faisant la belle, en se tenant sur ses deux pattes de derrière. L'automne arrivé, elle se cache dans son trou, douillettement tapissé d'herbe sèche, et elle y dort en paix, en attendant le retour du printemps.

Le chamois préfère à toutes les autres plantes celles qui croissent un peu au-dessous de la limite des neiges éternelles ; l'été, il n'a que l'embarras du choix ; l'hiver, il se contente de mousses et de lichens ; mais il lui faut peu de nourriture, et parfois, en descendant jusqu'à la zone des forêts, il a la chance de rencontrer quelque meule de foin, aux dépens de laquelle il peut vivre et trouver un abri contre la tempête.

La chasse au chamois est pleine de dangers ; mais pour cette raison même elle devient chez certains montagnards une véritable passion.

« Il faut au chasseur de chamois, dit Tschudi, une vue excellente, une tête à l'abri du vertige, un corps solide et endurci, beaucoup de courage et de sang-froid, une intelligence rapide, de la décision, puis de bons poumons et des muscles infatigables. Il faut qu'il soit non seulement un tireur excellent, mais un grimpeur parfait, plus hardi que la chèvre la plus entreprenante.....

« C'est tantôt avec les coudes, tantôt avec les dents, avec le dos, le menton, les épaules qu'ils s'appuient ; chaque muscle de leur corps doit pouvoir leur servir de levier ou de pince, pour se retenir, pour s'avancer en rampant ou pour se retourner. »

Souvent le chasseur cherche pendant plusieurs jours une piste ; souvent, après qu'il l'a trouvée, le moindre bruit dénonce son approche et met en fuite le gibier. Même quand il est assez heureux pour blesser un chamois, il ne le tient pas encore. La pauvre bête a la vie dure ; tout en perdant son sang, elle franchit encore de grandes distances, et quelquefois, en mourant, elle roule dans quelque précipice, où le terrible vautour des Alpes, le gypaëte barbu, peut seul la retrouver.

Une espèce de lièvre dont le poil blanchit en hiver, un autre petit rongeur, le campagnol des neiges, et quelques rares insectes complètent la liste des animaux de ces froides régions.

Dans toutes les parties du monde, il y a des montagnes ; mais c'est en Asie, dans la chaîne de l'Himalaya, que se trouve le sommet le plus élevé. Ce géant du globe, c'est le Gaurisaukar, qui a près de neuf kilomètres de hauteur.

La grande chaîne des Cordillères, qui parcourt l'Amérique du Sud, compte plusieurs cimes, dont la hauteur varie de 7,200 à 7,700 mètres.

Les Alpes et les Pyrénées l'emportent par leur masse et leur hauteur sur les autres montagnes de l'Europe. Elles ont en outre été mieux étudiées ; elles sont plus souvent explorées, soit par les savants, soit par les curieux ; il nous paraît donc juste de nous en occuper tout particulièrement.

II.

Les Alpes s'élèvent comme une immense muraille au sud-est de la France, qu'elles séparent de l'Italie et de la Suisse. Des bords de la Méditerranée, où elles prennent naissance, entre Gênes et Nice, elles s'étendent, par elles-mêmes ou par leurs ramifications, jusqu'en Turquie, en passant à travers le Tyrol, le Saltzbourg, la Carinthie et plusieurs autres provinces de l'empire d'Autriche.

Les Alpes Maritimes commencent la chaîne et s'arrêtent au mont Viso, à la droite duquel le Pô prend sa source. Les Alpes Cottiennes vont jusqu'au mont Cenis, et comptent parmi leurs plus hauts sommets le pic des Ecrins, dans les Hautes-Alpes. Du mont Cenis au col du Bonhomme, les Alpes Graies ou Grées ont pour point principal le mont Iseran. Viennent ensuite les Alpes Pennines, auxquelles appartiennent les plus hautes cimes de toute la chaîne. Elles finissent au mont Rose, remarquable par ses beaux glaciers et les sept pointes de son sommet. Du mont Rose, les Alpes Lépontiennes vont jusqu'au Saint-Bernardin, jettent en Suisse l'importante ramification des Alpes Bernoises, et sont suivies des Alpes Rhétiques, qui terminent la chaîne principale.

Le sommet le plus élevé de cette immense chaîne et de toute l'Europe, c'est le mont Blanc, qui est devenu français depuis que l'Italie nous a cédé la Savoie.

Jusqu'en 1785, le mont Blanc, haut de 4,810 mètres, n'avait été foulé par aucun pas humain; peut-être même, avant 1760, personne n'avait-il cru que cette ascension fût possible; mais alors, un jeune savant suisse, Horace de Saussure, offrit une récompense à quiconque lui indiquerait une route praticable pour arriver à la gigantesque montagne.

Ce fut en vain. Treize ans plus tard, quelques guides essayèrent d'y parvenir; mais leurs tentatives demeurèrent inutiles. Le naturaliste Pierre Bourrit, ayant reçu de quelques chasseurs de chamois des renseignements d'après lesquels il espérait avoir plus de succès, en suivant un nouveau chemin, en fit part à son compatriote de Saussure. Par malheur, l'été fut très pluvieux, et ils ne purent, avant le mois de septembre, donner suite au projet qu'ils avaient formé de gravir ensemble le mont Blanc.

Donc, le 12 septembre 1785, ils quittèrent Chamounix avec quinze montagnards, chargés de provisions de toutes sortes, et ils arrivèrent de bonne heure au pied de l'aiguille du Goûter, où Pierre Bourrit avait fait élever une cabane. En escaladant les rochers qui la surmontaient, les voyageurs purent admirer le magnifique panorama qu'offre la vallée, avec sa chaîne de montagnes, hérissée de pyramides et d'aiguilles innombrables.

La nuit vint; les guides se blottirent dans les anfractuosités du rocher, et le lendemain, de grand matin, la caravane se remit en route. Elle traversa un glacier, puis un couloir plein de neige et très dangereux. Elle en sortit sans accident; mais alors la montée devint rapide et si difficile, à cause des rochers qui, désagrégés par l'action de l'air, s'éboulaient sous les pieds ou restaient à la main lorsqu'on essayait de s'y retenir, que les deux naturalistes furent obligés de se cramponner aux jambes de leurs guides.

Après cinq heures de cette pénible ascension, Jacques Balmat, l'un des plus hardis de la troupe, offrit d'aller seul reconnaître le chemin. Il le trouva encombré de neige nouvellement tombée, et revint annoncer qu'aller plus loin serait une coupable imprudence. Force fut donc de renoncer à cette entreprise, dont la saison trop avancée devait rendre les dangers trop grands.

Au mois de juillet suivant, Jacques Balmat, que M. de Saussure avait chargé de tâcher de découvrir une route meilleure que celle qu'ils avaient suivie ensemble, se dirigea vers le mont Blanc. Il s'était adjoint deux autres guides, qui l'abandonnèrent, en le voyant se hasarder à califourchon sur l'arête du dôme du Goûter. Jacques espérait arriver de l'autre côté; mais il fut obligé de faire à reculons le chemin qu'il avait ainsi parcouru, et, se voyant seul, il résolut de ne pas retourner à Chamounix sans avoir tout fait pour trouver la véritable direction à suivre.

Il passa la nuit sans couverture et sans abri sur un plateau situé à une hauteur de 3,000 mètres au-dessus du niveau de la mer, et, dès que le jour parut, il poussa de divers côtés des reconnaissances qui ne demeurèrent pas inutiles. Forcé par le mauvais temps et le manque de vivres de renoncer à parcourir la route qu'il venait enfin de découvrir, il redescendit vers Chamounix, où il dormit pendant quarante-huit heures sans désemparer.

La neige et le froid lui avaient occasionné une maladie des yeux; le docteur Paccard fut appelé pour lui donner des soins, et reçut, avec la confidence de sa découverte, la proposition de partager avec lui la gloire de faire pour la première fois l'ascension du mont Blanc.

Le docteur se garda bien de refuser, et le 8 août 1786, il partit seul avec Balmat, chacun d'eux n'ayant pour tout bagage qu'une couverture et quelques provisions.

Ils passèrent la nuit sous un rocher, qu'on nomme somptueusement l'hôtellerie des Grands-Mulets, depuis que le Club alpin y a fait élever une cabane. Il n'existait alors d'autre abri qu'un enfoncement du rocher; les deux hardis ascensionnistes y prirent un repos acheté par une grande fatigue, qui n'était rien en comparaison de celles qu'ils devaient endurer le lendemain. Mais quelle joie! quel triomphe! Ils atteignirent la cime du mont Blanc et y passèrent une demi-heure, après laquelle ils commencèrent à descendre.

Deux jours après avoir quitté la vallée, ils y rentrèrent aux acclamations de ceux qui, à l'aide de télescopes, les avaient aperçus au sommet de la gigantesque montagne.

Le docteur était presque aveugle, tant la réverbération du soleil sur la neige lui avait fatigué la vue.

« C'est singulier, dit-il à son compagnon, en s'éveillant le lendemain, j'entends chanter les oiseaux, et il ne fait pas jour.

Balmat, qui n'était guère en meilleur état, lui répondit que le soleil était levé, mais qu'il ne le verrait que quand ses yeux seraient dégonflés.

Le courageux guide, après s'être accordé quatre jours de repos seulement, se rendit à Genève, pour annoncer à Horace de Saussure le succès de son expédition. Ce n'était déjà plus une nouvelle pour le naturaliste, et il fut convenu que sans retard ils recommenceraient ensemble cette ascension.

Ils partirent le 20 août; mais cette fois encore la neige qui tombait, accompagnée de pluie et de grêle, les força de redescendre avant même d'être arrivés à mi-chemin.

Dans les premiers jours de juillet de l'année suivante, Saussure, ayant appris que Jacques Balmat était monté à la cime du mont Blanc avec deux autres guides, se rendit à Chamounix. Quand il y entra, la pluie tombait avec violence; il s'obstina à y attendre un temps plus favorable pour réaliser enfin son désir, et il s'y vit retenu pendant près de quatre semaines.

Enfin, le 1er août, il put se mettre en marche. Un domestique et dix-huit guides l'accompagnaient. Son fils aîné l'avait prié de l'emmener; mais, craignant qu'il ne fût pas encore assez robuste, notre savant le fit rester au Prieuré, en le chargeant de s'y occuper des observations scientifiques auxquelles lui-même se livrerait sur la montagne.

« Pour être parfaitement libre sur le choix des lieux où je passerais les nuits, dit Saussure dans le compte-rendu de son excursion, je fis porter une tente, et le premier soir je couchai sous cette tente, au sommet de la montagne de la Côte. Cette journée est exempte de peines et de dangers : on monte toujours sur le gazon ou sur le roc, et l'on fait aisément la route en cinq ou six heures. Mais de là jusqu'à la cime, on ne marche plus que sur les glaces ou sur les neiges.

« La seconde journée n'est pas la plus facile. Il faut d'abord traverser le glacier de la Côte, pour gagner le pied d'une petite chaîne de rocs qui sont enclavés dans les neiges du mont Blanc. Ce glacier est difficile et dangereux. Il est entrecoupé de crevasses larges, profondes, irrégulières, et souvent on ne peut les franchir que sur des ponts de neige, qui sont quelquefois très minces et suspendus sur les abîmes. Un de mes guides faillit y périr. Il était allé la veille, avec deux autres, pour reconnaître les passages ; heureusement, ils avaient eu la précaution de se lier les uns aux autres avec des cordes : la neige se rompit sous lui, au milieu d'une large et profonde crevasse, et il demeura suspendu entre ses deux camarades.

« Nous passâmes tout près de l'ouverture qui s'était formée sous lui, et je frémis à la vue du danger qu'il avait couru. Nous entrâmes sur le glacier, vis-à-vis des blocs de granit à l'abri desquels nous avions dormi. L'entrée en est facile ; mais bientôt après l'on s'engage dans un labyrinthe de rochers de glace, séparés par des crevasses, ici entièrement couvertes, là comblées en tout ou en partie par des neiges qui souvent forment des espèces d'arches évidées par-dessous et qui cependant sont quelquefois les seules ressources que l'on ait pour traverser ces crevasses; ailleurs c'est une arête tranchante de glace qui sert de pont pour les franchir.

« Dans quelques endroits où les crevasses sont absolument vides, on est réduit à descendre jusqu'au fond, et à remonter ensuite le mur opposé par des escaliers taillés avec la hache dans la glace vive. Mais nulle part on n'atteint ni on ne voit même le roc; le fond est toujours neige ou glace, et il y a des moments où, après être descendu dans ces abîmes entourés de murs de glace presque verticaux, on ne peut pas se figurer comment on en sortira.

« Cependant, tant qu'on marche sur la glace vive, quelque étroites que soient les arêtes, quelque rapides que soient les pentes, ces intrépides Chamouniards, dont la tête et le pied sont également fermes, ne paraissent ni effrayés ni inquiets; ils causent, rient, se défient les uns les autres; mais quand on passe sur ces voûtes minces suspendues au-dessus des abîmes, on les voit marcher dans le plus profond silence, les trois premiers liés ensemble par des cordes, à cinq ou six pieds de distance l'un de l'autre, les autres se tenant deux à deux par leurs bâtons, les yeux fixés sur leurs pieds, chacun s'efforçant de poser exactement les siens dans les traces de celui qui le précède.

« Lorsque, après avoir franchi quelqu'une de ces neiges suspectes, la caravane se retrouvait sur un rocher de glace vive, l'expression de la joie et de la sérénité éclaircissait toutes les physionomies, le babil et les jactances recommençaient; puis on tenait conseil sur la route qu'il fallait suivre, et, rassuré par le succès, on s'exposait avec plus de confiance à de nouveaux dangers.

« Nous mîmes ainsi plus de trois heures à traverser ce redoutable glacier, quoiqu'il ait à peine un quart de lieue de largeur. Dès lors, nous ne marchâmes plus que sur des neiges, souvent très difficiles par la rapidité de leurs pentes et quelquefois dangereuses, lorsque ces pentes aboutissent à des précipices, mais où du moins l'on ne craint d'autre danger que celui que l'on voit, et où l'on ne risque pas d'être englouti, sans que la force ni l'adresse puissent être d'aucun secours.

« Après avoir atteint la petite chaîne de rocs isolés, on s'en éloigne d'abord pour monter, en serpentant dans un vallon rempli de neige, qui va du nord au sud jusqu'au pied de la plus haute cime. Ces neiges sont coupées de loin en loin par d'énormes et superbes crevasses. Leur coupe vive et nette montre les neiges disposées par couches horizontales, et chacune de ces couches correspond à une année. Quelle que soit la largeur de ces crevasses, on ne peut nulle part en découvrir le fond.

« Mes guides auraient voulu passer la nuit auprès d'un des rocs que l'on rencontre sur cette route; mais comme les plus élevés sont encore de six à sept cents toises plus bas que la cime, je voulais m'élever davantage. Pour cela, il fallait aller camper au milieu des neiges, et c'est à quoi j'eus beaucoup de peine à déterminer mes compagnons de voyage. Ils s'imaginaient que pendant la nuit il règne dans ces hautes neiges un froid absolument insupportable, et ils craignaient sérieusement d'y périr. Je leur dis enfin que pour moi, j'étais déterminé à y aller avec ceux d'entre eux dont j'étais sûr; que nous creuserions profondément dans la neige, qu'on couvrirait cette excavation avec la toile de la tente, que nous nous y renfermerions tous ensemble, et qu'ainsi nous ne souffririons point du froid, quelque rigoureux qu'il pût être. Cet arrangement les rassura, et nous allâmes en avant.

« A quatre heures du soir, nous atteignîmes le second des trois grands plateaux de neige que nous avions à traverser. C'est là que nous campâmes, à 1,455 toises au-dessus du Prieuré et 1,995 au-dessus de la mer, quatre-vingt-dix toises plus haut que la cime du pic de Ténériffe. Nous n'allâmes pas jusqu'au dernier plateau, parce qu'on y est exposé aux avalanches. Le premier plateau par lequel nous venions de passer n'en est pas non plus exempt. Nous avions traversé deux de ces avalanches, tombées depuis le voyage de Balmat, et les débris en couvraient la vallée dans toute sa largeur.

« Mes guides se mirent d'abord à excaver la place dans laquelle nous devions passer la nuit; mais ils sentirent bien vite l'effet de la rareté de l'air. Ces hommes robustes, pour qui sept ou huit heures de marche que nous venions de faire n'étaient absolument rien, n'avaient pas soulevé cinq ou six pelletées de neige, qu'ils se trouvaient dans l'impossibilité de continuer : il fallait qu'ils se relayassent d'un moment à l'autre. L'un d'eux, qui était retourné en arrière pour prendre dans un baril de l'eau que nous avions vue dans une crevasse, se trouva mal en y allant, revint sans eau et passa la soirée dans les angoisses les plus pénibles. Moi-même, qui suis si accoutumé à l'air des montagnes, qui me porte mieux dans cet air que dans celui de la plaine, j'étais épuisé de fatigue en préparant mes instruments de météorologie. Ce malaise nous donnait une soif ardente, et nous ne pouvions nous procurer de l'eau qu'en faisant fondre de la neige ; car l'eau que nous avions vue en montant se trouva gelée quand on voulut y retourner, et le petit réchaud à charbon que j'avais fait porter servait bien lentement vingt personnes altérées.

« Du milieu de ce plateau, renfermé entre la dernière cime du mont Blanc, au midi, ces hauts gradins de l'est et le dôme du Goûter, à l'ouest, on ne voit presque que des neiges ; elles sont pures, d'une blancheur éblouissante, et sur les hautes cimes elles forment le plus singulier contraste avec le ciel presque noir de ces hautes régions. On ne voit là aucun être vivant, aucune apparence de végétation ; c'est le séjour du froid et du silence.

« Lorsque je me représentais le docteur Paccard et Jacques Balmat arrivant les premiers, au déclin du jour, dans ces déserts, sans abri, sans secours, sans avoir même la certitude que les hommes pussent vivre dans les lieux où ils prétendaient aller, et poursuivant cependant toujours intrépidement leur carrière, j'admirais leur force d'esprit et leur courage.

« Mes guides, toujours préoccupés de la crainte du froid, fermèrent si exactement tous les joints de la tente, que je souffris beaucoup de la chaleur et de l'air corrompu par notre respiration. Je fus obligé de sortir dans la nuit pour respirer. La lune brillait du plus grand éclat, au milieu d'un ciel d'un noir d'ébène. Jupiter sortait tout rayonnant aussi de derrière la plus haute cime, à l'est du mont Blanc, et la lumière réverbérée par tout ce bassin de neige était si éblouissante, qu'on ne pouvait distinguer que les étoiles de la première et de la seconde grandeur.

« Nous commencions enfin à nous endormir, lorsque nous fûmes réveillés par le bruit d'une grande avalanche qui couvrit une partie de la pente que nous devions gravir le lendemain. A la pointe du jour, le thermomètre était à trois degrés au-dessous de la congélation.

« Nous ne partîmes que tard, parce qu'il fallait faire fondre de la neige pour le déjeuner et pour la route ; elle était bue aussitôt que fondue, et ces gens qui gardaient religieusement le vin que j'avais fait porter, me dérobaient continuellement l'eau que je mettais en réserve.

« Nous commençâmes par monter au troisième et dernier plateau, puis nous tirâmes à gauche, pour arriver sur le rocher le plus élevé, à l'est de la cime. La pente est extrêmement rapide.... Partout elle aboutit à des précipices, et la surface de la neige était si dure, que ceux qui marchaient les premiers ne pouvaient assurer leurs pas sans la rompre avec une hache.

« Nous mîmes deux heures à gravir cette pente, qui a environ deux cent cinquante toises de hauteur. Parvenus au dernier rocher, nous prîmes à droite, à l'ouest, pour gravir la dernière pente, dont la hauteur perpendiculaire est à peu près de cent cinquante toises. Cette pente n'est inclinée que de 28 à 29 degrés, et ne présente aucun danger ; mais l'air y est si rare, que les forces s'épuisent avec la plus grande promptitude. Près de la cime, je ne pouvais faire que quinze ou seize pas sans reprendre haleine ; j'éprouvais même, de temps en temps, un commencement de défaillance, qui me forçait à m'asseoir ; mais à mesure que la respiration se rétablissait, je sentais renaître mes forces ; il me semblait, en me remettant en marche, que je pourrais monter d'une traite jusqu'au sommet de la montagne. Tous mes guides, proportions gardées de leurs forces, étaient dans le même état. Nous mîmes deux heures depuis le dernier rocher jusqu'à la cime, et il était onze heures quand nous y parvînmes.

« Mes premiers regards se portèrent sur Chamounix, où je savais ma femme et ses deux sœurs, l'œil fixé au télescope, suivant tous mes pas avec une inquiétude trop grande sans doute, mais qui n'en était pas moins cruelle, et j'éprouvai un sentiment bien doux et bien consolant lorsque je vis flotter l'étendard qu'elles m'avaient promis d'arborer au moment où, me voyant parvenu à la cime, leurs craintes seraient au moins suspendues.

« Je pus alors jouir sans regret du grand spectacle que j'avais sous les yeux. Une légère vapeur, suspendue dans les régions inférieures de l'air, me dérobait la vue des objets les plus bas et les plus éloignés, tels que les plaines de la France et de la Lombardie ; mais je ne regrettais pas beaucoup cette perte. Ce que je venais voir, et ce que je vis avec la plus grande clarté, c'était l'ensemble des hautes cimes, dont je désirais depuis si longtemps connaître l'organisation.

« Je n'en croyais pas mes yeux ; il me semblait que c'était un rêve, lorsque je voyais sous mes pieds ces cimes majestueuses, ces redoutables aiguilles du Midi, l'Argentière, le Géant, dont les bases mêmes avaient été pour moi d'un accès si difficile et si dangereux. Je saisissais leurs rapports, leur liaison, leur structure, et un seul regard levait des doutes que des années de travail n'avaient pu éclaircir.

« Pendant ce temps, mes guides tendaient ma tente et y dressaient la petite table sur laquelle je devais faire mes expériences. Mais quand il fallut disposer mes instruments, je me trouvais à chaque instant forcé d'interrompre mon travail, pour ne m'occuper que du soin de respirer....

« Lorsque je demeurais parfaitement tranquille, je n'éprouvais qu'un peu de malaise, une légère disposition au mal de cœur. Mais lorsque je prenais de la peine ou que je fixais mon attention pendant quelques instants de suite, et surtout lorsque, en me baissant, je comprimais ma poitrine, il fallait me reposer et haleter pendant deux ou trois minutes. Mes guides éprouvaient des sensations analogues. Ils n'avaient aucun appétit, et, à la vérité, nos vivres, qui s'étaient tous gelés en route, n'étaient pas bien propres à l'exciter ; ils ne se souciaient pas même du vin et de l'eau-de-vie. En effet, ils avaient éprouvé que les liqueurs fortes augmentent cette indisposition, sans doute en accélérant encore la vitesse de la circulation. Il n'y avait que l'eau fraîche qui fît du bien et du plaisir ; mais il fallait du temps et de la peine pour allumer le feu, sans lequel nous n'en pouvions avoir.

« La nature n'a point fait l'homme pour ces hautes régions ; le froid et la rareté de l'air l'en écartent ; et comme il n'y trouve ni animaux, ni plantes, ni métaux, rien ne l'y attire ; la curiosité et un désir ardent de s'instruire peuvent seuls lui faire surmonter pour quelques instants les obstacles de tout genre qui en défendent l'accès.

« Je restai cependant sur la cime jusqu'à trois heures et demie, et quoique je ne perdisse pas un seul moment, je ne pus faire dans ces quatre heures et demie toutes les expériences que j'avais fréquemment achevées en moins de trois heures au bord de la mer.

« Je quittai avec bien du regret ce magnifique belvédère, et j'arrivai en trois quarts d'heure au rocher qui forme l'épaule à l'est de la cime. La descente de cette pente, dont la montée avait été si pénible, fut facile et agréable. La neige n'était ni trop dure ni trop molle, et, comme le mouvement que l'on fait en descendant ne comprime point le diaphragme, il ne gêne point la respiration et l'on ne souffre point de la rareté de l'air. D'ailleurs, comme cette pente est large, éloignée des précipices, elle n'a rien qui effraie ou qui retarde la marche.

« Il n'en fut pas ainsi du haut de l'épaule au plateau sur lequel nous avions couché. La grande rapidité de cette descente, l'éclat insoutenable du soleil, qui, réverbéré par la neige, nous donnait dans les yeux et qui faisait paraître plus terribles les précipices qu'il éclairait sous nos pieds, la rendaient infiniment pénible.... Cependant, grâce aux soins de mes guides, nous la fîmes sans aucun accident, et cela en moins d'une heure et quart.

« Nous passâmes auprès de la place où nous avions, sinon dormi, du moins reposé la nuit précédente, et nous poussâmes encore une lieue plus loin, jusqu'au rocher auprès duquel nous nous étions arrêtés en montant. Je me déterminai à y passer la nuit ; je fis tendre ma tente contre l'extrémité de ce rocher, dans une situation vraiment singulière. C'était sur la pente de neige qui domine le dôme du Goûter, avec sa couronne de séracs (1), et qui est terminée au midi par la cime du mont Blanc. Au bout de cette pente régnait une large et profonde crevasse, qui nous séparait de cette vallée et où s'engloutissait tout ce qu'on laissait tomber des environs de notre tente.

« Nous avions choisi ce poste pour éviter le danger des avalanches, et pour que, les guides trouvant des abris dans les fentes de ces rochers, nous ne fussions pas entassés sous la tente, comme nous l'avions été la nuit précédente.

« Je m'occupai dans la soirée à observer le baromètre, dont la hauteur donna à ce rocher une élévation de 1,780 toises. Je m'amusai ensuite à contempler l'amas de nuages qui flottait sous nos pieds, au-dessus des vallées et des montagnes moins élevées que nous. Ces nuages, au lieu de présenter des plaques et des surfaces unies, comme quand on les voit de bas en haut, offraient des formes extrêmement bizarres, des tours, des châteaux, des géants, et paraissaient soulevés par des vents verticaux, qui partaient des différents points situés au-dessous de nous.

« Nous soupâmes ensuite gaiement et de très bon appétit; après quoi je passai sur mon petit matelas une nuit excellente. Ce fut alors seulement que je jouis du plaisir d'avoir accompli ce dessein formé depuis vingt-sept ans, dans mon premier voyage à Chamounix en 1760, projet que j'avais si souvent abandonné et repris, et qui

---

(1) Les montagnards désignent ainsi d'énormes glaçons dont la forme rappelle celle d'une espèce de fromages qu'on fabrique dans le pays, sous le nom de séracs.

était devenu pour ma famille un continuel sujet de soucis et d'inquiétudes. Cela était devenu pour moi une espèce de maladie; mes yeux ne rencontraient pas le mont Blanc, que l'on voit de tant d'endroits de nos environs, sans que j'éprouvasse un saisissement douloureux.

« Au moment où j'y arrivai, ma satisfaction ne fut pas complète ; elle le fut encore moins au moment où je le quittai ; je ne pensais alors qu'à ce que je n'avais pu faire. Mais dans le silence de la nuit, après m'être bien reposé de ma fatigue, lorsque je récapitulais les observations que j'avais faites, lorsque surtout je me retraçais le magnifique tableau des montagnes que j'emportais gravé dans ma tête, et qu'enfin je conservais l'espérance bien fondée d'achever sur le col du Géant ce que je n'avais pas fait et que vraisemblablement on ne fera jamais sur le mont Blanc, je goûtais une satisfaction vraie et sans mélange.

« Le 4 août, quatrième jour du voyage, nous ne partîmes que vers six heures du matin. Nous abordâmes sur le roc à neuf heures et demie, quittes de toutes peines et de tous dangers. Nous ne mîmes que deux heures trois quarts de là au prieuré de Chamounix, où j'eus la satisfaction de ramener tous mes guides en parfaite santé. »

III.

La nouvelle de l'ascension si heureusement accomplie par Horace de Saussure et les observations scientifiques dont il s'était occupé sur le sommet du mont Blanc, firent grand bruit dans toute l'Europe.

Pendant les années qui suivirent, plusieurs excursions ayant le même but furent organisées, soit par des Français, soit par des étrangers.

Pierre Bourrit, Génevois et naturaliste, comme Saussure, aussitôt après le retour de son compatriote, choisit quelques guides avec lesquels il gravit les premières pentes de la formidable montagne ; mais un violent orage le força de renoncer à cette entreprise.

L'année suivante, il se joignit à un Anglais et à un Hollandais qui partaient pour le mont Blanc, avec des guides assez nombreux ; mais il ne réussit pas mieux que dans ses précédentes tentatives. Le froid fut si vif, qu'avant d'atteindre la cime, qu'il ne pouvait voir sans envie, plusieurs de ses compagnons eurent les mains et les pieds gelés. Lui-même faillit perdre la vue.

Avant la fin du xviii° siècle, plusieurs Anglais essayèrent encore cette ascension sans pouvoir la mener à bien.

En 1802, un baron russe et un Suisse, M. Forneret, eurent la chance d'arriver au sommet; mais ils avaient acheté cette joie au prix de si grandes souffrances, que rien, disaient-ils, ne pourrait les décider à recommencer.

Dix ans après, une nouvelle ascension fut faite par M. Rodaz, de Hambourg; puis en 1818 par un gentilhomme polonais, M. de Matézecki, et en 1819 par deux Américains, M. Roward et le docteur Van-Beusselaër.

En 1820, un Russe, le docteur Hamel, chargé de faire, aux frais de son gouvernement, des études sur la physique du globe, après avoir vainement tenté, le 20 août, de gagner le sommet du géant des Alpes, renouvela cette ascension quinze jours après, en compagnie de deux Anglais, le colonel Henderson et M. Dornford. Douze guides portaient les vivres, les tentes et les instruments du docteur.

La caravane, partie de Chamounix par un beau temps, arriva de bonne heure aux Grands-Mulets. Tout fut préparé pour y passer la nuit; mais, avant même qu'on prît du repos, un orage éclata, et la pluie tomba sans relâche pendant trente-six heures et fut suivie d'une neige abondante.

Les guides, après avoir tenu conseil, déclarèrent au docteur Hamel qu'il y aurait folie à se hasarder plus loin; mais celui-ci

L'Indien se mit en embuscade derrière un des rochers, tandis que la jeune fille se posta sur la cime, immobile comme une statue.

(*Peaux Rouges.* — Ch. XXI.)

refusa obstinément de retourner à Chamounix, comme ils l'en suppliaient. Il promit toutefois d'attendre aux Grands-Mulets que le beau temps revînt; et pour être sûr de ne pas manquer de vivres, il chargea trois de ses guides, désignés par le sort, d'en aller chercher dans la vallée.

A peine étaient-ils partis, que le docteur, voyant le ciel s'éclaircir, ordonna à ceux qui restaient de se disposer à continuer l'ascension. Tous protestèrent contre cette décision, en invoquant leur expérience des dangers terribles dont ils étaient menacés. Le colonel Henderson semblait disposé à se ranger à leur avis; Hamel, dont le refus des guides irritait la colère, frappa du pied et les traita de lâches, tout en les regardant ainsi que l'officier anglais.

Il n'y avait plus à hésiter. L'un des guides se jeta dans les bras d'un de ses camarades, et dit en pleurant qu'il était un homme perdu. Les autres, gardant un morne silence, firent leurs préparatifs de départ et se mirent en route au signal donné.

Une catastrophe devait terminer cette imprudente ascension; cependant, si l'on en croit la relation du docteur, les guides le félicitèrent bientôt d'avoir persisté dans son entreprise. Le beau temps était revenu; on avait gravi sans trop de difficulté le dôme du Goûter et l'on était arrivé au pied du mont Blanc.

Avant de commencer à le gravir, on mangea de bon appétit, et le docteur écrivit un billet qu'il devait attacher au cou d'un pigeon, lorsqu'il atteindrait le sommet de la montagne. Il avait emporté ce pigeon pour voir si le fidèle animal retrouverait la direction de Sallanches, où sa femelle était restée. Les voyageurs, réconfortés par quelques verres de bon vin et un demi-poulet distribué à chacun d'eux, se remirent gaiement à monter.

Leur confiance dans le succès de l'expédition était si grande, qu'un des deux gentilshommes anglais dit à l'autre que, pour aucun prix, il ne consentirait à retourner sur ses pas.

Il ne restait plus, pour arriver à l'arête qui termine le mont Blanc, qu'à gravir une dernière pente, au pied de laquelle s'ouvre une immense crevasse de vingt mètres de largeur sur cinquante de profondeur.

Les touristes et leurs guides s'avançaient à la file les uns des autres, quand tout à coup la neige nouvellement tombée, que leurs pas avaient coupée, comme le soc d'une charrue, sur une étendue considérable, se détacha d'un seul bloc, glissa sur la neige ancienne, et roula avec les hommes qu'elle portait vers la crevasse béante.

Les trois guides qui marchaient les premiers, Pierre Carrier, Pierre Balmat et Auguste Teiraz, celui-là même dont les larmes avaient trahi les tristes pressentiments, furent engloutis dans l'abîme. Deux autres, lancés avec une violence extrême, passèrent au-dessus de l'affreuse crevasse et allèrent tomber dans une autre beaucoup moins profonde, où ils demeurèrent tout meurtris et à demi asphyxiés par la neige dans laquelle ils étaient ensevelis.

Matthieu Balmat, doué d'une force herculéenne et d'un sang-froid que rien ne pouvait altérer, résista seul à l'avalanche, en enfonçant son bâton dans la neige durcie, avec laquelle l'autre n'avait pas encore d'adhérence. Il se cramponna des deux mains à ce bâton et parvint ainsi à éviter le sort de son frère.

Les autres guides, les deux Anglais et le docteur Hamel furent entraînés et roulés sur eux-mêmes l'espace de cent mètres, et ne durent leur salut qu'à l'amoncellement formé par la neige au bord du précipice.

Matthieu Balmat croyait avoir survécu seul à la catastrophe; de leur côté, les deux guides, tombés dans la seconde crevasse, se regardaient avec stupeur, après que l'un d'eux eut aidé l'autre à se dégager; ils ne doutaient pas de la mort de leurs compagnons et se jugeaient à peu près perdus.

Parmi ceux que la neige avait arrêtés au bord de l'abîme, les uns parvinrent à s'en retirer, et se mirent sans retard au service des autres. Pendant que les étrangers, saisis de douleur à la pensée du triste sort des malheureux guides, donnaient un libre cours à leur désespoir, Matthieu Balmat se laissa glisser dans la crevasse où deux de ses compagnons vivaient encore; on leur jeta une hachette, ils taillèrent des marches dans la glace des parois, et, avec l'aide de forts bâtons qu'on leur tendit, ils regagnèrent le bord.

Hamel, en proie aux plus vifs regrets, descendit dans la grande crevasse, où M. Dornford voulut absolument l'accompagner. Ils sondèrent la neige aussi profondément que le permettait la longueur de leurs bâtons ferrés; ils cherchèrent de tous côtés, appelèrent de toutes leurs forces, aucun indice ne révéla la présence de ceux qui y avaient été lancés.

Sachant que la voix ne porte pas loin à ces hauteurs, puisqu'un coup de fusil n'y a pas plus de retentissement qu'un simple pétard, le Russe et l'Anglais ne se lassaient pas de répéter les noms des trois infortunés. Leurs recherches duraient depuis plus de deux heures, et il était temps de commencer à descendre si l'on voulait n'être pas surpris par les ténèbres.

— Direz-vous encore que nous sommes des lâches, et nous forcerez-vous à monter de nouveau? demanda Matthieu Balmat, en regardant le docteur en face, comme lui-même avait regardé les guides quand ils le priaient de ne pas aller plus loin.

Hamel aurait voulu laisser quelques-uns de ces braves gens au bord de la crevasse, jusqu'à ce qu'on envoyât de Chamounix des hommes pour retrouver les morts ; mais tous se refusèrent à rester, en disant que le nombre des victimes de son obstination n'était déjà que trop grand.

Le docteur donna donc l'ordre du départ, et il fit bien ; car les débris des trois hommes engloutis sous une couche de neige évaluée à cinquante mètres, ne devaient être retrouvés que quarante ans plus tard.

Les deux gentilshommes anglais indemnisèrent avec une grande générosité les familles de ces morts ; mais la mère de Pierre Balmat ne put se consoler et alla bientôt rejoindre dans la tombe le fils enlevé à son amour.

Cette catastrophe n'empêcha pas de nouvelles ascensions d'avoir lieu, avec plus ou moins de dangers courus et de souffrances endurées. Jacques Balmat et le docteur Paccard durent se féliciter plus d'une fois d'avoir accompli les premiers si heureusement et si paisiblement ce périlleux voyage.

Paccard avait près de quatre-vingts ans lorsqu'il mourut en 1830

Balmat devait périr quatre ans après, en cherchant à escalader la cime d'une des montagnes qui entourent la vallée de Sixt. Pour arriver sur un point où il croyait trouver un filon d'or, il se risqua sur une étroite corniche, située au-dessus d'un précipice, et soit que la tête lui tournât, soit que son pied vint à glisser, il y fut englouti, sous les yeux d'un chasseur de chamois qui avait consenti à l'accompagner.

En 1844, une expédition scientifique, qui ne réussit pas moins bien que celle de Saussure, fut faite au sommet du mont Blanc par le naturaliste Charles Martins, l'officier de marine Bravais et le docteur Lepileur, accompagnés de deux jeunes gens du pays, de trois guides et de trente-cinq porteurs.

Les deux premiers avaient à deux reprises visité ensemble le Spitzberg, puis séjourné pendant dix-huit jours sur le Faulhorn, à 2,680 mètres au-dessus du niveau de la mer. Ils avaient fait un grand nombre d'observations et abordé plusieurs problèmes qui ne pouvaient être résolus que par l'ascension de la plus haute montagne des Alpes.

M. Martins s'était beaucoup occupé de la végétation des régions boréales, et il tenait à la comparer à celle des hautes régions alpines.

« Le 31 juillet, dit-il dans la relation de ce voyage, à sept heures et demie du matin, nous quittâmes enfin Chamounix. Le temps était beau ; cependant le vent soufflait du sud-ouest et le baromètre avait un peu baissé ; mais nos préparatifs étaient faits. Nous partîmes donc, sans avoir dans le temps une confiance parfaite, espérant toutefois une amélioration prochaine....

« En sortant des vergers qui entourent le hameau des Pèlerins, nous entrâmes dans la forêt ; elle se compose de hauts sapins et de vieux mélèzes, aux branches desquels pendent de longs festons d'un lichen grisâtre. Au printemps précédent, une énorme avalanche, descendue de l'aiguille du Midi, avait creusé un large sillon dans la forêt. Des arbres déracinés couvraient le sol qu'ils ombrageaient auparavant ; d'autres étaient rompus par le milieu, leur cime abattue gisait à leur pied ; quelques-uns, seulement déchaussés, penchaient, inclinés, vers la vallée.

« Un étroit sentier côtoie le précipice où roule le torrent des Pèlerins, et mène à la moraine du glacier des Bossons ; alors on monte au milieu des blocs entassés qui la composent, et l'on atteint la pierre de l'Echelle, énorme rocher sous lequel on cache l'échelle dont on se sert habituellement pour traverser les crevasses du glacier. C'est là que le voyageur dit adieu à la terre. Il la quitte pour passer sur le glacier, et jusqu'au sommet du mont Blanc, il ne trouve plus que des rochers isolés, qui surgissent, comme des îlots, au milieu des champs des neiges éternelles.

« Le cirque du glacier des Bossons était, comme toujours, un chaos de séracs, d'aiguilles et de pyramides de glace, au milieu desquels plonge le mur oriental des Grands-Mulets. Les feuillets verticaux dont se composent ces rochers s'élèvent à des hauteurs variables et forment autant de gradins qui permettent de grimper sur toutes les pointes. La roche, décomposée sous l'influence des agents atmosphériques, s'accumule entre les feuillets. Là végètent de jolies plantes alpines, abritées par le rocher, réchauffées par le soleil qu'il réfléchit, humectées par la neige qui, même en été, blanchit souvent ces cimes, mais fond rapidement, dès que le soleil luit pendant deux ou trois jours. En quelques semaines, elles accomplissent toutes les phases de leur végétation ; j'y ai recueilli dix-neuf plantes phanérogames en trois ascensions. M. Venance-Payot ayant ajouté cinq espèces à cette liste, il existe vingt-quatre plantes à fleurs aux Grands-Mulets. A ces vingt-quatre espèces de phanérogames (1), il faut ajouter encore vingt-six espèces de mousses, deux hépatiques et trente lichens, ce qui porte à quatre-vingt-deux le nombre total de plantes qui croissent sur ces rochers isolés, au milieu d'une mer de glace et dépourvues en apparence de toute végétation. Qui le croirait? ces plantes servent de nourriture à un rongeur, le campagnol des neiges, celui de tous les mammifères qui s'élève le plus haut sur les Alpes, tandis que ses congénères sont presque tous des habitants de la plaine.... »

La caravane passa la nuit aux Grands-Mulets, et, quoique le temps ne fût pas très beau le lendemain, elle atteignit le Grand-Plateau.

« Le Grand-Plateau, dit M. Martins, est un vaste cirque de neige et de glace, dont le fond est un plan relevé vers le sud. Mais nous entrevîmes à peine la configuration des lieux. Avant que nous pussions nous reconnaître, les nuages nous avaient complètement enveloppés, et la neige tourbillonnait au-dessus de nos têtes. Il n'y

---

(1) Les phanérogames sont les plantes qui se reproduisent au moyen d'étamines et de pistils ; les cryptogames n'ont ni pistils ni étamines visibles ; ils se reproduisent au moyen d'organes qui ressemblent à ceux-là par leurs fonctions, mais non par leur apparence.

avait pas à hésiter : il fallait ou redescendre immédiatement ou dresser notre tente. Deux porteurs, Auguste Simond et Jean Cachat, s'offrirent pour rester avec les trois guides et nous. Les autres jetèrent leurs fardeaux sur la neige et se précipitèrent en hâte vers le Petit-Plateau ; ils s'évanouissaient comme des ombres dans la brume, qui s'épaississait de plus en plus.

« Demeurés seuls, nous commençâmes à enlever la neige, à la profondeur de trente centimètres, dans un espace rectangulaire de quatre mètres de long sur deux de large ; puis, guidés par un rectangle de corde, préparé d'avance, et dont chaque nœud correspondait à un des piquets de la tente, nous plantâmes dans la neige de longues et fortes chevilles en bois, dont la tête était munie d'un crochet. Cela fait, la tente fut élevée sur la traverse et les deux supports qui devaient la soutenir, et les boucles des cordes furent passées autour de la tête des chevilles.

« La tente dressée, nous nous hâtâmes d'y mettre à l'abri nos instruments d'abord, puis nos vivres. Bien nous en prit de nous hâter ; car plusieurs bouteilles de vin, laissées dehors, ne purent être retrouvées : au bout d'une heure, la neige qui tombait et celle que le vent apportait les avaient recouvertes.

« Sous la tente, nous avions improvisé un parquet avec de légères planches de sapin, posées sur la neige. Nos guides étaient à une extrémité et nous à l'autre. L'espace était étroit ; on ne pouvait se tenir debout : il fallait rester assis ou couché. La cuisine se trouvait au milieu.

« Notre premier soin fut de faire fondre de la neige dans un vase échauffé par la flamme d'une lampe à esprit-de-vin ; car à ces hauteurs le charbon brûle fort mal. Bravais eut l'heureuse idée de verser cette eau sur les piquets de la tente; l'eau gela, et, au lieu d'être enfoncés dans une neige meuble, ces piquets furent pris dans des masses de glace compacte. En outre, une corde fixée au boulon qui joignait la traverse horizontale de l'un des supports verticaux, et attachée, en guise de hauban, du côté d'où venait le vent, fut amarrée fortement à deux bâtons enfoncés dans la neige. Ces précautions prises, nous n'avions qu'à attendre.....

« Cependant la nuit était venue ; nous avions allumé une lanterne qui, suspendue au-dessus de nos têtes, éclairait notre petit intérieur. Des guides, entassés les uns sur les autres, causaient à voix basse ou dormaient aussi tranquillement que dans leurs lits. Le vent redoublait de violence, interrompu par ces moments de calme profond qui avaient tant étonné de Saussure, lorsqu'il se trouvait au col du Géant, dans des circonstances entièrement semblables.

« La tempête tourbillonnait dans le vaste amphithéâtre de neige au bord duquel notre petite tente était placée. Véritable avalanche d'air, le vent semblait tomber sur nous du haut du mont Blanc. Alors la toile de la tente se gonflait comme une voile par la brise, les supports fléchissaient et vibraient comme des cordes de violon, la traverse horizontale se courbait. Instinctivement, nous soutenions la toile avec le dos, pendant tout le temps que durait la rafale ; car notre salut dépendait de la solidité de cet abri protecteur. En faisant quelques pas, nous pouvions nous former une idée de ce que nous deviendrions s'il nous était enlevé. Jamais auparavant je n'avais compris comment des voyageurs, pleins de vigueur et de santé, avaient péri à quelques pas de l'endroit où la tourmente était venue les surprendre : je le compris ce jour-là. »

Le lendemain, le froid étant très vif et le vent continuant à chasser la neige en épais tourbillons, nos voyageurs prirent le parti de regagner la vallée, après avoir rangé les instruments sous la tente, dont ils bouchèrent ensuite l'entrée avec de la neige.

Un mois après, le temps s'étant remis tout à fait au beau, l'ascension fut recommencée. On retrouva la tente et les instruments en bon état, et, malgré le froid qui continuait à sévir, malgré l'épaisseur de la neige, dans laquelle ils enfonçaient à mi-jambes, et le malaise causé par la raréfaction de l'air, nos savants et leurs guides arrivèrent au sommet du mont Blanc.

A peine les opérations météorologiques et géodésiques étaient-elles achevées, que le froid toujours croissant les contraignit à s'éloigner, s'ils voulaient échapper à la mort ou à de graves maladies.

« Nous commencions à descendre, dit M. Martins, lorsque nous nous arrêtâmes tout à coup devant le plus étonnant spectacle qu'il soit donné à l'homme de contempler. L'ombre du mont Blanc, formant un cône immense, s'étendait sur les blanches montagnes du Piémont ; elle s'avançait lentement vers l'horizon, et elle s'éleva dans l'air au-dessus de Becca di Nonna ; mais alors les ombres des autres montagnes vinrent successivement se joindre à elle, à mesure que le soleil se couchait pour leur cime, et former un cortège à l'ombre du dominateur des Alpes. Toutes, par un effet de perspective, convergeaient vers lui ; ces ombres, d'un bleu verdâtre vers leur base, étaient entourées d'une teinte pourpre très vive, qui se fondait dans le rose du ciel. C'était un spectacle splendide. Un poète eût dit que des anges aux ailes enflammées s'inclinaient autour du trône qui portait un Jéhovah invisible. Les ombres avaient disparu du ciel, et nous étions encore cloués à la même place, immobiles, mais non muets d'étonnement : car notre admiration se traduisait par les exclamations les plus variées. Seules les aurores boréales du nord de l'Europe peuvent donner un spectacle d'une magnificence comparable à celle du phénomène inattendu que personne avant nous n'avait contemplé de la cime du mont Blanc. »

Les ascensions du mont Blanc devinrent, depuis cette époque, de plus en plus nombreuses. Des jeunes gens, des dames même ont voulu y prendre part, et une jeune fille de seize ans est parvenue avec son père jusqu'au redoutable sommet.

Ce n'est pas que les dangers aient cessé d'exister ni que l'escalade soit plus facile ; mais la curiosité, l'orgueilleux désir de pouvoir dire qu'on a posé ses pieds sur la cime du mont Blanc, font braver la fatigue et les périls. Toutefois, depuis la fondation du Club alpin, des cabanes-refuges ont été construites, les chemins ont été étudiés, et des indications essentielles ont été publiées.

Il est juste de dire d'ailleurs que les accidents sont presque tous amenés par quelque imprudence ou par la persistance à continuer le voyage, malgré les avertissements des guides et du temps.

Quand le mont Blanc met son bonnet, c'est-à-dire quand son front est nuageux, il ne fait pas bon se risquer sur ses pentes. Quand il fume sa pipe, c'est-à-dire quand le vent, qui règne toujours à cette prodigieuse hauteur, enlève, comme une légère fumée, la neige fraîchement tombée sur son sommet, on est sûr d'avoir du beau temps, si cette fumée est poussée vers le sud.

Il est expressément défendu d'ailleurs de gravir le mont Blanc sans avoir au moins trois guides, et ces guides, d'un courage éprouvé, sont tous d'habiles montagnards auxquels on peut se fier.

En 1866, un Anglais, sir Georges Young, entreprit cette ascension sans un seul guide. Il emmenait seulement ses deux frères, plus jeunes que lui. La montée s'effectua heureusement, grâce aux traces laissées dans la neige par une caravane qui y avait passé la veille ; mais à la descente, sir Georges se trompa de chemin, et glissa sur une pente rapide avec ses frères, et l'un des deux fut tué.

En 1870, une effroyable tourmente de neige fit périr trois touristes et huit guides. Ils en furent assaillis, lorsqu'ils venaient de quitter le sommet du mont, et ils cherchèrent vainement à s'abriter contre ces immenses tourbillons. Aucun n'ayant survécu, on eût toujours ignoré la cause de leur perte ; mais on trouva sur l'un des cadavres, celui d'un Américain, le docteur Bean, quelques notes écrites au moment où ces infortunés n'avaient déjà plus que peu d'espoir d'échapper à la mort.

« J'ai fait le mardi 6 septembre, disaient ces lignes, l'ascension du mont Blanc, avec dix personnes : huit guides, le révérend Mac Corkendale et M. Randall. Nous sommes arrivés au sommet à deux heures et demie. Aussitôt après l'avoir quitté, nous avons été enveloppés par des nuages chargés de neige. Nous avons passé la nuit dans un trou creusé dans la neige ; mais nous n'y avons trouvé qu'un très mauvais abri, et j'ai été malade toute la nuit. »

Sur un autre feuillet, portant la date du lendemain, le docteur priait quiconque trouverait ce carnet de le faire parvenir à sa femme, dont il indiquait l'adresse, et à laquelle il faisait ses adieux en ces termes touchants :

« Ma chère Hessie, nous sommes depuis deux jours sur le mont Blanc, au milieu d'un terrible ouragan de neige. Nous avons perdu notre chemin et nous sommes à une hauteur de 15,000 pieds, dans un trou que nous avons creusé dans la neige. Je n'ai plus d'espoir de descendre. Peut-être ce carnet sera trouvé et te sera remis. Nous n'avons rien à manger ; mes pieds sont gelés et je suis épuisé. Je n'ai que la force d'écrire quelques mots. Je meurs dans la foi en Jésus-Christ et dans des pensées d'amour pour toi. Adieu à tous ! nous nous retrouverons au ciel. »

Quatre des victimes de cet ouragan furent découvertes, couchées côte à côte dans le trou dont parlait le docteur Bean. Les sept autres n'avaient laissé aucunes traces. Peut-être le glacier les rendra-t-il plus tard, comme les guides du docteur Hamel ; car il est prouvé, comme nous l'avons dit, que les glaciers se meuvent. Ils glissent sur leur base, et quelquefois cette marche continue atteint plus de cent mètres en une seule année.

Dans l'été de 1827, un intrépide savant suisse, M. Hugi, avait fait construire sur le flanc d'un des glaciers de l'Aar une cabane en pierres, pour s'y abriter au besoin, pendant le séjour qu'il y faisait de temps en temps. En 1830, cette cabane, dont il avait exactement mesuré l'altitude, se trouvait déjà à cent mètres plus bas; en 1836, la vitesse du glacier ayant progressé, la maisonnette était descendue de 715 mètres, et en 1840, on la retrouva à 1,428 mètres du promontoire auquel Hugi l'avait adossée.

IV.

Le mont Cervin, situé dans la chaîne du mont Blanc, est une pyramide dentelée dont les pentes, presque verticales, sont entrecoupées de petits glaciers, et dont le sommet, terminé en pointe d'aiguille, s'élève à 4,482 mètres. Personne n'avait encore réussi à en faire l'ascension, quand, au mois de juillet 1865, M. Edouard Whymper, un des membres les plus distingués du Club alpin anglais, résolut de tout braver pour accomplir cette entreprise dans laquelle il avait échoué deux ans auparavant.

Il s'adjoignit trois de ses compatriotes, et l'on put, à l'aide du télescope, apercevoir ces étrangers et leurs guides sur la cime inaccessible jusque-là; mais la joie causée par ce succès ne fut pas de longue durée. On apprit le lendemain que quatre d'entre eux avaient péri; et quelques jours après cette catastrophe, un journal anglais en publiait les détails, fournis par M. Whymper au président du Club alpin.

« C'est le mercredi matin, 12 juillet (1865), qu'accompagné de lord Francis Douglas, je franchis le col de Saint-Théodule, dans le but de me procurer des guides de Zermatt. Après être sorti des neiges, du côté nord, nous contournâmes les bases du grand glacier; puis, le glacier de Furyge passé, je laissai ma tente, des cordes et d'autres objets dans la petite chapelle qui se trouve auprès du lac Noir. De là, nous descendîmes au village, et j'y engageai les services de Pierre Tanggwald, en l'autorisant à s'adjoindre un deuxième guide.

« Dans la soirée, arrivèrent à notre hôtel le révérend Charles Hudson et son ami M. Hadow; tous deux me firent part de leur intention de chercher à gravir le mont Cervin le lendemain au matin. Lord Douglas tomba d'accord avec moi sur la convenance de nous réunir à nos compatriotes.

« Nous parlâmes dans ce sens à M. Hudson, qui accepta immédiatement cette proposition; mais, avant d'admettre M. Hadow parmi nous, j'eus soin de m'informer de ses capacités comme marcheur; et, autant que je puis m'en souvenir, M. Hudson me répondit que son jeune compagnon avait gravi le sommet du mont Blanc en moins de temps que la plupart des touristes. Il ajouta que M. Hadow s'était déjà distingué plusieurs fois dans des expéditions analogues, et qu'il le considérait comme parfaitement à même de tenter l'aventure avec nous. M. Hadow fut donc définitivement admis.

« Nous nous mîmes en quête d'autres guides. Michel Croz était au service de M. Hadow et de M. Hudson. Ce dernier dit que si Pierre Tanggwald consentait à nous accompagner, le nombre des guides serait suffisant; je communiquai cette pensée à nos hommes, qui l'approuvèrent.

« Nous quittâmes Zermatt le jeudi, à cinq heures et demie du matin. Sur le désir exprimé par leur père, les deux fils Tanggwald vinrent avec nous. Ils portaient des provisions pour trois jours. Nous ne prîmes point de cordes au village; il s'en trouvait du reste dans la chapelle du lac Noir. On ne cesse de me demander pourquoi nous n'emportâmes point le cordon en fil de fer inventé par M. Hudson et qui faisait partie de son bagage. Je ne sais que répondre. Ledit cordon ne fut pas même mentionné par M. Hudson, et je ne l'ai vu qu'après la catastrophe. C'est de ma corde seule que nous nous sommes servis. Elle se composait de deux cents pieds de la corde adoptée par le Club des Alpes; puis de cent cinquante pieds d'une autre espèce de corde, que j'estime être plus forte que la précédente; enfin, de deux cents pieds d'une corde plus mince et plus faible que la première; celle-ci avait été employée par moi jusqu'à l'époque de l'adoption générale de la corde du Club des Alpes.

« En quittant le village, notre intention était d'attaquer sérieusement la montagne, et nous étions pourvus de tout l'attirail dont une longue expérience nous avait démontré la nécessité. Cependant, le premier jour nous ne nous proposions pas d'atteindre une très grande hauteur, mais seulement de nous arrêter lorsque nous trouverions un lieu favorable pour y dresser notre tente.

« Nous montâmes, en conséquence, très lentement; à huit heures, nous passions le lac Noir et nous suivions l'arête qui relie le Hornli au pic du mont Cervin proprement dit. Avant midi, la tente était fixée ; nous étions à 11,000 pieds de hauteur ; mais Croz et l'aîné des fils Tanggwald poursuivirent en éclaireurs, afin de gagner du temps pour le lendemain.

« Ils revinrent tout heureux de nous apprendre qu'ils n'avaient pas trouvé de difficultés insurmontables, et que, si nous les eussions accompagnés, nous aurions pu gravir jusqu'au sommet et redescendre à la tente pour le soir. Le reste de la journée se passa à considérer la vue, à nous chauffer au soleil et à converser ; le couchant fut magnifique, et tout semblait nous promettre un beau lendemain.

« Avant la tombée de la nuit, Hudson prépara le thé ; je fis le café, et chacun de nous se revêtit du sac qui, dans les excursions alpestres, remplace le lit. J'occupai la tente avec les Tanggwald et lord Douglas ; les autres préférèrent rester dehors. Il était nuit close, que les précipices et les rochers répercutaient encore nos rires et les chants des guides. Nous étions joyeux, et nul de nous n'appréhendait le moindre péril.

« Avant l'aurore nous étions debout et en marche ; le cadet des fils Tanggwald ne vint pas plus loin. A six heures, nous avions atteint une hauteur de 12,800 pieds ; nous décidâmes d'y faire une halte d'une demi-heure ; puis l'ascension continua sans interruption jusqu'à dix heures. A 14,000 pieds, nous nous arrêtâmes pendant cinquante minutes. Jusque-là nous avions gravi du côté nord, et sans nous servir de la corde.

« Tantôt je tenais la tête, quelquefois c'était Hudson. Nous étions arrivés au pied de cette partie du pic qui, vue de Zermatt, semble perpendiculaire : impossible de poursuivre. D'un commun accord, nous gravîmes, pendant un certain temps, par l'arête, dont une des extrémités se dirige vers le village, puis il fallut tourner à droite, au nord-ouest.

« Nous avions changé notre ordre de marche : Croz s'avançait le premier; je le suivais; Hudson, Hadow et Douglas venaient ensuite; Tanggwald et son fils fermaient la marche. Ici, la prudence et la lenteur devenaient indispensables. En certains endroits, nous ne savions guère à quoi nous accrocher. Les fissures et les rugosités de la roche étaient incrustées de neige durcie, et le roc lui-même était revêtu d'une mince couche de glace. Néanmoins, un montagnard pouvait encore y passer.

« Toutefois, ici, nous découvrîmes que M. Hadow n'était pas suffisamment familiarisé avec ce genre de labeur; à chaque instant, il fallait venir à son secours. Aucun de nous, cependant, ne proposa de le laisser en arrière. Pour rendre hommage à la vérité, je dois ajouter que la peine qu'il avait à avancer ne provenait ni de fatigue ni de faiblesse : l'expérience seule lui faisait défaut.

« M. Hudson, qui me suivait, escalada la montagne tout entière, sans qu'on dût venir une seule fois à son aide; par moments, après que Croz m'avait tendu la main pour m'attirer à lui, je me tournais pour offrir la mienne à Hudson : il la refusait toujours, comme n'en ayant nul besoin.

« Cette difficile partie de notre tâche ne fut pas de longue durée : l'espace à parcourir n'avait guère plus de 300 pieds de hauteur. A son extrémité, l'inclinaison diminuait peu à peu. Pour arriver à la cime même, je me détachai de la caravane, ainsi que Croz, et c'est en courant que nous arrivâmes au sommet du Cervin. Il était une heure quarante, et dix minutes plus tard nous y fûmes rejoints par nos amis.

« On m'a prié de décrire l'état personnel de chacun lors de son arrivée à la cime. Aucun ne semblait fatigué, et je suis convaincu qu'aucun ne l'était. Croz se mit à rire quand je l'interrogeai à cet égard : au fait, nous n'avions été en route que pendant dix heures, et je fis remarquer à Croz que notre marche s'était accomplie avec lenteur.

« — Oui, me répondit-il, nous avons eu raison de ne pas nous presser ; mais j'avoue que, pour descendre, je préférerais être seul avec vous et un guide.

« Mes compatriotes et moi, nous discutions déjà l'emploi de notre soirée, à notre retour au village.

« La halte au sommet fut d'une heure, pendant laquelle je me concertai avec Hudson sur ce qu'il y avait à faire pour la descente. Nous tombâmes d'accord qu'il convenait de faire marcher Croz en tête, comme étant le plus fort. Hadow le suivait. Hudson, qui, pour la sûreté du pied, valait un guide, voulut être le troisième. Lord Douglas venait ensuite et le vieux Tanggwald était derrière lui.

« Je suggérai à Hudson la pensée qu'il serait prudent d'attacher une corde au rocher, lorsque nous arriverions à l'endroit difficile ; j'ajoutai que nous la saisirions des deux mains et que nous y trouverions un très efficace supplément de sécurité. Il approuva mon projet ; mais nous ne décidâmes point positivement de le mettre à exécution.

Tous s'attachèrent les uns aux autres, pendant que je terminais un croquis du sommet. Ils m'attendirent. Je me reliais seulement au fils Tanggwald, et nous allions nous remettre en route lorsque quelqu'un fit observer que nous n'avions pas laissé nos noms dans une bouteille.

« On me pria de les écrire, et pendant que je m'y prêtais, la marche commença. Quand je rejoignis mes compagnons, ils arrivaient à l'endroit le plus difficile.

« On prit les soins les plus minutieux. Un seul homme bougeait à la fois ; et lorsqu'il avait pris son aplomb, le suivant s'avançait en silence. La distance moyenne entre chacun de nous était de vingt pieds environ. On n'avait point attaché au roc la corde supplémentaire ; on n'en parla point, et je ne crois pas même y avoir pensé alors.

« Comme je l'ai expliqué, j'étais détaché des autres et je les suivais ; mais, au bout d'un quart d'heure, lord Douglas me pria de me rattacher au père Tanggwald, craignant, me dit-il, que s'il venait à glisser, ce dernier ne pût suffire à le maintenir. Je le fis immédiatement. C'était dix minutes avant la catastrophe, et c'est à cette précaution prise pour un autre que Tanggwald doit la vie.

« Au moment de l'accident, tous étaient immobiles, je le crois du moins ; mais je ne puis le dire avec certitude ; les deux Tanggwald ne le peuvent pas non plus, parce que les deux hommes qui marchaient en tête étaient à demi cachés par un épaulement du roc.

« Le pauvre Croz avait jeté sa hache, et, pour donner à Hadow plus de sécurité, il lui prenait les jambes et lui mettait les pieds, l'un après l'autre, dans les positions qu'ils devaient occuper. A en juger par les mouvements de leurs épaules, je pense que Croz se tournait pour descendre d'un pas ou deux ; c'est en ce moment que M. Hadow doit avoir trébuché, puis être tombé sur lui.

« Croz poussa un cri ; je le vis glisser, avec la rapidité d'une flèche, suivi par Hadow ; une seconde après, Hudson fut arraché de sa place et Douglas avec lui : ce fut l'affaire de deux secondes. Mais, à l'instant même où nous entendîmes l'exclamation de Croz, je me renversai en arrière, avec les Tanggwald, aussi ferme que le permettait l'inclinaison du rocher.

« La corde qui nous reliait était tendue et le choc nous atteignit comme un seul homme. Nous nous maintînmes ; la corde se rompit à égale distance de Tanggwald et de Douglas. Pendant deux ou trois secondes tout au plus, nous vîmes nos infortunés compagnons glisser sur le dos, en étendant les mains, puis ils disparurent l'un après l'autre, et tombèrent de précipice en précipice, sur le glacier, 4,000 pieds plus bas !...

« Pendant une demi-heure, le saisissement nous rendit immobiles. Paralysés par la terreur, les deux Tanggwald pleuraient comme des enfants et tremblaient comme la feuille. Descendus un peu plus bas, je demandai à voir la corde qui s'était rompue. Hélas ! à ma consternation, je reconnus que c'était la plus faible des trois.... Nos malheureux amis s'attachant les uns aux autres pendant que je dessinais, je n'avais pas pris garde à la corde choisie par eux.

« On a prétendu que la corde s'est cassée par suite de sa friction sur le roc ; il n'en est rien, l'extrémité restée en ma possession ne justifie point cette manière de voir.

« Pendant les deux heures qui suivirent, chaque instant me sembla être le dernier de mon existence. Les Tanggwald étaient complètement énervés et hors d'état de m'être utiles : ils chancelaient à chaque pas. Je dois cependant ajouter qu'à peine arrivé dans une partie plus facile de la descente, le jeune homme se mit à rire, à fumer et à manger, comme si rien de funeste ne fût survenu.

« Sans cesse, mais toujours en vain, je m'arrêtais pour chercher à découvrir quelque trace du passage de mes infortunés compagnons. La nuit nous surprit quand nous étions encore à 13,000 pieds de hauteur. Nous ne rentrâmes à Zermatt que le samedi à dix heures et demie du matin.

« Dès mon arrivée, je demandai au maire d'envoyer autant de monde qu'il le pourrait sur les hauteurs dominant l'endroit où j'étais certain que mes amis étaient tombés. Plusieurs hommes partirent et revinrent au bout de six heures : ils les avaient vus, mais sans pouvoir les atteindre ce jour-là....

« Le lendemain, nous nous mîmes en route en suivant la direction que nous avions prise quatre jours auparavant. Du Hornli, nous descendîmes à droite de l'arête, et, les moraines du glacier du mont Cervin escaladées, nous arrivâmes sur le plateau qui termine ce dernier, en vue de l'angle où nous savions que les corps reposaient.

« En voyant chacun de nos guides, au visage hâlé, pointer successivement le télescope sur un certain endroit, pâlir, puis remettre en silence l'instrument à son voisin, nous comprîmes qu'il n'y avait plus rien à espérer. Nous approchâmes. Les malheureux gisaient dans l'ordre où ils s'étaient trouvés sur le pic : Croz un peu en avant, Hadow près de lui, et Hudson à quelque distance en arrière. Quant à lord Douglas, impossible de le retrouver.

« A mon grand étonnement, je constatai qu'ils étaient attachés avec la corde du Club ou avec la seconde corde forte ; par conséquent, le fragment qui existait entre Douglas et Tanggwald était le moins solide de tous.

« Par ordre du conseil d'Etat du Valais, quatre jours après l'événement, vingt et un guides durent aller chercher et ramener au village les corps de nos amis. Ces braves gens accomplirent cette tâche dangereuse avec une intrépidité qui leur fait honneur.

« Ils ne virent aucunes traces du corps de lord Douglas, vraisemblablement arrêté dans sa chute par quelque pointe de rocher. Personne ne déplore sa perte plus profondément que moi. Quoique jeune, c'était un montagnard accompli : pour lui le danger n'existait pas.

« Je dus rester à Zermatt jusqu'au 22 juillet, pour assister à l'enquête instituée par le gouvernement.

« Telle est la triste histoire que j'avais à raconter. Une simple glissade ou un simple faux pas a causé un malheur qu'on n'oubliera jamais. J'ajouterai un mot. Si la corde ne se fût pas rompue, vous n'auriez pas reçu cette lettre ; car nous n'eussions pas été de force à balancer le poids de quatre hommes tombant à la fois.... »

Il est donc probable que si M. Hadow n'eût pas été un peu légèrement admis à faire partie de l'expédition, elle se fût achevée aussi heureusement qu'elle avait commencé. Un simple faux pas, une glissade, un mouvement inopportun peut, on le voit, dans une descente périlleuse, causer la mort de plusieurs personnes.

L'ascension du mont Cervin a cependant été souvent renouvelée depuis, et quoiqu'elle soit regardée comme plus difficile que celle du mont Blanc, on a vu, à diverses reprises, des Anglaises et des Parisiennes gravir les pentes abruptes de la pyramide et arriver à son sommet.

Le Club alpin anglais, fondé en 1857, est la plus ancienne société qui se soit occupée de rendre moins meurtrières les excursions dans les montagnes, d'y élever des abris, et d'organiser des compagnies de guides connaissant parfaitement leur pénible métier.

Sur le modèle de cette société s'en formèrent d'autres dans toutes les contrées de l'Europe. Le Club alpin français prit naissance en 1874; mais neuf années auparavant une association s'était déjà fondée chez nous pour l'exploration des Pyrénées et avait pris le nom de Ramond, en souvenir du savant qui, le premier, fit l'ascension du mont Perdu.

V.

La chaîne des Pyrénées, qui sépare la France de l'Espagne, offre une hauteur moyenne supérieure à celle de la chaîne des Alpes. Ses sommets les plus élevés sont le Malahitte, appelé aussi le Méthou et la Maladetta, qui atteint 3,404 mètres; le mont Perdu, qui en mesure 3,350; le Cylindre, 3,322; le Vignemale, le pic du Midi, enfin le Canigou, qui a été longtemps regardé comme la plus haute cime de la chaîne, quoiqu'il n'ait pas même 2,800 mètres.

Le naturaliste français Ramond, qui a mérité le surnom de peintre des Pyrénées par les belles descriptions qu'il en a laissées, tenta en 1797 l'ascension du mont Perdu, que personne n'avait encore faite. Il était accompagné de plusieurs savants, ses amis ou ses élèves, de deux montagnards à toute épreuve et d'un chasseur d'isards, qui avait la réputation de connaître le mont Perdu.

« La cime de ce mont est fort apparente, dit Ramond, et néanmoins peu remarquable pour ceux qui ne la cherchent pas. C'est un cône très oblique et très obtus, tout resplendissant de neiges éternelles, et qui se montre au-dessus des hautes murailles de la vallée d'Estaubé. Je l'indiquai à mes jeunes compagnons, qui, en la voyant si nettement, se croyaient déjà au terme du voyage. Or, il ne nous fallait pas moins de quatre heures de marche pour atteindre seulement le pied du mur, et ce mur, qu'il s'agissait de tourner et peut-être de gravir, j'en mesurais d'un œil inquiet les raides escarpements.

« Cependant, nous entrions dans la vallée d'Estaubé, et nous contemplions en silence ses tranquilles solitudes. C'est à la fois le calme des hautes régions et des terrains secondaires....

« La végétation s'avance avec sécurité jusqu'au pied des escarpements. Çà et là quelques vieux blocs dont la végétation s'est ainsi emparée. Une petite rivière qui, plus bas, deviendra torrent, circule paisiblement sur un lit de roche où le gazon dessine ses rivages. Là, le sorbier des oiseaux ombrage le sceau de Salomon, rare dans nos montagnes, mais qui acquiert ici des dimensions peu ordinaires. Sur les versants des montagnes latérales, on voit le pin rouge, qui y défie la cognée. Tous les blocs sont ornés des panaches flottants de la superbe saxifrage à longues feuilles. Dans les terrains incultes, c'est tantôt la carline des Pyrénées, tantôt le beau panicant décrit par Gouin, et qui passe quelquefois ici de l'améthyste au cramoisi.... Sur les gazons, ce sont les deux carlines distinguées par Allioni et Villars, et dont la seconde, décrite sous le nom de carline à feuille d'acanthe, se fait constamment remarquer par la couleur dorée de sa couronne calicinale.

« Rien de brillant, rien de somptueux comme un gazon que chamarrent l'or et l'argent de ces deux carlines. Mais ce que ne peuvent faire concevoir les énumérations botaniques ni les descriptions, c'est la nuance du tapis qu'enrichit cette superbe broderie. Si l'on appelle vertes les prairies de la plaine, comment qualifier ces pelouses, près desquelles la verdure même des vallées inférieures a je ne sais quoi de cru et de faux.... »

Des pasteurs interrogés sur la route à suivre pour arriver au mont Perdu n'ayant pu donner aucune indication satisfaisante, Ramond se réjouit de rencontrer un contrebandier, qui, habitué à suivre les sentiers les plus dangereux, devait avoir vu de plus près le but de l'excursion. Mais le chemin que cet homme croyait le plus sûr était si long, qu'il ne permettrait d'arriver que trop tard au mont Perdu.

Ramond déclara qu'il escaladerait avec quiconque voudrait le suivre, un glacier qui devait y conduire plus directement. Le contrebandier s'élança le premier et fut bientôt hors de vue, la marche étant d'abord facile sur des pentes assez raides, mais couvertes d'un beau gazon émaillé de fleurs.

On atteignit enfin l'entrée du glacier, et on le trouva praticable, une couche de neige consistante permettant d'avancer sans trop de fatigue. Mais bientôt la pente devint de plus en plus rapide, et la neige durcit à tel point, qu'il fallut la briser au marteau pour y enfoncer les pieds.

Les voyageurs, à la file les uns des autres, marchaient dans ces trous depuis une heure quand ils aperçurent le contrebandier, qui, après avoir glissé sur la neige l'espace de deux cents mètres, s'était arrêté contre un rocher, d'où il appelait au secours. On le délivra, et il prit place au milieu de la caravane, qui continuait à monter avec une peine infinie.

« Le glacier était ici à sa plus forte inclinaison, mais aussi, dit Ramond, nous étions à notre dernier effort. Au-dessus, la pente s'adoucissait visiblement et la glace se cachait sous des neiges d'un blanc pur qui indiquaient le sommet de la crête, en se découpant sur le bleu foncé du ciel. Il ne fut plus question que de triompher d'un obstacle au delà duquel l'imagination nous montrait la cime du mont Perdu. On rassemble tout ce qu'on a de forces. On s'anime, on s'excite mutuellement. A chaque pas que l'on fait, on voit baisser les limites du vallon. La brèche qui nous avait été longtemps cachée par la saillie du glacier, reparaît sous de gigantesques proportions, et déjà l'on sent le vent froid qui débouche par sa large ouverture. On se hâte, on s'élance, on atteint, hors d'haleine, le but tant désiré.

« Un cri de joie annonce le changement de scène ; un morne silence lui succède, à la vue d'un nouveau monde, des profondeurs qui nous en séparent, des glaciers qui le ceignent et du nuage qui le couvre, spectacle affreux et sublime, dont toutes nos facultés sont accablées ! Un instant indivisible l'avait développé dans toute sa majesté, et plusieurs instants ne suffisaient pas pour y coordonner nos sens.

« Voilà le mont Perdu ! voilà le mont Perdu ! se disait-on l'un à l'autre, et cependant personne ne le démêlait encore dans ce chaos de rochers, de neiges et de vapeurs. C'est le Dieu dont la présence est sentie plutôt qu'aperçue, et qui se manifeste dans tout ce qui l'environne avant de se révéler lui-même.

« Et ce n'était pas sans raison qu'on voyait partout le mont Perdu ; tout ici lui appartient, tout en fait partie, même la crête où nous étions parvenus, et qui n'est séparée de la cime principale que par l'affaissement ou l'érosion d'une partie de ses flancs. Cette cime était devant nous, un peu à gauche, blanche, mais ombrée de gris, et fuyant dans le sein d'une brume épaisse, qui circulait lentement autour d'elle. A droite se détachait le Cylindre, plus sombre que le nuage, plus menaçant que le mont Perdu lui-même, dressé sur son énorme piédestal, au niveau duquel nous étions placés, et si près de nous, qu'on semblait le toucher de la main. En vain je l'avais vu cent fois de loin, son apparition n'en était que plus fantastique. Toujours invisible pour nous, de toutes les stations intermédiaires, il était subitement devenu un colosse, qu'agrandissait encore à mes yeux le souvenir de sa première apparence. Cette figure de tour tronquée, qui rappelle des dimensions connues, contrastant avec des proportions avec lesquelles rien n'est comparable, sa situation, sa couleur, sa proximité, la vapeur dont il était environné, tout concourait à faire de cet énorme rocher l'objet le plus extraordinaire du tableau. C'était vers lui que les regards étaient sans cesse ramenés, c'était lui que les guides s'obstinaient à nommer le mont Perdu.

« Mais ce qui était encore plus imprévu, s'il se peut, que ces étranges aspects, ce qu'aucune vue antérieure n'avait préparé, ce qu'on ne saurait considérer que du haut de l'observatoire où nous étions portés, c'est l'indescriptible apparence du majestueux support de ces deux sommités. Taillé du même ciseau qui a façonné les étages du Marboré, il présente une suite de gradins, tantôt drapés de neige, tantôt hérissés de glaciers qui débordent et se versent les uns sur les autres, en larges et immobiles cascades, jusqu'au bord d'un lac dont la surface encore glacée, mais déjà dégagée de neige, brillait d'un éclat sombre qui rehaussait l'éblouissante blancheur de ses rives.

« Ce lac, l'aire désolée où il repose, l'amas de glaces qui le borde au midi, les noires murailles qui le surmontent, le Cylindre et le mont Perdu s'élançant dans un ciel orageux, et cette enceinte escarpée, nue, déchirée, d'un des créneaux de laquelle nous contemplions ce que les Pyrénées ont de plus imposant et de plus affreux, tout échappait à la fois à toute comparaison. Rien ne nous offrait un module auquel nous pussions rapporter les dimensions de l'ensemble, et nous étions réduits à une vague estimation des hauteurs et des distances, si le hasard ne nous avait fourni un objet de grandeur déterminée, dans une troupe d'isards qui erraient sur la glace du lac et se désaltéraient dans ses crevasses. Au premier cri, ils s'enfuirent en bondissant vers les crêtes, nous laissant seuls désormais dans ces vastes déserts, dont ils avaient pour nous mesuré l'étendue. »

Les isards ayant évité dans leur fuite la route escarpée des cimes, et traversé le lac pour se réfugier sur des hauteurs plus accessibles, Ramond en conclut que cette route était encore moins praticable pour lui et pour ses compagnons. L'état du ciel commençait d'ailleurs à l'inquiéter; il comprit qu'il ne pourrait, ce jour-là, mener à bien son entreprise. Il résolut de redescendre par une pente moins dangereuse que celle qu'ils avaient gravie; et le contrebandier assurant qu'on en trouverait une au delà du lac, on s'engagea promptement sur la glace dont ce lac était couvert.

Ce ne fut pas toutefois sans que ces amateurs passionnés de la nature s'exposassent à la mort pour arracher aux rochers suspendus sur un affreux précipice, la renoncule glaciale qui y croissait abondante et superbe.

Une autre découverte plus importante leur était réservée. Ramond, ayant escaladé une bande de rochers qui s'élancent du lac, les trouva divisés en assises horizontales, dont il voulut constater l'origine. Il n'avait encore donné qu'un coup de marteau quand il remarqua dans la pierre mise au vif une saillie rougeâtre, qu'il reconnut pour un tronçon de polypier.

Il regarde encore : il trouve la valve supérieure d'une huître, puis des fragments de madrépores et d'autres zoophytes. Il appelle ses compagnons, leur montre ces débris qui, sur les flancs du mont Perdu, acquièrent une importance toute particulière.

On se répand sur le promontoire, on arrache à l'envi tout ce qui se distingue de la pierre, et Ramond, au milieu de ces ardents travailleurs, travaille lui-même avec une ardeur nouvelle, mêlée d'une joie incomparable.

« Je ne pouvais voir sans émotion, dit-il, ces jeunes gens puiser dans un premier succès la passion des recherches et la soif du savoir. Eux-mêmes subissaient l'influence des lieux et se livraient à des transports qui tenaient du délire. « Restons ici, me disaient-ils; demain, peut-être, nous réussirons à gravir la cime du mont Perdu. — Mais le froid de la nuit? — Qu'est-ce qu'une nuit devant une pareille espérance? — Mais des vivres? — On saura s'en passer. »

Fatigues, craintes, dangers, tout était oublié; combinaisons, prévoyance, tout était en défaut. Ces glaces n'avaient plus rien d'effrayant; l'épaisse nuée qui ceignait les sommets n'avait plus rien de sinistre, quand tout à coup, du sein même de ce nuage, part une détonation formidable, que multiplient les échos du désert.

Les plus déterminés pâlissent; tous croient voir l'orage éclater et leur fermer les issues de ces affreuses solitudes, et ils ne songent plus qu'à partir. Ce n'était pourtant qu'une avalanche qui avait roulé sur les gradins supérieurs de la montagne.

Après avoir franchi les glaces du lac, les voyageurs se trouvèrent au bord d'un précipice dont aucun autre ne peut donner l'idée. Il semblait que la terre se dérobât tout à coup sous leurs pieds. De quelque côté que leurs regards se portassent, ce n'était qu'escarpements à pic et murailles debout.

« A gauche les montagnes d'Estaubé, à droite le mont Perdu, plongeant ensemble à une profondeur immense, fournissaient deux longues chaînes parallèles, formées des mêmes roches, taillées sur le même modèle, et resserrant entre des boulevards énormes la vallée de Béousse que nous dominions, comme du haut des airs, et qui fuyait devant nous à perte de vue.

« Mais qu'elle était ravissante cette vallée, au milieu de la formidable enceinte dont les rochers la défendent et dont les glaces la fécondent. Riche du luxe de la nature, et belle de sa sauvage beauté, c'est la terre aux premiers jours de sa naissance et avant que l'homme l'eût asservie à la culture. Il faut voir ces prairies sans troupeaux, ces ombrages que l'on n'a pas plantés, ces forêts vierges encore, ces haies de buis dont personne n'a tracé les contours, et ce torrent né du mont Perdu, la Cinca, fière de son origine, impérieuse, indomptée, dessinant son cours incertain au fond de cette longue tranchée, où les ruines qui l'accompagnent retiennent la verdure à une respectueuse distance. Le regard, entraîné à sa suite, s'égare avec elle dans la déserte étendue qu'elle parcourt sans obstacle et presque sans témoin. Mais quel est donc le charme de ces déserts? Quel sentiment involontaire, profond, impétueux, m'arrête dans ces lieux où mes pareils n'ont pas établi leur empire? Quel penchant irrésistible y ramène sans cesse ma pensée et mes pas, m'y retient et amuse ma fantaisie du vain désir d'y bâtir ma cabane et d'y cacher ma famille? »

Ce ne fut donc pas sans regret que Ramond dut renoncer à son entreprise, et jusqu'au jour où il lui fut permis de la recommencer, il ne cessa d'en avoir l'esprit occupé.

Deux des compagnons de sa première excursion, MM. de Mirbel et Pasquier, le suivirent avec quelques autres personnes, et, outre son guide de confiance, il emmena l'un des hommes les plus lestes et les plus aventureux du pays, son ami Rondo, qui lui rendit de grands services dans ce périlleux voyage. Le 7 septembre 1802, il se mit en route, et, pour avoir à lui toute la journée du lendemain, il résolut d'aller passer la nuit dans une hutte de pasteur, au fond de l'Estaubé. La hutte était vide, les troupeaux ayant été chassés de ces hauteurs par le froid déjà très vif.

Chacun s'enveloppa dans sa couverture, autour d'un bon feu, alimenté par le bois que l'on avait eu la précaution d'y faire porter. Au point du jour, on quitta la cabane, et bientôt on arriva à la base du mont Perdu.

Les roches qui forment cette base, sortant d'un immense amas de débris et de neige, s'élancent jusqu'aux nues et semblent décrire un arc de cercle dont chaque extrémité est flanquée d'un large glacier. L'une était absolument inaccessible; l'autre, que Ramond avait gravie, lors de son premier voyage, avait beaucoup changé depuis ce moment.

« Plus de neige : sa surface était toute nue et n'offrait pas un point où le pied pût laisser son empreinte. Le milieu s'était excavé. Deux grandes crevasses le parcouraient du haut en bas, et, vers les deux tiers de sa hauteur, je remarquais une dépression transversale qui augmentait considérablement l'inclinaison de sa partie supérieure. Nous ne pûmes même l'aborder de front; il s'était escarpé à l'extrémité et n'offrait que des coupes nettes, percées de l'ouverture de ses crevasses. Il fallut le prendre de côté, et dès les premiers pas nous reconnûmes qu'à sa moindre inclinaison il était déjà dangereux. Les crampons n'y mordaient pas, et nos bâtons ferrés, appuyés de toutes nos forces, y laissaient à peine la trace de leur pointe.

« Nous nous étions munis de bons instruments pour fendre la glace, et dès lors on fut obligé de les mettre en œuvre. Mais le travail était des plus rudes, et nous n'avions pas la liberté de le diriger à notre gré. Le glacier se creusait en gouttière : au milieu, on le voyait tout criblé de crevasses et de trous ; il fallait s'en éloigner sans cependant se rapprocher des bords, qui se redressaient au voisinage des rochers ; nous étions donc réduits à gravir presque en ligne droite entre les deux écueils que nous avions à éviter....

« Nous marchâmes plus de deux heures dans cette position, et nous n'avions encore fait que le moins difficile. Nous approchions de la bosse que le glacier formait au-dessus de la dépression dont j'ai parlé. Cette bosse, on ne savait par où la prendre, et nous étions au terme de nos expédients.

« Rondo proposa de la tourner, en montant sur le bord que nous avions si soigneusement évité. Il faut savoir ce que c'était que ce bord. C'était une arête en tranchant de couteau, séparée du rocher par un large intervalle qui s'ouvrait en entonnoir dans la cavité du glacier. Cette proposition, qui, une heure plus tôt, nous aurait paru dérisoire, était en ce moment la seule qui nous offrît un moyen de sortir honorablement de notre périlleuse aventure. Une douzaine de degrés, que nous taillâmes presque à pic, nous portèrent sur ce bord, qu'il fallut écréter avant d'y poser le pied, et sonder à grands coups, pour savoir s'il était capable de nous porter. En sondant et en écrétant toujours, nous réussîmes à faire treize pas en vingt minutes, montant en équilibre sur une ligne glissante, le précipice derrière et des deux côtés.... »

Bientôt un guide sur la hardiesse duquel on avait trop compté, en le plaçant le premier, déclara que la tête lui tournait ; il fallut le faire rétrograder, ce qui, sur cette ligne étroite et sans le moindre zigzag, était à la fois très difficile et très dangereux. Dans le mouvement occasionné par cette manœuvre, la lunette et la boussole de Ramond tombèrent dans la crevasse qui longeait le rocher. Rondo et, après lui, un guide digne de toute confiance y descendirent sans pouvoir retrouver autre chose que la boussole. Pour les retirer, on leur jeta des cordes dont ils se ceignirent. Le péril fut peut-être alors encore plus grand pour les sauveteurs que pour ces deux hommes dévoués ; mais tous y ayant échappé se sentirent un nouveau courage, et ils firent une trentaine de pas sur la crête en prenant à peine le loisir de l'ébrécher.

« Cependant, à chaque instant cette crête nous exposait à de nouveaux hasards. Deux fois nous fûmes arrêtés par des saillies du rocher, qui se projetaient en avant et nous barraient le chemin. On ne pouvait ni monter ni descendre ; il fallait se plier autour de ces saillies, au risque de perdre l'équilibre et de se précipiter. Bientôt il fut tout à fait impossible de passer outre, et nous n'eûmes plus d'autre refuge que ces mêmes rochers qui la première fois nous avaient paru inaccessibles. »

Ces roches sont, il est vrai, taillées en degrés ; mais elles sont presque partout plus hautes que larges et disposées de manière à ce qu'au lieu d'être horizontales, elles s'inclinent dans le vide. Ajoutez à cela toutes les irrégularités, toutes les dégradations que peut occasionner une telle disposition dans une telle structure, puis l'incertitude où nos voyageurs étaient de ce qu'ils devaient trouver plus haut, et jugez de quel œil ils regardaient cette dernière ressource.

« Ce fut là pourtant qu'il fallut se hisser, de gradin en gradin. Le premier y était poussé par le second, et, une fois accroché, il lui prêtait la main à son tour.... Ceux qui gravissaient en avant ne pouvaient faire un faux pas qui ne compromît le reste de la troupe, ni ébranler un quartier de pierre qui ne volât sur la tête des autres. Je fus moi-même blessé assez fortement par un de ces débris, contre lequel je ne pus que me raidir, puisque ma position ne me permettait pas de l'éviter. Cette dernière escalade dura plus d'une heure, et ce que nous courûmes de dangers apprendra à quiconque voudra aborder le mont Perdu par cette route, qu'elle n'est praticable qu'au gros de l'été, et tandis que les glaciers sont encore couverts de neige. Un mois auparavant, nous n'avions pas employé deux heures à la montée, et ce n'avait été qu'un jeu pour ceux qui avaient la moindre expérience des montagnes. Aujourd'hui, elle en exigea cinq; et dans ces cinq heures, pas une minute où nous n'eussions couru risque de la vie.

« Nous approchions enfin du sommet de la crête.... Une sorte de tristesse, produite par une longue anxiété, laissait à peine concevoir ce que le mont Perdu nous préparait de dédommagements. Après tant de plans inclinés, de rochers si droits, de glaces si perfides, nous ne sentions d'autre besoin que celui d'un peu de terrain plat où le pied pût se poser.... Mais ce terrain, nous ne le touchons pas encore, que déjà la scène change et que tout est oublié.

« Du haut des rochers, nous considérions avec une muette surprise le majestueux spectacle qui nous attendait au passage de la brèche. Nous ne le connaissions pas, nous ne l'avions jamais vu, nous n'avions nulle idée de l'éclat incomparable qu'il recevait d'un beau jour. La première fois, le rideau n'avait été que soulevé ; le crêpe suspendu aux cimes répandait le deuil sur les objets mêmes qu'il ne couvrait pas. Aujourd'hui, rien de voilé, rien que le soleil n'éclairât de sa lumière la plus vive ; le lac complètement dégelé réfléchissait un ciel d'azur ; les glaciers étincelaient, et la cime du mont Perdu, toute resplendissante de célestes clartés, semblait ne plus appartenir à la terre. En vain j'essaierais de peindre la magique apparence de ce tableau. Le dessin et la teinte sont également étrangers à tout ce qui frappe habituellement nos regards. En vain je tenterais de décrire ce que son apparition a d'inopiné, d'étonnant, de fantastique, au moment où le rideau s'abaisse, où la porte s'ouvre, où l'on touche enfin le seuil du gigantesque édifice....

« Quel repos dans cette vaste enceinte, où les siècles passent d'un pied plus léger qu'ici-bas les années ! Quel silence sur ces hauteurs, où un son, quel qu'il soit, est la redoutable annonce d'un grand et rare phénomène ! Quel calme dans l'air et quelle sérénité dans le ciel qui nous inondait de clartés ! Tout était d'accord, l'air, le ciel, la terre et les eaux ; tout semblait se recueillir en présence du soleil et recevoir son regard dans un immobile respect.

« .... Jamais rien de pareil ne s'était offert à mes yeux. J'ai vu les hautes Alpes ; je les ai vues dans ma première jeunesse, à cet âge où l'on voit tout plus beau et plus grand que nature ; mais ce que je n'y ai pas vu, c'est la livrée des sommets les plus élevés revêtue par une montagne secondaire. Ces formes simples et graves, ces coupes nettes et hardies, ces rochers si entiers et si sains, dont les larges assises s'alignent en murailles, se courbent en amphithéâtre, se façonnent en gradins, s'élancent en tour, où la main des géants semble avoir appliqué l'aplomb et le cordeau, voilà ce que personne n'a rencontré au séjour des glaces éternelles; voilà ce qu'on chercherait en vain dans les montagnes dont les flancs déchirés s'allongent en pointes aiguës et dont la base se cache sous des monceaux de débris. Quiconque s'est rassasié de leurs horreurs, trouvera encore ici des aspects étranges et nouveaux. Du mont Blanc même, il faut venir au mont Perdu; quand on a vu la première des montagnes granitiques, il reste à voir encore la première des montagnes calcaires.... »

Ne quittons pas les Pyrénées sans dire quelques mots des sommets du Marboré, dont nous avons plusieurs fois remarqué le nom dans la relation précédente. On prendrait volontiers pour l'œuvre d'une armée de géants cette immense muraille flanquée de tours, où l'on remarque une régularité qu'on ne trouve guère dans les œuvres de la nature; mais on ne tarde pas à reconnaître qu'aucune force humaine n'a pu transporter ces blocs énormes à de semblables hauteurs, ni disposer les unes sur les autres ces larges assises dont l'ensemble forme un merveilleux coup d'œil.

Aucun des baigneurs qui viennent demander la santé aux eaux de Barèges, aucun voyageur amené dans ce pittoresque pays ne voudrait s'en éloigner sans avoir visité la vallée de Gavarnie, que le

Marboré entoure de ses vastes gradins, et sans avoir admiré la magnifique cascade qui tombe de ces hauts sommets.

Muni de l'Itinéraire des Pyrénées, de M. Joanne, il se dirige vers le cirque auquel le petit village de Gavarnie a donné son nom.

« Le cirque de Gavarnie, dit cet Itinéraire, a 400 mètres de haut, 3,600 mètres de tour, trois étages de murs perpendiculaires, et sur chaque étage des gradins innombrables. Les neiges éternelles qui couvrent les sommets sont dominées à l'est par les môles énormes d'Astrazon ou Frazona (3,080 mètres), à l'ouest par les crêtes du Taillon ; en face s'élèvent le Cylindre (3,322 mètres) et les tours du Marboré, la Brèche et la fausse Brèche ; mais ce qui attire surtout les regards, ce sont les cascades. « Les filets d'eau arrivent par milliers
« de la plus haute assise, dit M. Taine, bondissent de gradin en
« gradin, croisent leurs raies d'écume, serpentent, s'unissent et
« tombent par dix ou douze ruisseaux, qui glissent de la dernière
« assise en traînées floconneuses pour se perdre dans les glaciers du
« sol. »

« Le nombre des cascades varie suivant les saisons et la quantité des neiges ; mais il en est deux qui ne tarissent jamais. L'une d'elles, la troisième sur la gorge, a 422 mètres de haut. « Elle tombe lente-
« ment, comme un nuage qui descend, ou comme un voile de
« mousseline qu'on déploie ; l'air adoucit sa chute ; l'œil suit avec
« complaisance la gracieuse ondulation du beau voile aérien. Elle
« glisse le long du rocher et semble plutôt flatter que couler. Le
« soleil luit à travers son panache, de l'éclat le plus doux et le plus
« aimable. Elle arrive en bas comme un bouquet de plumes fines et

« ondoyantes, et rejaillit en poussière d'argent; la fraîche et transpa-
« rente vapeur se balance autour de la pierre trempée et sa traînée
« rebondissante monte légèrement le long des assises. »

« La neige ne disparaît presque jamais du fond du cirque, et le Gave, formé par les eaux des cascades, est obligé de passer sous un pont de neige, qui varie de longueur et d'épaisseur selon les saisons. Peu de curieux vont plus loin; cependant on ne peut avoir une idée exacte de la cascade, située à une heure de marche, qu'en allant la voir de près.

« En été, elle est rompue aux deux tiers par une saillie du rocher; et quand on arrive au-dessous d'elle, on n'en voit plus que la partie inférieure, haute de 130 mètres environ. « Ces eaux qui
« semblent tomber de la nue, dit M. de Chausenque, ne forment
« d'abord qu'une masse déployée. La résistance de l'air la divise en
« vapeur, que la moindre brise pousse au loin; un brouillard humide
« voltige dans l'atmosphère.... Mais si la cascade est encore si belle
« au soleil d'août, alors que les glaciers sont le plus réduits, combien
« doit-elle être majestueuse et terrible au printemps, lorsque, le
« vent d'Espagne venant à souffler sur les neiges accumulées, les
« eaux rapidement fondues se précipitent des terrasses supérieures,
« et, doublant leur volume de tous les rochers qu'elles entraînent,
« viennent à s'élancer du haut de ces murailles en une masse
« énorme, qui ébranle la montagne dans tous ses fondements. C'est
« alors qu'il faut la voir : la saillie du roc qui la brise a disparu;
« dans sa hauteur de plus de 400 mètres, ce n'est qu'une nappe
« large, unie, continue, et tous ces filets d'eau qui drapent le

« pourtour du cirque sont devenus d'importantes sources. Ce sont
« toutes les trombes du ciel qui fondent à la fois. »

Au-dessus de la vallée de Gavarnie s'ouvre la brèche de Roland, portique immense ouvert dans la longue et puissante muraille qui s'élève entre la France et l'Espagne. On n'y parvient ni sans fatigue ni sans danger; mais quand on plonge ses regards sur les deux pays entre lesquels la nature a placé cette formidable barrière, on se trouve largement payé de ce qu'on a souffert pour y arriver.

De pic du Midi, situé au sud d'Oloron, dans les Basses-Pyrénées, est le siège d'un observatoire, grâce auquel la météorologie a réalisé d'importants progrès.

En 1876, un établissement du même genre a été créé en Auvergne, sur le Puy-de-Dôme, où le célèbre Pascal fit jadis de concluantes expériences sur la pesanteur de l'air.

VI.

Le Chimborazo, l'un des sommets les plus élevés de la Cordillère du Pérou, surpasse de beaucoup en hauteur la cime du mont Blanc. Un célèbre voyageur allemand, M. de Humboldt, qui en avait entrepris l'ascension en 1802, ne put aller au delà de 5,880 mètres ; mais trente ans après, un naturaliste français, M. Boussingault, atteignit sur cette même montagne une hauteur de 6,000 mètres, sans toutefois arriver au sommet, encore éloigné de plus de 500 mètres. Il est juste de dire qu'un brouillard épais, une grande quantité de neige nouvellement tombée, puis une grêle épaisse ne permirent point à M. de Humboldt de s'obstiner à monter plus haut.

M. Boussingault était depuis quelque temps à Riobamba, où il se reposait de ses excursions dans les Andes, lorsqu'il résolut de tenter l'ascension du Chimborazo, sur lequel, de la maison qu'il habitait, ses yeux pouvaient à chaque instant s'arrêter.

Il partit le 14 décembre 1831, avec le colonel Hall, qui déjà l'avait accompagné dans plusieurs voyages périlleux. Après s'être engagés sur la pente la moins abrupte de la montagne, ils passèrent la nuit dans une métairie située à 3,800 mètres de hauteur. Ils y trouvèrent de la paille sèche pour se coucher et quelques peaux de moutons pour se couvrir, ce qui n'était point à dédaigner; car le froid était vif et le bois très rare dans cette région déjà rapprochée de celle des neiges persistantes.

Le lendemain, de grand matin, ils se remirent en route, guidés par un Indien de la métairie, qui leur fit remonter le cours d'un ruisseau descendant du glacier. Bientôt la pente devint rapide et la marche très pénible pour les mulets des voyageurs, à cause des débris de roche accumulés le long du chemin.

Un peu plus haut, la neige était si épaisse et si peu consistante, qu'on y enfonçait parfois jusqu'à la ceinture. Après avoir pris un peu de repos, Boussingault et Hall, reconnaissant que la montée qu'ils avaient choisie était impraticable, résolurent de regagner la métairie.

Ce n'était pas sans dépit qu'ils regardaient de loin la majestueuse cime; mais ils ne se sentaient pas découragés, et dès le lendemain ils recommencèrent leur expédition, en prenant le chemin le plus abrupt.

Arrivés à 4,945 mètres de hauteur, les deux amis se virent forcés de mettre pied à terre. « Le terrain, dit M. Boussingault, était devenu tout à fait impraticable aux mulets. Ces animaux cherchaient d'ailleurs à nous faire comprendre, avec leur instinct vraiment extraordinaire, la lassitude qu'ils éprouvaient; leurs oreilles, ordinairement si droites et si attentives, étaient entièrement abattues, et pendant les haltes fréquentes qu'ils faisaient pour respirer, ils ne cessaient de regarder vers la plaine. »

Il fallut alors gravir une pente très rapide, formée de blocs de roches de toutes grandeurs, disposés en talus et recouverts çà et là de nappes de glace plus ou moins étendues. Ces débris reposant en divers points sur la neige durcie, on en devait conclure qu'ils provenaient de quelque éboulement récent. Ces éboulements, qui contiennent plus de pierres que de neige, sont de dangereuses avalanches, très fréquentes dans les Cordillères.

Une nappe de glace, dans laquelle on fut obligé de pratiquer des entailles, se présenta ensuite, et fut gravie, sinon sans peine, du moins sans accident, et l'on put avancer un peu plus rapidement sur des blocs de trachyte, qui pour les voyageurs représentaient la terre ferme. On gardait un silence absolu pendant la marche ; et si l'on échangeait quelques mots dans les haltes, c'était à voix basse, précaution salutaire que M. Boussingault imposait à ceux qui l'accompagnaient et à laquelle il attribuait la santé dont il avait joui dans l'ascension de plusieurs volcans.

On rencontra une arête dont les escarpements exigèrent des efforts inouïs, d'autant plus pénibles qu'à cette hauteur, le moindre travail est une grande fatigue. Après l'avoir franchie, nos voyageurs se trouvèrent au pied d'un mur de trachyte, coupé à pic et haut de plusieurs centaines de mètres. Ils consultèrent le thermomètre et ils apprirent avec découragement qu'ils n'avaient pas encore atteint le point où M. de Humboldt s'était arrêté. Leur fatigue étant extrême, ils s'assirent près de la Roche-Rouge et ils sucèrent des glaçons pour apaiser leur soif.

Il n'était guère plus de midi quand, un nuage qui les avait enveloppés venant à se dissiper, ils purent se rendre compte de leur situation. A droite s'étendait un abîme épouvantable, à gauche on distinguait un rocher avancé, ressemblant à un belvédère. L'accès en paraissait impossible ; cependant Boussingault y parvint avec l'aide de ses compagnons, et il reconnut que pour arriver à une plus grande hauteur, il faudrait gravir une arête très inclinée et couverte de neige, qui s'appuyait au côté opposé de la Roche-Rouge.

Un nègre fut chargé d'aller essayer la neige ; comme elle avait la consistance désirable, le colonel Hall rejoignit cet homme sur la pente, et Boussingault se laissa glisser jusque-là d'une hauteur de plus de huit mètres.

Ils allaient se remettre en marche quand une pierre détachée du sommet de la montagne vint renverser M. Hall ; mais il se releva promptement, examina ce projectile et le reconnut en tout semblable au sol qu'il foulait aux pieds.

« Nous marchions avec précaution, dit M. Boussingault : à droite, nous pouvions nous appuyer sur le rocher ; mais à gauche la pente était effrayante, et, avant de nous engager plus avant, nous commençâmes par bien nous familiariser avec le précipice. C'est une précaution qu'on ne doit point négliger dans les montagnes, toutes les fois que l'on doit passer un endroit dangereux....

« Nous commencions à ressentir plus que nous ne l'avions jamais éprouvé l'effet de la raréfaction de l'air ; nous étions forcés de nous arrêter tous les deux ou trois pas, et souvent même de nous coucher pendant quelques secondes. Une fois assis, nous nous remettions à l'instant même ; notre souffrance n'avait lieu que pendant le mouvement. La neige présenta bientôt une circonstance qui rendit notre marche aussi lente que dangereuse : il n'y avait guère que trois ou quatre pouces de neige molle ; au-dessous se trouvait une glace très dure et glissante, dans laquelle nous fûmes obligés de faire des entailles. Le nègre allait en avant pour pratiquer les échelons ; ce travail l'épuisait en un moment ; en voulant passer devant lui pour le relever, je glissai. Heureusement je fus retenu avec force par Hall et mon nègre ; pendant un instant nous courûmes tous trois le plus grand danger. »

Un peu d'hésitation résulta de cet accident ; mais bientôt animés d'un nouveau courage, les voyageurs firent un dernier effort, et, un peu avant deux heures, ils arrivèrent sur l'arête tant désirée. Mais là, ils se trouvèrent au pied d'un prisme de trachyte, dont la partie supérieure, recouverte d'une coupole de neige, forme le sommet du Chimborazo. Cette arête, qui avait à peine un mètre de largeur, était de toutes parts environnée de précipices affreux.

« La couleur foncée de la roche contrastait de la manière la plus tranchée avec la blancheur éblouissante de la neige. De longues stalagmites de glace paraissaient suspendues sur nos têtes ; on eût dit une magnifique cascade qui venait de se geler. Le temps était admirable ; on apercevait seulement quelques petits nuages à l'ouest ; l'air était d'un calme parfait, notre vue embrassait une étendue immense ; la situation était nouvelle, et nous éprouvions une satisfaction des plus vives.

« Nous étions à 6,004 mètres de hauteur absolue : c'est, je crois, la plus grande hauteur à laquelle les hommes se soient encore élevés sur les montagnes.

« Après quelques instants de repos, nous nous trouvâmes entièrement remis de nos fatigues.... Nous étions sous une légère influence fébrile, mais cet état n'avait rien de pénible. La gaieté de mon ami était expansive, il ne cessait de dire les choses les plus piquantes, tout occupé qu'il était à dessiner ce qu'il appelait l'enfer de glace qui nous environnait. L'intensité du son me parut altérée d'une manière remarquable ; la voix de mes compagnons était tellement modifiée, que, dans toute autre circonstance, il m'eût été impossible de la reconnaître. Le peu de bruit que produisaient les coups de marteau sur la roche nous causait aussi beaucoup d'étonnement. »

Nos voyageurs n'éprouvèrent pas, à cette grande hauteur, le malaise qui rendit si pénibles les expériences faites par Horace de Saussure au sommet du mont Blanc ; leur pouls battait vite, ils avaient soif ; mais ils ne souffraient plus de l'oppression que leur avait causée plus bas la raréfaction de l'air.

M. Boussingault supposa que le séjour qu'ils avaient fait sur des plateaux élevés et leurs excursions sur plusieurs montagnes les avaient en quelque sorte habitués à vivre sur les hauts sommets. Il ajouta que dans les lieux où la neige est très épaisse, le malaise est plus grand que lorsqu'on marche sur la roche nue, parce que l'air contenu dans la neige est vicié.

Après une heure passée sur ce point, le plus élevé auquel il leur fût possible d'atteindre, les voyageurs virent se former, au pied de la montagne, des nuages qui, devenus bientôt plus épais, s'élevèrent lentement vers eux. Le tonnerre se fit entendre en roulements sourds et prolongés, qu'ils prirent d'abord pour des bruits souterrains; mais ils tardèrent peu à comprendre qu'ils devaient se hâter de franchir les plus mauvais pas de la descente, s'ils ne voulaient courir les plus sérieux dangers.

Il ne fallait, en effet, qu'une chute de neige ou qu'un froid vif qui rendît les pentes glissantes, pour les confiner sur le glacier, et ils n'avaient ni abri ni provisions. Après une descente de trois à quatre cents mètres, ils entrèrent dans les nuages amassés au-dessous d'eux; un peu plus bas, il tomba du grésil, qui refroidit beaucoup le temps, et au moment où l'Indien s'approchait avec leurs mulets, ils furent assaillis par une grêle assez grosse pour leur faire éprouver des chocs douloureux aux mains et au visage. Une pluie glaciale s'y joignit, et la nuit surprit la petite caravane, qui cependant put rentrer sans accident à la métairie.

Les observations faites par M. Boussingault confirmèrent ce qu'avait dit M. de Humboldt, que le Chimborazo est un volcan éteint, dont la masse a été formée par une accumulation de blocs de trachyte sortis de son cratère.

Dans une autre ascension, faite au mois d'août 1855, deux célèbres voyageurs bavarois, les frères Schlagintweit, atteignirent sur un des pics de l'Himalaya, dans l'Asie centrale, une hauteur de 6,786 mètres, soit 782 mètres de plus que MM. Boussingault et Hall sur le Chimborazo.

Ils montèrent pendant trois jours, en faisant de nombreuses haltes, avant d'arriver au pied du Kamet, qu'on nomme Ibi-Gamin dans le pays. Le glacier qui y conduit est très beau, très régulier, mais immense. Plus les deux frères avançaient, plus le pic semblait s'éloigner d'eux. Ils passaient les nuits sans autre combustible qu'une espèce d'herbe qu'ils avaient arrachée au bas de la montagne qui précède ce glacier.

Malgré la fatigue qu'ils éprouvaient, ils résolurent de se hasarder sur le pic même; mais sur quatorze de leurs gens, huit seulement consentirent à les y accompagner.

Le flanc très raide de l'Ibi-Gamin était couvert d'une neige épaisse, coupée de crevasses, qui les obligeaient à faire de nombreux détours. Ils avaient assez longtemps exploré les montagnes du Thibet, pour se croire acclimatés à l'air des hauteurs; cependant, arrivés à 6,786 mètres, ils se sentirent incapables d'aller plus loin; ils étaient tellement épuisés, que jamais ils n'avaient éprouvé rien de semblable.

Le vent du nord ayant commencé à souffler vers deux heures, ils se mirent en route pour se rapprocher de leur camp, où ils arrivèrent le soir, heureux de retrouver un abri, quel qu'il fût; car ils souffraient tous de la tête et des yeux, le vent les ayant presque constamment enveloppés de tourbillons d'une neige très fine.

Le froid était très vif, l'ouragan menaçait d'enlever la tente, on avait à peine de quoi faire un peu de feu; et, à l'exception d'un seul, tous les hommes qui avaient accompagné nos deux savants avaient perdu l'espoir et le courage.

La descente continua le lendemain ; un de leurs meilleurs serviteurs, séparé des autres par une tourmente de neige, ne les rejoignit qu'au bout de quatre jours. Il en avait passé trois sans prendre aucune nourriture, lorsqu'il fut recueilli par des indigènes, qui le réconfortèrent de leur mieux et le ramenèrent chez lui dans le plus triste état.

Après avoir pris un repos bien nécessaire et terminé leurs observations scientifiques, les deux frères, pour éviter un long détour, s'engagèrent dans un passage très difficile, où ils se virent réduits à brûler leurs bâtons et les piquets de leur tente, pour faire cuire la viande dont ils avaient le plus grand besoin.

Le lendemain, la faim se faisait impérieusement sentir, et ils n'avaient plus de vivres, quand, par bonheur, ils rencontrèrent des gens qui allaient au Thibet, et qui consentirent à leur donner un peu de riz, sans lequel il leur eût été presque impossible de gagner l'endroit où ils étaient attendus.

L'Ibi-Gamin n'est cependant pas encore le plus haut sommet de l'Himalaya. Le géant de cette chaîne de montagnes, et du monde entier, c'est le Gaurisaukar, que le major Everest a, non pas gravi, mais mesuré, en 1847. D'après les calculs de cet officier anglais, le Gaurisaukar s'élève à 8,840 mètres au-dessus du niveau de la mer, ce qui lui donne 4,030 mètres de plus que la hauteur du mont Blanc.

FIN.

TABLE.

		PAGES
I.	— Le Grand-Chaco.	5
II.	— L'estancia solitaire.	15
III.	— Le retour du mari.	27
IV.	— La maison de deuil.	39
V.	— Le cortège d'une prisonnière.	49
VI.	— La tormenta.	59
VII.	— L'arbre baromètre.	69
VIII.	— De Charybde en Scylla.	81
IX.	— Au hasard.	93
X.	— Les gymnotes.	105
XI.	— Le poisson qui fait du feu.	115
XII.	— Le sac perdu.	127
XIII.	— Les autruches.	139
XIV.	— Les vizcachas.	151
XV.	— La piste retrouvée.	159
XVI.	— La ville sacrée des Tobas.	173
XVII.	— Nacéna.	179
XVIII.	— Shebotha.	189
XIX.	— La sorcière prisonnière.	203
XX.	— Délivrance.	217
XXI.	— Le réveil des Tobas.	229
XXII.	— Comment on dissimule une piste.	241
	Conclusion.	245

ROUEN. — Imp. MÉGARD et C°, rue Saint-Hilaire, 136.

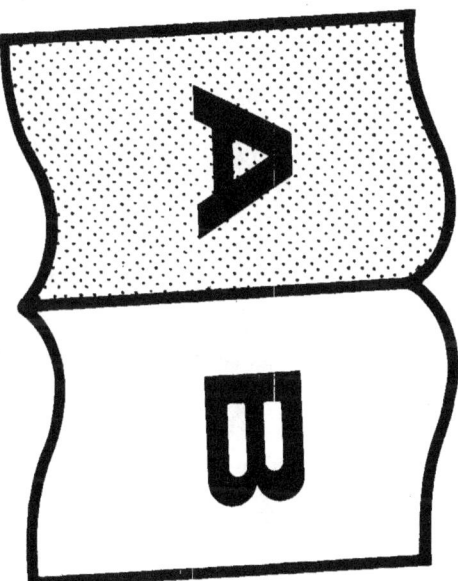

Contraste insuffisant
NF Z 43-120-14

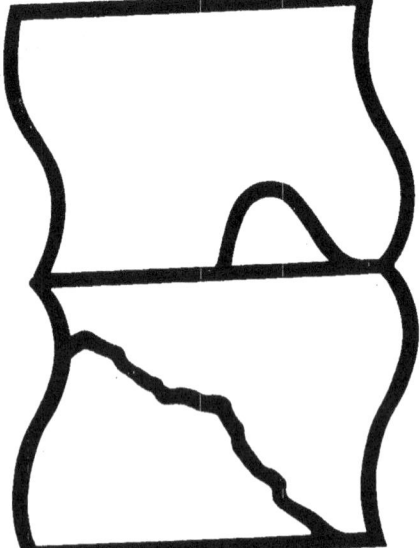

Texte détérioré — reliure défectueuse
NF Z 43-120-11

www.ingramcontent.com/pod-product-compliance
Lightning Source LLC
Chambersburg PA
CBHW050738170426
43202CB00013B/2291